westermann

fit für die Oberstufe

MATHEMATIK

fit für die
Oberstufe

MATHEMATIK

Autor:
Gotthard Jost unterrichtet Mathematik und Biologie in der Sekundarstufe I und II an einer Gesamtschule. Neben seiner schulischen Unterrichtstätigkeit verfügt er über langjährige Erfahrung als Nachhilfelehrer und weiß, welche Schwierigkeiten im Mathematikunterricht auftreten können.

Bildquellennachweis:
|iStockphoto.com, Calgary: 4.2; Alena Kravchenko 4.3; Alina Rosanova 4.4; FS-Stock Titel, 4.1.

Druck A[3] / Jahr 2025
Alle Drucke der Serie A sind im Unterricht parallel verwendbar.

Redaktion: imprint, Zusmarshausen
Kontakt: lernhilfen@westermanngruppe.de
Illustrationen: Hans-Jürgen Feldhaus, Münster
Technische Grafiken: imprint, Zusmarshausen
Layout und Umschlaggestaltung: Lio Designagentur, Braunschweig
Umschlagfoto: iStockphoto.com, Calgary: FS-Stock
Druck und Bindung: Westermann Druck GmbH, Georg-Westermann-Allee 66, 38104 Braunschweig

ISBN 978-3-7426-**0042**-4

Arbeiten mit dem Buch

1

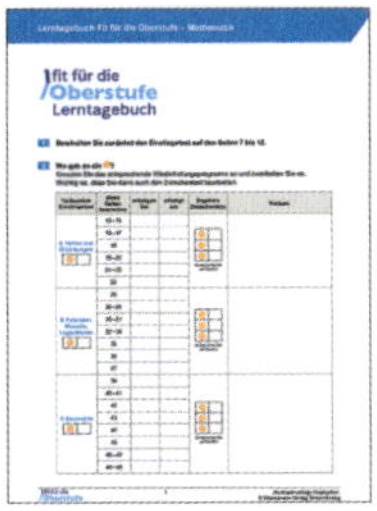

Auf **www.westermann.de/fit-oberstufe** finden Sie das **Lerntagebuch**. Laden Sie es herunter.

2

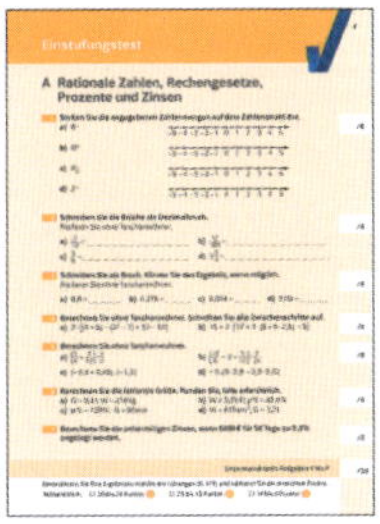

Finden Sie mit dem **Einstufungstest** heraus, auf welchen Gebieten Sie Lücken haben.
Die Themen, bei denen das Ergebnis 😕 ist, sollten Sie bearbeiten. Tragen Sie sie in das Lerntagebuch ein.
Wenn Sie Noten im oberen Bereich anstreben, sollten Sie auch die Themen bearbeiten, bei denen Sie 😐 erreicht haben.

3

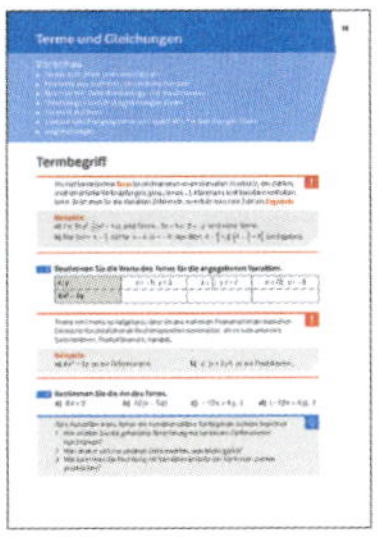

Bearbeiten Sie nun Ihre **Themen** im Buch.

Der ★ kennzeichnet besonders anspruchsvolle Aufgaben.

Tragen Sie Ihren Lernfortschritt ins Lerntagebuch ein.

4

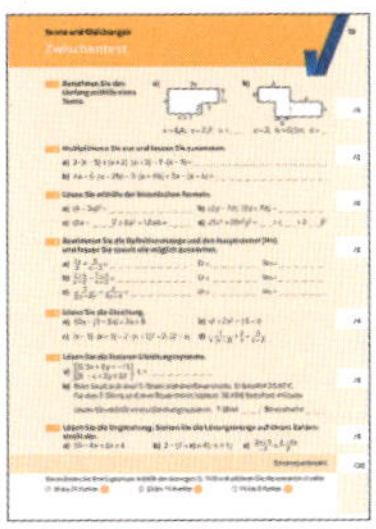

Überprüfen Sie Ihren Lernfortschritt nach jedem Thema mit dem **Zwischentest**.
Wenn Sie das Thema beherrschen, machen Sie mit dem nächsten Thema weiter.

5

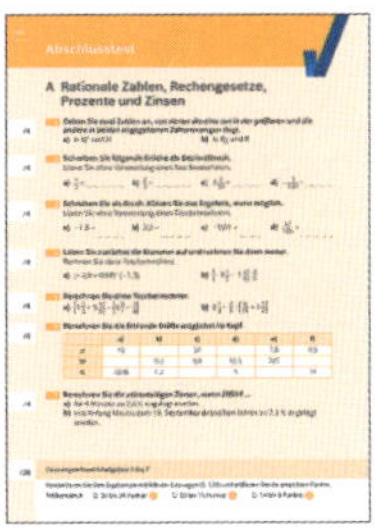

Machen Sie am Ende den **Abschlusstest**.
Sind Sie fit für die Oberstufe?

Arbeiten mit dem Buch

Die Online-Ergänzungen zu diesem Buch

Die digitalen Inhalten zu diesem Band finden Sie auf folgender Seite:

www.westermann.de/fit-oberstufe

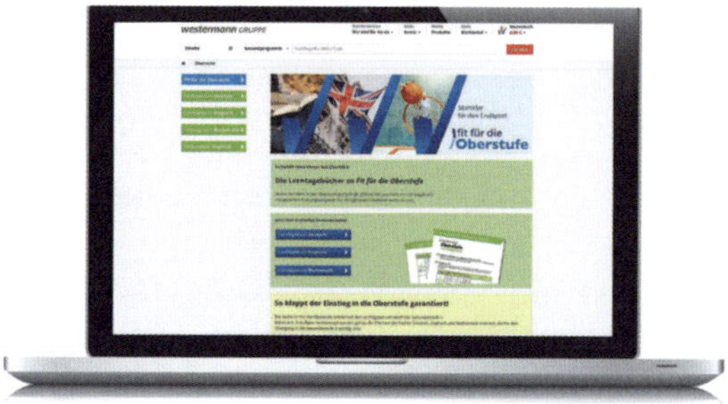

Das Lerntagebuch

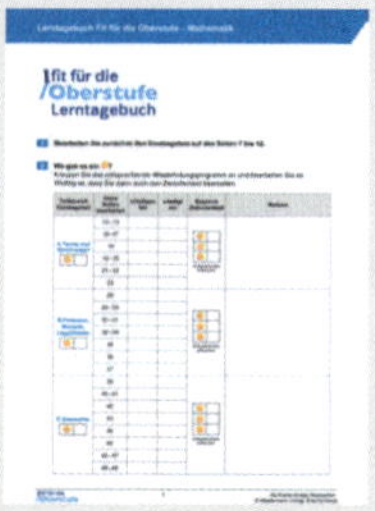

Mit dem Lerntagebuch planen Sie Ihren Lernfortschritt und wissen immer genau, welche Themen Sie noch bearbeiten müssen. Laden Sie es am Anfang herunter und tragen Sie die Ergebnisse Ihres Einstufungstests ein. So wissen Sie, welche Themen Ihnen noch Schwierigkeiten bereiten. Notieren Sie immer Ihre Lernvorhaben und Ihre erreichten Ziele im Lerntagebuch.
So behalten Sie stets den Überblick.

Inhaltsverzeichnis

Inhaltsverzeichnis

Einstufungstest

A Rationale Zahlen, Rechengesetze, Prozente und Zinsen

1 Stellen Sie die angegebenen Zahlenmengen auf dem Zahlenstrahl dar. /4

a) $\mathbb{R}^+$

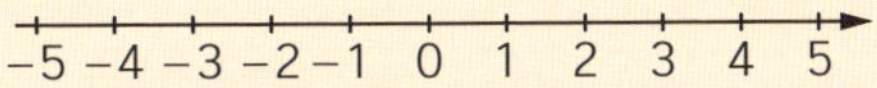

b) $\mathbb{Q}^*$

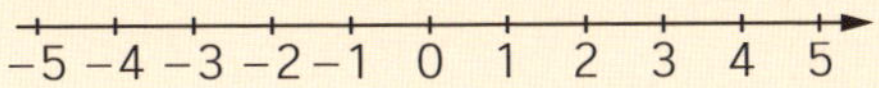

c) $\mathbb{R}_0^-$

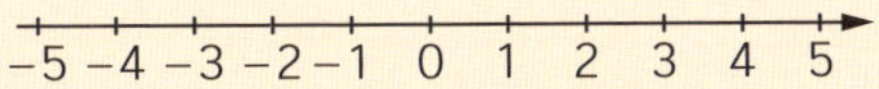

d) $\mathbb{Z}^+$

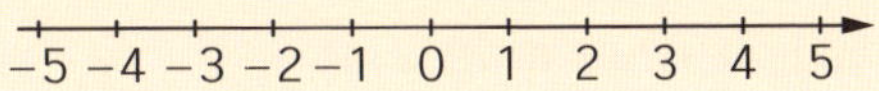

2 Schreiben Sie die Brüche als Dezimalbruch. /4
Rechnen Sie ohne Taschenrechner.

a) $\frac{3}{10}=$ .... b) $\frac{12}{100}=$ ....

c) $\frac{3}{5}=$ .... d) $3\frac{3}{4}=$ ....

3 Schreiben Sie als Bruch. Kürzen Sie das Ergebnis, wenn möglich. /4
Rechnen Sie ohne Taschenrechner.

a) $0{,}8=$ .... b) $0{,}375=$ .... c) $0{,}004=$ .... d) $2{,}09=$ ....

4 Berechnen Sie ohne Taschenrechner. Schreiben Sie alle Zwischenschritte auf. /4

a) $2\cdot\big((4+5)-(3^2-1)+33-10\big)$ b) $15+3\cdot\big(17+3\cdot(8+5\cdot 2{,}5)-9\big)$

5 Berechnen Sie ohne Taschenrechner. /8

a) $\left(\frac{3}{4}+\frac{7}{12}\right)\cdot\frac{3}{8}$ b) $\left(\frac{17}{6}-3+\frac{5}{12}\right):\frac{7}{24}$

c) $(-6{,}4+0{,}48):(-1{,}6)$ d) $-0{,}28\cdot 2{,}9-2{,}9\cdot 2{,}42$

6 Berechnen Sie die fehlende Größe. Runden Sie, falls erforderlich. /4

a) $G=0{,}4\,\text{t};\ W=216\,\text{kg}$ b) $W=3{,}25\,€;\ p\,\%=42{,}6\,\%$

c) $p\,\%=138\,\%;\ G=50\,\text{min}$ d) $W=615\,\text{cm}^3;\ G=3{,}2\,l$

7 Berechnen Sie die zeitanteiligen Zinsen, wenn 6480 € für 56 Tage zu 2,3 % angelegt werden. /2

Gesamtpunktzahl Aufgaben 1 bis 7 /30

Kontrollieren Sie Ihre Ergebnisse mithilfe der Lösungen (S. 111) und addieren Sie die erreichten Punkte.

Teilbereich A: ☐ 30 bis 24 Punkte: 🙂 ☐ 23 bis 15 Punkte: 😐 ☐ 14 bis 0 Punkte: 😕

B Terme und Gleichungen

8 **Ergänzen Sie die fehlenden Terme in der Gleichung. Links steht der**
/4 **Produktterm, rechts der Summenterm gemäß einer binomischen Formel.**

a) $(3ab + 5b^2)^2 = \ldots\ldots + \ldots\ldots + \ldots\ldots$

b) $(3{,}5x - \ldots\ldots)^2 = \ldots\ldots - \ldots\ldots + 36x^2y^2$

c) $(-3x - \ldots\ldots)(\ldots\ldots - \ldots\ldots) = 25a^2 - 9x^2$

d) $(\ldots\ldots + \ldots\ldots)^2 = 64x^2 + 112x + \ldots\ldots$

9 **Lösen Sie die Gleichung $3 \cdot (4 - y) - 5y + (y - 2) \cdot (y + 3) = y^2 - 9y + 32$**
/3 **und führen Sie die Probe durch.**

10 **Geben Sie die Definitions- und die Lösungsmenge der Bruchgleichung**
/4 $\frac{3}{x-3} = \frac{4x+1}{x^2-9}$ **an und führen Sie die Probe durch.**

11 **Lösen Sie die Formel nach der gesuchten Variablen auf.**

/4 a) $A = \frac{g \cdot h}{2}$, gesucht ist g. b) $u = 2a + 2b$, gesucht ist b.

c) $V = \frac{4}{3} \cdot \pi \cdot r^3$, gesucht ist r. d) $O = 2 \cdot \pi \cdot r^2 + 2 \cdot \pi \cdot r \cdot h$, gesucht ist h.

12 **Lösen Sie das Gleichungssystem rechnerisch nach dem von Ihnen**
/6 **bevorzugten Verfahren.**

a) $\left| \begin{array}{l} \boxed{1}\ 3x - 5y = 37 \\ \boxed{2}\ 2x + 4y = 10 \end{array} \right|$ b) $\left| \begin{array}{l} \boxed{1}\ 2 \cdot (x + 6) + 8 = 5y - 25 \\ \boxed{2}\ 3 \cdot (x + y) - 2x = 2y + 2 \end{array} \right|$

13 **Lösen Sie die Gleichung $(2x - 5)^2 - 7x + 16 = x - 7$**
/3 **und führen Sie die Probe durch.**

14 **Prüfen Sie mit dem Satz des Vieta, ob die Gleichung die beiden angegebenen**
/2 **Lösungen x_1 und x_2 hat.**
Gleichung: $x^2 - 7x - 18 = 0$; Lösungen: $x_1 = -9$ und $x_2 = 2$

15 **Lösen Sie die folgenden Ungleichungen. Beachten Sie die Grundmenge G.**
/4 a) $-5 \cdot (x - 3) < (-2 + 2x) \cdot (-2)$; $G = \mathbb{R}$
b) Subtrahiert man das 3-fache einer Zahl von 9, so ist das Ergebnis größer als das 5-fache der Zahl ($G = \mathbb{N}$).

/30 **Gesamtpunktzahl Aufgaben 8 bis 15**

Kontrollieren Sie Ihre Ergebnisse mithilfe der Lösungen (S. 111/112) und addieren Sie die erreichten Punkte.

Teilbereich B: ☐ 30 bis 24 Punkte: ☺ ☐ 23 bis 15 Punkte: 😐 ☐ 14 bis 0 Punkte: 😕

Einstufungstest

C Potenzen, Wurzeln, Logarithmen

16 **Schreiben Sie in normierter Exponentialform.** /2

a) $37\,468\,000 =$ .... b) $0{,}000\,000\,081\,3 =$ ....

17 **Ermitteln Sie das Ergebnis ohne Taschenrechner und notieren Sie es in normierter Exponentialform.** /4

a) $\frac{6^5 \cdot 10^3}{0{,}1^3 \cdot 3^5} =$ .... b) $\frac{9^4 \cdot 10^{-3}}{3^7 \cdot 10^6} =$ ....

18 **Vereinfachen Sie den Term so weit wie möglich.** /4

a) $x^{2n-7} \cdot x^{9-3n} =$ .... b) $\frac{64\,y^{m-3}}{2^5\,y^{m-4}} =$ ....

c) $(a^{2n-3})^2 \cdot a^{8-5n} =$ .... d) $(2a^2b)^{n-1} \cdot \left(\frac{1}{4ab}\right)^{n-1} =$ ....

19 **Berechnen Sie das Ergebnis ohne Taschenrechner.** /3

a) $\sqrt[3]{2} \cdot \sqrt[3]{4} =$ .... b) $\frac{\sqrt[5]{9}}{\sqrt[5]{\frac{1}{27}}} =$ .... c) $\sqrt[21]{125^7} =$ ....

20 **Berechnen Sie das Ergebnis ohne Taschenrechner.** /3

a) $7^{\frac{1}{3}} \cdot 7^{\frac{2}{3}} =$ .... b) $\sqrt[3]{8^4} \cdot 2^{\frac{2}{3}} \cdot 4^{\frac{2}{3}} =$ .... c) $\left(4^{-\frac{1}{3}}\right)^{-6} =$ ....

21 **Lösen Sie ohne Taschenrechner.** /4

a) Lösen Sie die Potenzgleichung $4x^4 - 3 \cdot (x^2 + 1) \cdot (x^2 - 1) = 628$.

b) Wie viele Lösungen sind bei einer Gleichung der Form $x^n = a$ $(n \in \mathbb{N}^* \setminus \{1\})$ möglich?

22 **Berechnen Sie ...** /8

a) ohne Taschenrechner:

$\log_5 25$ $\log_6 216$ $\log_2 \frac{1}{8}$ $\log_7 \frac{1}{\sqrt[3]{49}}$

b) mit Taschenrechner (auf 4 Nachkommastellen genau):

$\log_3 7{,}8$ $\log 123$ $\ln 16{,}5$ $\ln 0{,}25$

23 **Lösen Sie die Gleichung $12{,}5 - 4 \cdot 3^{x+3} = -38{,}7$.**
Geben Sie die Lösung auf zwei Dezimalen gerundet an. /2

Gesamtpunktzahl Aufgaben 16 bis 23 /30

Kontrollieren Sie Ihre Ergebnisse mithilfe der Lösungen (S. 112) und addieren Sie die erreichten Punkte.

Teilbereich C: ☐ 30 bis 24 Punkte: 🙂 ☐ 23 bis 15 Punkte: 😐 ☐ 14 bis 0 Punkte: 😕

Einstufungstest

D Geometrie

/4

24 **In dem abgebildeten rechtwinkligen Dreieck ABC sind die Strecken $\overline{AD}$ und $\overline{BC}$ gleich lang.**
Beweisen Sie: In einem solchen Dreieck ist der Abstand des Punktes D von der Strecke $\overline{AC}$ gleich lang wie die Strecke $\overline{DB}$.

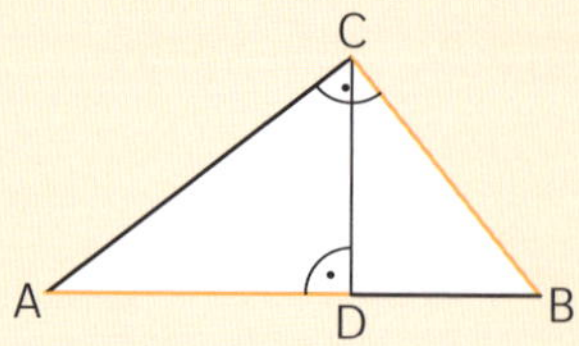

/6

25 **Wie lang ist**

a) die Strecke x? ($g \parallel h$)

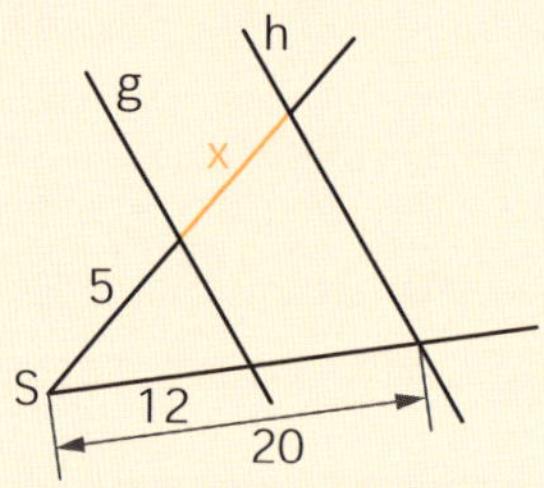

b) die Strecke y? ($p \parallel q$)

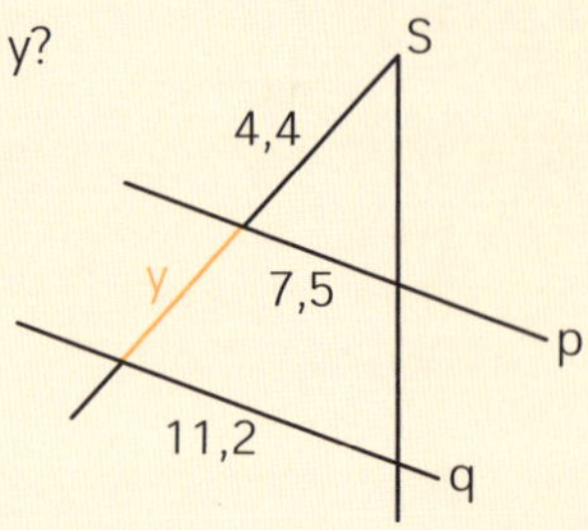

/4

26 **Berechnen Sie mithilfe der rechts abgebildeten Skizze.**

a) Wie lang ist die Bodendiagonale d?

b) Wie lang ist die Raumdiagonale e?

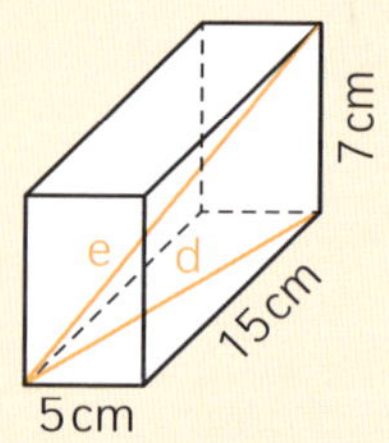

/2

27 **Lösen Sie die Textaufgabe.**
Eine Leiter ist 5,8 m lang. Sie lehnt an einer senkrechten Wand. Das untere Ende ist 3,10 m von der Wand entfernt aufgesetzt. Berechnen Sie, in welcher Höhe das andere Ende an der Wand lehnt.

/8

28 **a)** Geben Sie je zwei Gleichungen für $\sin\alpha$, $\cos\gamma$ und $\tan\alpha$ an.

b) Ergänzen Sie: $\frac{d}{a} =$ .... γ; $\frac{c}{a} =$ .... γ;
$\frac{c}{b} =$ .... α; $\frac{f}{} = \tan$ .... ; $\frac{f}{} = \tan$ ....

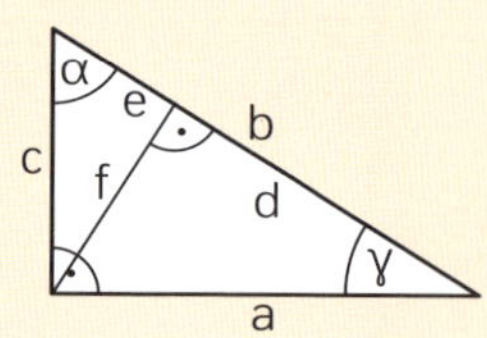

/6

29 **Berechnen Sie das gesuchte Maß, das als Variable notiert ist.**

a)

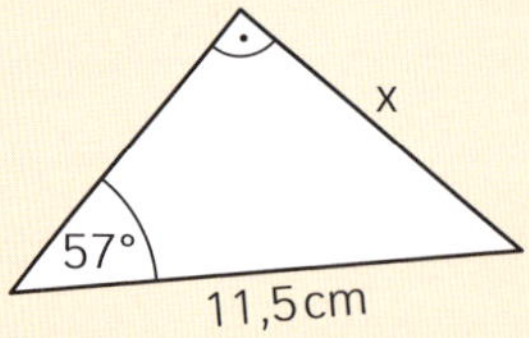

b)

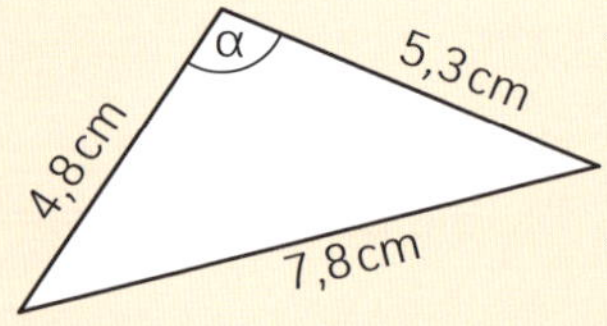

/30 **Gesamtpunktzahl Aufgaben 24 bis 29**

Kontrollieren Sie Ihre Ergebnisse mithilfe der Lösungen (S. 112) und addieren Sie die erreichten Punkte.

Teilbereich D: ☐ 30 bis 24 Punkte: ☺ ☐ 23 bis 15 Punkte: 😐 ☐ 14 bis 0 Punkte: 😕

Einstufungstest

E Flächen und Körper

30 **Ein Würfel hat eine Oberfläche von 294 cm². Berechnen Sie sein Volumen.** /2

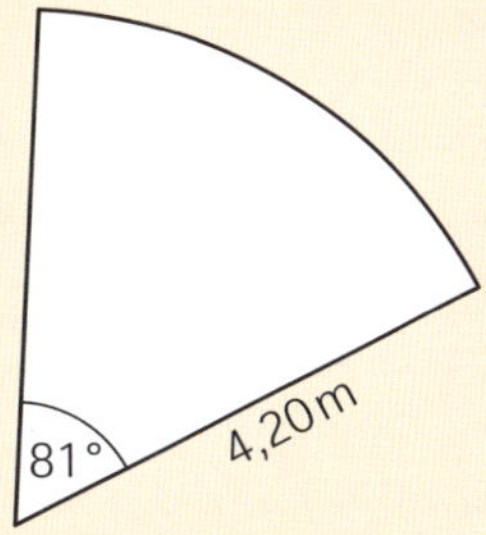

31 **Aus einem Quadrat der Seitenlänge 12 cm wird der größtmögliche Kreis ausgeschnitten. Bestimmen Sie den Flächeninhalt.** /2

32 **Berechnen Sie Flächeninhalt und Umfang des rechts abgebildeten Kreissektors.** /4

33 **Ein Auto mit Reifen von 60 cm Durchmesser hat eine Gesamtfahrleistung von 24 526 km erbracht und besitzt noch die Erstbereifung. Berechne Sie, wie oft sich die Reifen gedreht haben.** /4

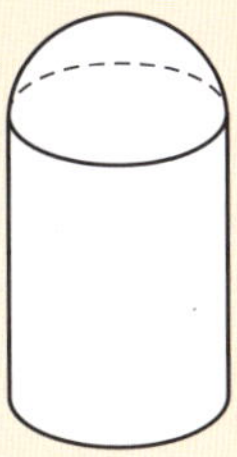

34 **Der abgebildete Zylinder mit aufgesetzter Halbkugel hat einen Durchmesser von 70 cm und ist 1,80 m hoch.** /4

a) Berechnen Sie das Volumen des Körpers.

b) Berechnen Sie den Oberflächeninhalt des Körpers.

35 **Berechnen Sie das Volumen des abgebildeten Körpers in Litern.** /4

a)

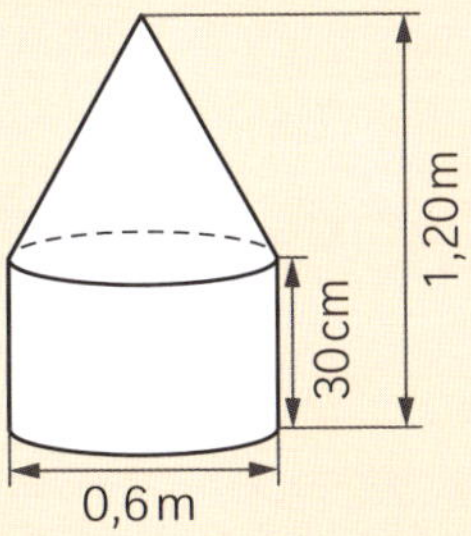

k

b)

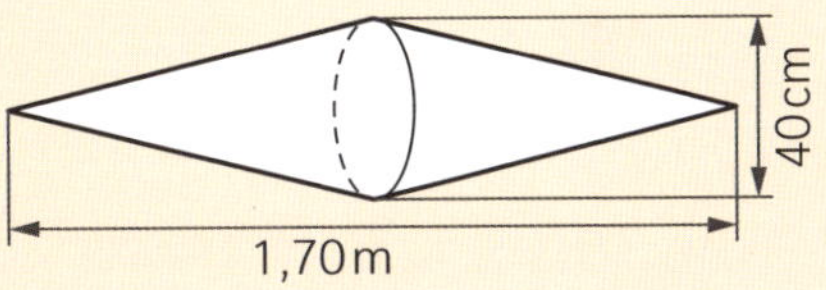

36 **Berechen Sie das Volumen einer Kugel mit 850 cm² Oberflächeninhalt.** /2

37 **Ein Würfel und eine Kugel haben dasselbe Volumen von 8 Litern. Berechnen Sie die Oberflächeninhalte der beiden Körper.** /4

38 **Ein Kegel hat die Mantellänge $s = 12\,cm$ und den Oberflächeninhalt 267 cm².** /4

a) Berechnen Sie den Grundflächenradius r.

b) Berechnen Sie das Volumen des Kegels.

Gesamtpunktzahl Aufgaben 30 bis 38 /30

Kontrollieren Sie Ihre Ergebnisse mithilfe der Lösungen (S. 112/113) und addieren Sie die erreichten Punkte.

Teilbereich E: ☐ 30 bis 24 Punkte: 🙂 ☐ 23 bis 15 Punkte: 😐 ☐ 14 bis 0 Punkte: 😕

Einstufungstest

F Funktionen und Wachstumsvorgänge

/7

39 Bestimmen Sie die Gleichung der linearen Funktion.

a) Der Graph schneidet die y-Achse an der Stelle 4,5 und hat die Steigung 3.

b) Der Graph schneidet die y-Achse an der Stelle – 3 und verläuft durch $P(4|5)$.

c) Der Graph verläuft durch die Punkte $A(-1|4)$ und $B(2|-5)$.

d) Der Graph schneidet die x-Achse an der Stelle 5 und die y-Achse an der Stelle – 8.

/5

40 Eine quadratische Funktion hat die Gleichung $f(x) = x^2 - 6x + 5$.

a) Skizzieren Sie den zugehörigen Funktionsgraphen.

b) Notieren Sie die Koordinaten des Scheitelpunktes.

c) Bestimmen Sie die Koordinaten der Nullstellen der Funktion.

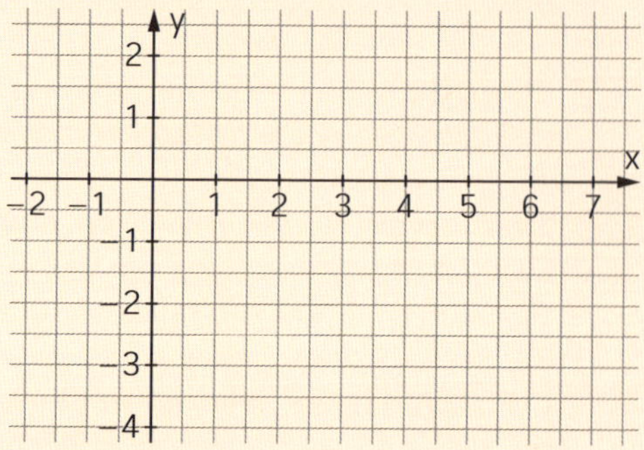

/4

41 Ordnen Sie die Funktionsgleichung dem passenden Graphen zu.

(A) $f(x) = 2^x$ (B) $g(x) = \left(\frac{1}{2}\right)^x$ (C) $h(x) = \log_2 x$ (D) $k(x) = \log_{0,5} x$

(1)
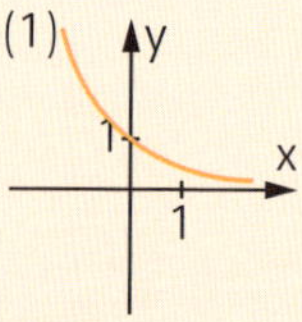

(2)
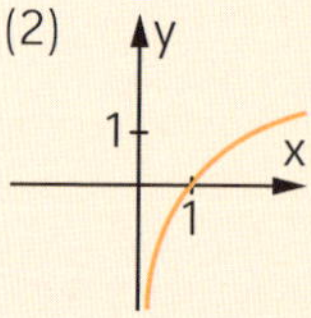

(3)
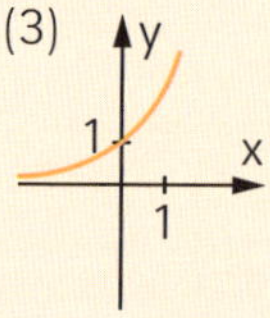

(4)
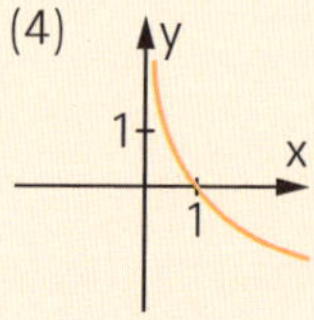

/7

42 Lösen Sie die Aufgaben zum Wachstum.

a) Skizzieren Sie Diagramme für lineares, exponentielles und beschränktes Wachstum.

b) Zu welcher Art von Wachstum passen die Aussagen: „Die Änderungsrate ist (1) konstant (2) proportional zum Sättigungsmanko“?

c) Gegeben ist ein linearer Wachstumsvorgang mit $B(0) = 4$; $B(3) = 11,8$. Bestimmen Sie die Änderungsrate d und geben Sie eine rekursive und eine explizite Darstellung an.

/7

★ **43 Lösen Sie die Textaufgabe.**

Eine Suppe hat eine Temperatur von 65 °C. Die Temperatur nimmt durch Umrühren alle 15 Sekunden um 12 % der Differenz zwischen Raumtemperatur (21 °C) und Suppentemperatur ab.

a) Welche Temperatur hat die Suppe nach 45 s (1:30 min)?

b) Nach welcher Zeit fällt die Temperatur der Suppe unter 35 °C?

/30 **Gesamtpunktzahl Aufgaben 39 bis 43**

Kontrollieren Sie Ihre Ergebnisse mithilfe der Lösungen (S. 113) und addieren Sie die erreichten Punkte.

Teilbereich F: ☐ 30 bis 24 Punkte: 🙂 ☐ 23 bis 15 Punkte: 😐 ☐ 14 bis 0 Punkte: 😕

Einstufungstest

G Daten und Zufall

44 **Alle Schülerinnen und Schüler der 11. Klasse haben einen Test absolviert, der mit Punkten zwischen 0 und 15 bewertet wurde. Hier ist das Ergebnis:** /3

0	**1**	**2**	**3**	**4**	**5**	**6**	**7**	**8**	**9**	**10**	**11**	**12**	**13**	**14**	**15**
0	2	1	3	5	4	7	8	11	9	8	6	4	1	2	1

Berechnen Sie den Punktedurchschnitt auf eine Stelle nach dem Komma gerundet.

45 **Sechs Freundinnen fahren mit einem 6er-Sessellift zur Bergstation. Wie oft müssten sie auf den Sessellift steigen, um jede mögliche Sitzanordnung einmal eingenommen zu haben?** /3

46 **In einem Karton liegen 12 gleichartige Kugeln. 6 von ihnen sind rot, 4 blau und 2 gelb. Wie groß ist die Wahrscheinlichkeit, dass von zwei nacheinander gezogenen Kugeln mindestens eine gelb ist?** /4

47 **Ein Zufallsexperiment ergab die in der Tabelle angegebene Wahrscheinlichkeitsverteilung. Berechnen Sie die Wahrscheinlichkeiten der Ereignisse:** /8

e_i	e_1	e_2	e_3	e_4
$P(e_i)$	0,08	0,49	0,27	0,16

a) $A = \{e_2; e_4\}$ b) $B = \{e_1; e_2; e_3\}$ c) $C = \{e_1; e_3\}$ d) $\overline{A}$
e) $A \cup B$ f) $A \cap C$ g) $\overline{A} \cap B$ h) $\overline{A \cup C}$

48 **Von 34 Schülerinnen und Schülern gaben 12 an, schon Nachhilfe in Englisch (E) oder Mathematik (M) gehabt zu haben. 27 hatten noch nie Englischnachhilfe ($\overline{E}$), 26 noch nie Mathenachhilfe ($\overline{M}$).** /6

	M	$\overline{\mathbf{M}}$	**Ges.**
E			
$\overline{\mathbf{E}}$		22	**27**
Ges.		**26**	**34**

a) Vervollständigen Sie die Vierfeldertafel.
b) Erklären Sie die Bedeutung der Zahl im Feld $\overline{E} \cap M$.
c) Bestimmen Sie die Wahrscheinlichkeit dafür, dass ein zufällig gewählter Schüler schon Nachhilfe in beiden Fächern hatte.

★ **49** **Eine Urne enthält Kugeln mit den Zahlen 1 bis 25. Bei einem Glücksspiel wird eine Kugel gezogen. Man gewinnt, wenn die Zahl auf der gezogenen Kugel** /6
a) durch 3 oder 7 teilbar ist, b) eine gerade Zahl oder eine Quadratzahl ist.
Berechnen Sie jeweils die Gewinnwahrscheinlichkeit.
Wenn Sie an einem Schulfest eine der beiden Versionen anbieten wollen, für welche würden Sie sich entscheiden?

Gesamtpunktzahl Aufgaben 44 bis 49 /30

Kontrollieren Sie Ihre Ergebnisse mithilfe der Lösungen (S. 113) und addieren Sie die erreichten Punkte.

Teilbereich G: ☐ 30 bis 24 Punkte: 🙂 ☐ 23 bis 15 Punkte: 😐 ☐ 14 bis 0 Punkte: 🙁

Rationale Zahlen, Rechengesetze, Prozente und Zinsen

Vorschau

- Rationale Zahlen
- Rechenregeln und Rechengesetze
- Rechnen mit rationalen Zahlen
- Prozente und Zinsen

Rationale Zahlen

!

- $\mathbb{N}$ ist die Menge der **natürlichen Zahlen**. $\mathbb{N} = \{0, 1, 2, 3...\}$
- $\mathbb{Z}$ ist die Menge der **ganzen Zahlen**. $\mathbb{Z} = \{... -3, -2, -1, 0, 1, 2, 3...\}$.
- Die Menge $\mathbb{Q} = \left\{\frac{a}{b} \middle| a \in \mathbb{Z};\ b \in \mathbb{N}^*\right\}$ nennt man die **rationalen Zahlen**. Zu ihr gehören die ganzen Zahlen und die Brüche, wobei mehrere Brüche die gleiche rationale Zahl darstellen können, z.B. $\frac{150}{300} = \frac{4}{8} = \frac{3}{6} = \frac{1}{2} = 0{,}5$.
- Zahlen, die sich nicht als Quotient zweier ganzer Zahlen darstellen lassen, wie beispielsweise $\sqrt{2}$, nennt man **irrationale Zahlen** (s. Seite. 40). Zusammen mit den rationalen Zahlen bilden Sie die Zahlenmenge der **reellen Zahlen** $\mathbb{R}$. $\mathbb{R}^+$ ($\mathbb{R}^-$) ist die Menge aller positiven (negativen) reellen Zahlen. $\mathbb{R}_0^+$ ($\mathbb{R}_0^-$) die positiven (negativen) reellen Zahlen inklusive der Null. $\mathbb{R}^*$ ist die Menge aller reellen Zahlen außer Null.

1 **Geben Sie die Zahlenmengen in aufzählender Form an.**

a) $\mathbb{Z}^- = \{$ .... $\}$ **b)** $\mathbb{N}^* = \{$ .... $\}$

2 **Suchen Sie alle Zahlen, die jeweils die gleiche rationale Zahl beschreiben.**

$\frac{9}{2}$; $\frac{8}{2}$; $\frac{3}{5}$; 4,5; $\frac{15}{25}$; 0,6; $\frac{45}{10}$; 4; $\frac{51}{85}$; $\sqrt{16}$; $(-2)^2$

!

Brüche, die als Nenner eine Zehnerpotenz haben (10, 100, 1000...) lassen sich mithilfe der Stellenwerttafel als **Dezimalbrüche** schreiben. Haben die Brüche einen anderen Nenner, müssen sie, wenn möglich, erweitert oder gekürzt werden.

Beispiele:

		H	Z	E		z	h	t		
$\frac{2}{10}$	=			0	,	2			=	0,2
$\frac{16}{50} = \frac{32}{100}$	=			0	,	3	2		=	0,32

3 **Schreiben Sie als Dezimalbruch, bzw. Bruch.**

a) $\frac{27}{100} =$ .... **b)** $\frac{250}{2000} =$ .... **c)** 0,45 = ... **d)** 0,089 = ...

Lassen sich Brüche nicht so erweitern oder kürzen, dass eine Zehnerpotenz im Nenner steht, muss man zur Darstellung als Dezimalbruch den Zähler durch den Nenner teilen.

Rechenregeln und Rechengesetze

!

Achten Sie stets darauf, die folgenden **Rechenregeln** in der richtigen Reihenfolge anzuwenden.

1. Klammern werden immer zuerst aufgelöst.
   Gibt es mehrere Klammern, löst man von innen nach außen.
2. Wenn vorhanden, werden Potenzen als nächstes aufgelöst.
3. Punktrechnung (Multiplikation und Division) kommt vor
4. Strichrechnung (Addition und Subtraktion).
5. Gerechnet wird immer von links nach rechts.

Beispiel:

$5 + 2{,}3 \cdot \left(4 - 3^2 + (4{,}5 - 2{,}5)\right)$	innere Klammer zuerst
$= 5 + 2{,}3 \cdot (4 - 3^2 + 2)$	Potenz in der Klammer
$= 5 + 2{,}3 \cdot (4 - 9 + 2)$	Klammer zuerst
$= 5 + 2{,}3 \cdot (-3)$	Punkt vor Strich
$= 5 - 6{,}9$	
$= -1{,}9$	

4 **Berechnen Sie ohne Taschenrechner.**

a) $27 - 0{,}5 \cdot \left((4{,}3 - 1{,}8) + 1{,}5^2\right) =$ ……………………

b) $2^3 \cdot \left(-4 \cdot (7 - 9)\right) \cdot \frac{1}{64} =$ ……………………

!

Folgende **Rechengesetze** können Ihnen, bei geschickter Anwendung, das Lösen von Rechnungen deutlich vereinfachen.

- Das Kommutativgesetz
  $a + b = b + c$ $\quad$ $a \cdot b = b \cdot a$
- Das Assoziativgesetz
  $a + (b + c) = (a + b) + c$ $\quad$ $a \cdot (b \cdot c) = (a \cdot b) \cdot c$
- Das Distributivgesetz
  $a \cdot (b + c) = a \cdot b + a \cdot c$ $\quad$ $(a + b) : c = a : c + b : c$

Beispiele:

a) $7 + 11 = 11 + 7 = 18$

b) $3 \cdot 15 = 15 \cdot 3 = 45$

c) $3 + (7 + 9) = (3 + 7) + 9 = 10 + 9 = 19$

d) $(18 + 44) : 2 = 18 : 2 + 44 : 2 = 9 + 22 = 31$

5 **Berechnen Sie möglichst geschickt.**

a) $55 + 26 + 5 + 14 =$ ……………………

b) $(30 + 5) + 46 =$ ……………………

c) $(50 - 7) \cdot 6 =$ ……………………

d) $45 \cdot 21 + 45 \cdot 29 =$ ……………………

Rechnen mit rationalen Zahlen

! Brüche werden addiert/subtrahiert, indem man sie gleichnamig macht und anschließend die Zähler addiert/subtrahiert und den Nenner beibehält.

Beispiele: **a)** $\frac{2}{5} + \frac{1}{3} = \frac{2 \cdot \mathbf{3}}{5 \cdot \mathbf{3}} + \frac{1 \cdot \mathbf{5}}{3 \cdot \mathbf{5}} = \frac{6+5}{15} = \frac{11}{15}$ **b)** $\frac{3a}{2c} - \frac{5}{4d} = \frac{3a \cdot \mathbf{2d}}{2c \cdot \mathbf{2d}} - \frac{5 \cdot \mathbf{c}}{4d \cdot \mathbf{c}} = \frac{6ad - 5c}{4cd}$

6 **Berechnen Sie.**

a) $\frac{1}{7} + \frac{3}{5}$ **b)** $\frac{6}{13} - \frac{4}{39}$ **c)** $\frac{a}{b} + \frac{c}{d}$ **d)** $\frac{3x}{z} + \frac{2x}{y}$

! Brüche werden multipliziert, indem man Zähler mit Zähler und Nenner mit Nenner multipliziert. Durch einen Bruch wird dividiert, indem man mit dem Kehrwert des Bruches multipliziert. Kürzen Sie, wenn möglich.

Beispiele: **a)** $\frac{4}{7} \cdot \frac{3}{5} = \frac{4 \cdot 3}{7 \cdot 5} = \frac{12}{35}$ **b)** $15 : \frac{30}{4} = \frac{15}{1} \cdot \frac{4}{30} = \frac{2}{1} = 2$ **kürzen**

7 **Berechnen Sie.**

a) $\frac{5}{8} \cdot \frac{1}{7}$ **b)** $\frac{4}{9} : \frac{12}{27}$ **c)** $\frac{6v}{7} : \left(-\frac{3}{14}\right)$ **d)** $\frac{8x}{11} : \left(-2\frac{3}{4}\right)$

! Rationale Zahlen mit **gleichem Vorzeichen** werden addiert, indem man ihre Beträge (s. Seite. 43) addiert. Das Ergebnis erhält das gemeinsame Vorzeichen. Rationale Zahlen mit **unterschiedlichen Vorzeichen** werden addiert, indem man den kleineren Betrag vom größeren subtrahiert. Das Ergebnis erhält das Vorzeichen der Zahl mit dem größeren Betrag. Eine rationale Zahl wird subtrahiert, indem man ihre Gegenzahl addiert.

Beispiele:

a) $-2{,}5 + (-3{,}1) = -(2{,}5 + 3{,}1) = -5{,}6$ **b)** $-8{,}4 + 2{,}6 = -(8{,}4 - 2{,}6) = -5{,}8$

c) $6{,}3 - (-4{,}2) = 6{,}3 + 4{,}2 = 10{,}5$

8 **Berechnen Sie ohne Taschenrechner.**

a) $-4{,}5 + (-12)$ **b)** $6{,}5 - (-7{,}5)$ **c)** $22 - (+25) - (-14) - 8$

! Man multipliziert/dividiert zwei rationale Zahlen, indem man ihre Beträge multipliziert/dividiert. Haben sie das gleiche Vorzeichen, ist das Ergebnis positiv, andernfalls negativ.

Beispiele: **a)** $-2{,}5 \cdot (-4) = +10$ **b)** $18 : (-9) = -2$

9 **Berechnen Sie ohne Taschenrechner.**

a) $(-25) : \left(-\frac{1}{4}\right)$ **b)** $36 : \left(-\frac{3}{5}\right)$ **c)** $-2{,}5 \cdot (6 - 3{,}5)$

Prozente und Zinsen

!

Prozentsätze sind relative Anteile, also Brüche. Sie haben den Nenner 100.
Den Zähler des Bruches nennt man Prozentzahl p, den gesamten Bruch **Prozentsatz** $p\,\% = \frac{p}{100}$. Der Prozentsatz ordnet der Gesamtheit, dem **Grundwert G**, den zugehörigen Anteil, den **Prozentwert W**, zu.

Beispiele: **a)** $3\,\% = \frac{3}{100}$ **b)** $63\,\% = \frac{63}{100}$ **c)** $\frac{7}{20} = \frac{35}{100} = 35\,\%$

10 **Geben Sie den Grundwert G, den Prozentsatz p % und den Prozentwert W an.**

a) In einer Klinik arbeiten 1050 Frauen. Das sind 70 % der gesamten Belegschaft aus 1500 Mitarbeiterinnen und Mitarbeitern.

b) Der Preis eines Kleidungsstücks von 80 € wird im Sommerschlussverkauf um 25 % reduziert. Dadurch kostet es noch 60 €.

!

Wenn man zwei der drei Größen (Grundwert, Prozentwert, Prozentsatz) kennt, kann man die fehlende Größe mit einer der folgenden Formeln berechnen.

$p\,\% = \frac{W}{G}$ $W = G \cdot p\,\% = G \cdot \frac{p}{100}$ $G = \frac{W}{p\,\%} = W \cdot \frac{100}{p}$

Beispiele: **a)** Gegeben: $G = 480\,€$; $W = 56\,€$. Gesucht: p %.
$p\,\% = \frac{56}{480} = 0{,}11\overline{6} \approx 11{,}67\,\%$

b) Gegeben: $W = 16{,}8\,kg$; $p\,\% = 16\,\%$. Gesucht: G
$G = 16{,}8\,kg \cdot \frac{100}{16} = 105\,kg.$

11 **Lösen Sie die Textaufgaben.**

a) Der ursprüngliche Preis eines T-Shirts von 15 € wird um 30 % gesenkt. Berechnen Sie die Ersparnis in Euro.

b) Jenny hat 15 km ihrer Route von 25 km zurückgelegt. Berechnen Sie, wie viel Prozent der Route das sind.

!

Die **Zinsrechnung** ist ein Sonderfall der Prozentrechnung.
Es gelten folgende Begriffe und Formeln:
Kapital K (= Grundwert G): $K = Z \cdot \frac{100}{p}$. Jahreszinsen Z (= Prozentwert W): $Z = K \cdot \frac{p}{100}$.
Zinssatz p % (= Prozentsatz p %): $p\,\% = \frac{Z}{K}$
Für Tages-/Monatszinsen gilt: $Z(t) = K \cdot \frac{p}{100} \cdot \frac{t}{360}$; $Z(m) = K \cdot \frac{p}{100} \cdot \frac{m}{12}$

Beispiel: Berechnen Sie die Zinsen, die man für ein Kapital von 5000 € bei einem Zinssatz von 2 % in 4 Monaten bekommt. $Z(4) = 5000 \cdot \frac{2}{100} \cdot \frac{4}{12} \approx 33{,}33\,€$.

12 **Berechnen Sie.**

Ein Sparguthaben von 7200 € wird mit 3,25 % verzinst. Berechnen Sie die Höhe des Zinsertrags in der Zeit vom 5.5. bis 20.12 desselben Jahres.

Zwischentest

/4

1 Ordnen Sie die angegebenen Zahlen den Zahlenmengen ℕ, ℤ, ℚ, ℝ zu.
(Mehrfachzuordnungen sind möglich!)

a) -4 **b)** $\frac{24}{6}$ **c)** $-\frac{12}{4}$ **d)** $-6{,}9$ **e)** $3{,}00$ **f)** $-\frac{11}{3}$ **g)** $\frac{\frac{4}{3}}{5}$ **h)** $\sqrt{3}$

/4

2 Markieren Sie folgende Zahlen auf dem Zahlenstrahl.
$1{,}3;\ -\frac{3}{4};\ 2\frac{3}{5};\ -3{,}2;\ 4;\ -0{,}5;\ \frac{3}{8};\ -\frac{3}{2}$

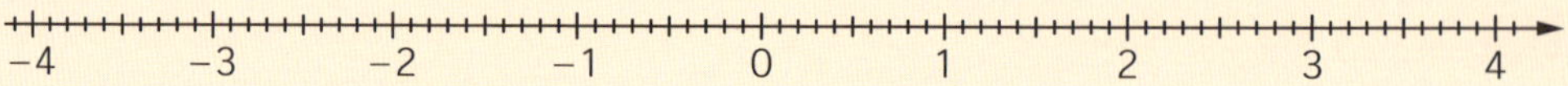

/4

3 Schreiben Sie als Bruch.
Kürzen Sie das Ergebnis, wenn möglich. Rechnen Sie ohne Taschenrechner.

a) 0,7 **b)** −0,675 **c)** 0,012 **d)** 4,08

/6

4 Berechnen Sie ohne Taschenrechner.

a)
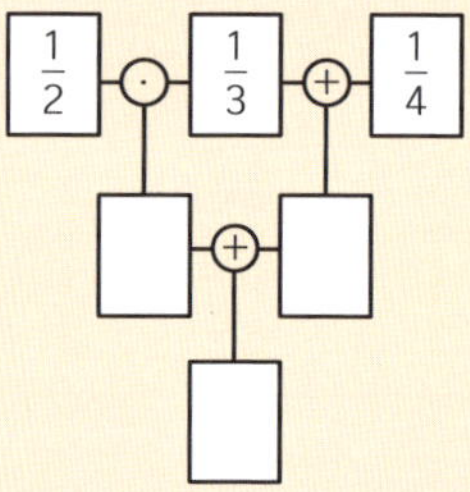

b)
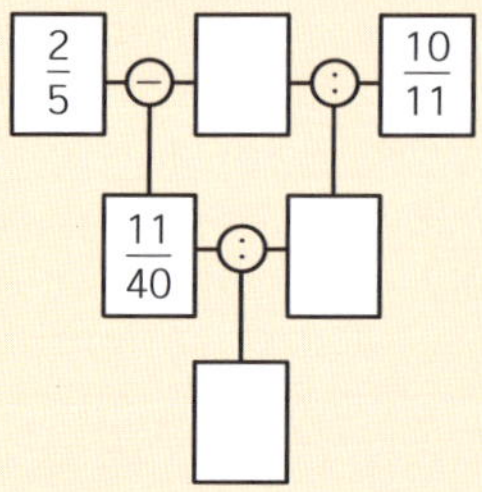

/4

5 Rechnen Sie ohne Taschenrechner und möglichst geschickt.
Geben Sie an, welche Rechengesetze Sie verwendet haben.

a) $8{,}4 + (3{,}9 + 2{,}6)$ **b)** $7{,}6 + (8{,}2 - 2{,}6)$

/8

6 Lösen Sie folgende Aufgaben zur Prozent- und Zinsrechnung.

a) 15,8 % der Deutschen leiden unter Flugangst. Eine Fluglinie befördert in einem Jahr 8 425 000 Fluggäste. Bestimmen Sie die Anzahl der Fluggäste mit Flugangst.

b) Ein Sparguthaben wächst während eines Jahres von 4230,65 € auf 4374, 49 €. Bestimmen Sie den Zinssatz.

c) Berechnen Sie die zeitanteiligen Zinsen, wenn 3750 € für 2 Monate zu 3,4 % angelegt werden.

d) Eine Stadt mit 25 000 wahlberechtigten Einwohnern wählt ein neues Stadtoberhaupt. Die Gewinnerin erhält 56 % der Stimmen. Berechnen Sie die Anzahl der Stimmen, die die Siegerin erhalten hat, wenn die Wahlbeteiligung bei 68 % lag.

/30 **Gesamtpunktzahl**

Kontrollieren Sie Ihre Ergebnisse mithilfe der Lösungen (S. 114/115) und addieren Sie die erreichten Punkte.

☐ 30 bis 24 Punkte: 🙂 ☐ 23 bis 15 Punkte: 😐 ☐ 14 bis 0 Punkte: 😕

Terme und Gleichungen

Vorschau

- Terme aufstellen und vereinfachen
- Produkte von Summen, binomische Formeln
- Bruchterme: Definitionsmenge und Hauptnenner
- Gleichungen und Bruchgleichungen lösen
- Formeln auflösen
- Lineare Gleichungssysteme und quadratische Gleichungen lösen
- Ungleichungen

Termbegriff

!

Als mathamatischen **Term** bezeichnet man einen sinnvollen Ausdruck, der Zahlen, mathematische Verknüpfungen (plus, minus ...), Klammern und Variablen enthalten kann. Setzt man für die Variablen Zahlen ein, so erhält man eine Zahl als **Ergebnis**.

Beispiele:

a) $2x$; $3xy^2$; $\frac{1}{2}(x^3 - xy)$ sind Terme. $3x = 5y$; $3 + :y$ sind keine Terme.

b) Der Term $4 - \frac{x}{3}$ hat für $x = 6$ $(x = -9)$ den Wert $4 - \frac{6}{3} = \mathbf{2}$ $\left(4 - \frac{9}{3} = \mathbf{7}\right)$ als Ergebnis.

1 **Bestimmen Sie die Werte des Terms für die angegebenen Variablen.**

x; y	$x = -1;\ y = 3$	$x = \frac{1}{2};\ y = -2$	$x = \sqrt{2};\ y = -8$
$\mathbf{4x^2 - 3y}$			

!

Terme sind meist so aufgebaut, dass sie aus mehreren Rechenschritten bestehen. Die letzte durchzuführende Rechenoperation entscheidet, ob es sich um einen Summenterm, Produktterm etc. handelt.

Beispiele:

a) $4x^2 - 3y$ ist ein Differenzterm.

b) $2 \cdot (x + 3y^3)$ ist ein Produktterm.

2 **Bestimmen Sie die Art des Terms.**

a) $8x + 5$ **b)** $12(x - 5z)$ **c)** $-12x + 4y : 3$ **d)** $(-12x + 4y) : 3$

Zum Aufstellen eines Terms mit Variablen sollten Sie folgende Schritte beachten:

1. Wie würden Sie die geforderte Berechnung mit konkreten Zahlenwerten durchführen?
2. Was ändert sich mit anderen Zahlenwerten, was bleibt gleich?
3. Wie kann man die Rechnung mit Variablen anstelle der konkreten Zahlen ausdrücken?

! Durch **Addition** oder **Subtraktion** gleichartiger Glieder lassen sich Terme oft deutlich vereinfachen.

Beispiel: gesucht: Umfang u

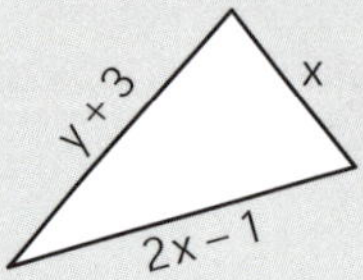

$x = 3$
$y = 2{,}5$

$u = 2x - 1 + x + y + 3$ |Variablen und Zahlen ordnen
$u = 2x + x + y - 1 + 3$ |gleiche Variablen zusammenf.
$u = 3x + y + 2$ |Zahlen einsetzen
$u = 3 \cdot 3 + 2{,}5 + 2$ |Term berechnen
$u = 13{,}5$ LE (Längeneinheiten)

3 **Schreiben Sie einen Term für den Umfang u des Vierecks auf und vereinfachen Sie ihn. Berechnen Sie anschließend den Umfang.**

a) $x = 5{,}5$ und $y = 9$

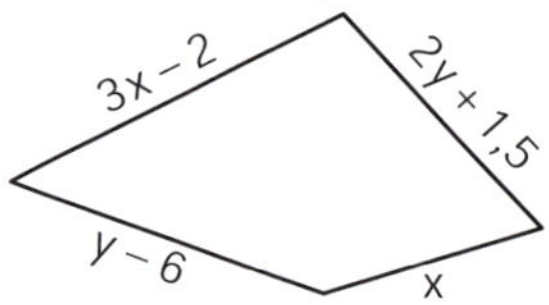

b) $a = 1{,}3$

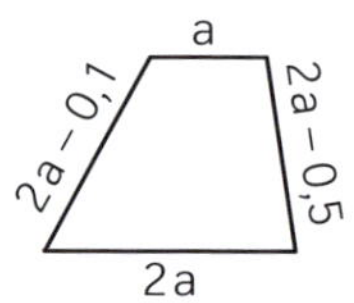

c) $x = 2{,}6$ und $y = 1{,}8$

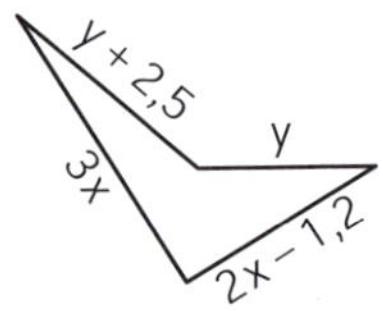

! Produktterme wie z.B. $6x^2y$ werden multipliziert/dividiert, indem man zunächst die Vorfaktoren (Koeffizienten) multipliziert/dividiert und anschließend die passenden Variablen multipliziert/dividiert.

Beispiele: **a)** $5xy \cdot 3y = (5 \cdot 3) \cdot x \cdot (y \cdot y) = 15xy^2$ **b)** $27ab : 9 = (27 : 9)ab = 3ab$

4 **Berechnen Sie.**

a) $3xyz \cdot (-2)xy$ **b)** $(24a^2bc^3) : (8abc^2)$; $a, b, c \neq 0$

! **Auflösen einer Klammer:**
Summenterme werden multipliziert, indem jedes Glied in der Klammer mit dem Faktor vor der Klammer multipliziert wird.
Beim Auflösen einer Klammer, vor der ein Minuszeichen steht, ändern sich die Vorzeichen der Terme in der Klammer.

Beispiele:
a) $3x \cdot (5 - 4x) = 3x \cdot 5 - 3x \cdot 4x = 15x - 12x^2$
b) $5 - (x - y) = 5 - x + y$ **c)** $5 - 3 \cdot (-x + y) = 5 + 3x - 3y$

5 **Lösen Sie die Klammern auf.**

a) $6y \cdot (7y - y^3)$ **b)** $4a \cdot (6a - 2{,}5b + 7)$ **c)** $3{,}2xy \cdot (-4{,}6ax + 5{,}4by)$

6 **Vereinfachen Sie die Terme so weit wie möglich.**

a) $12 - 3 \cdot (2x + 1) + 4 \cdot (x - 5) - (7 - x) - 3$
b) $-5 \cdot (u - 2v) - 0{,}5 \cdot (-8u + 12v) + (2v + 3) - 3 \cdot [1 - 2 \cdot (3u + 4v)]$

Produkte von Summen, binomische Formeln

! Zwei **Summen** werden miteinander **multipliziert**, indem man jeden Summanden der einen Summe mit jedem Summanden der anderen Summe multipliziert:
$(a + b) \cdot (c + d) = ac + ad + bc + bd$

Beispiele: **a)** $(6 + x) \cdot (y - 3) = 6y - 18 + xy - 3x = xy - 3x + 6y - 18$
b) $(2x + 5y) \cdot (3y - 4x) = 6xy - 8x^2 + 15y^2 - 20xy = 8x^2 - 14xy + 15y^2$

7 **Multiplizieren Sie die Summen und fassen Sie dann zusammen.**

a) $(x + 7) \cdot (5 + y)$ **b)** $(4x + 9) \cdot (-3 + 2x)$
c) $(2x + y) \cdot (4 + 3x) - 6x + 9$ **d)** $3a - 6 + (2a - 4) \cdot (3a + 5) + 2b$
e) $(4b - 2a) \cdot (5 + b) + 3 \cdot (2b + 4a)$ **f)** $2x + 4 \cdot (x - 10) + 4 + (5x - 8) \cdot (1 + x)$

! Folgende Sonderfälle sind als **binomische Formeln** bekannt:

$(a + b) \cdot (a + b) = (a + b)^2 = a^2 + 2ab + b^2$ 1. binomische Formel
$(a - b) \cdot (a - b) = (a - b)^2 = a^2 - 2ab + b^2$ 2. binomische Formel
$(a + b) \cdot (a - b) = a^2 - b^2$ 3. binomische Formel

8 **Bilden Sie mit der zutreffenden binomischen Formel einen Summenterm.**

a) $(5x + 10)^2$ **b)** $(-4a + 7) \cdot (4a + 7)$ **c)** $(-3 + 2x)^2$ **d)** $(-0{,}5x - 0{,}3)^2$
e) $(7x - 12)^2$ **f)** $(8z - 6) \cdot (8z + 6)$ **g)** $(9x + 15)^2$ **h)** $(-0{,}2x + 0{,}1)^2$

9 **Schreiben Sie den Rechenausdruck als Produktterm.**

a) $4b^2 + 12b + 9$ **b)** $0{,}25x^2 - 2{,}25$ **c)** $9y^2 - 48y + 64$ **d)** $a^2 + 8ay + 16y^2$

10 **Ergänzen Sie.**

a) $x^2 + 4x +$ .... $= (x +$ .... $)^2$ **b)** $x^2 - 16x +$ .... $= (x -$ .... $)^2$

c) $25x^2 + 20x +$ .... $= ($ .... $x +$ .... $)^2$

11 **Beschriften Sie folgende Figuren so, dass bei a) die erste und bei b) die dritte binomische Formel veranschaulicht wird.**

a)

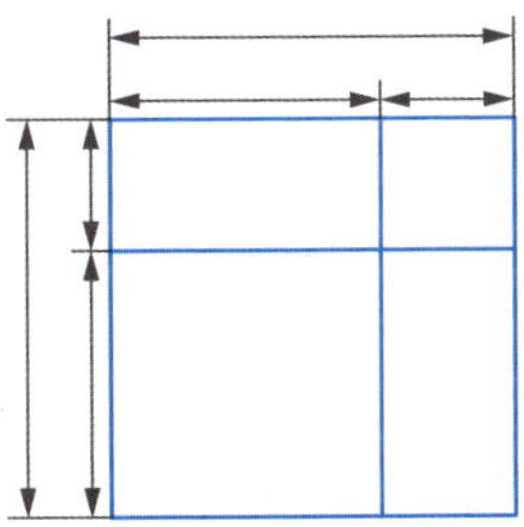

b)

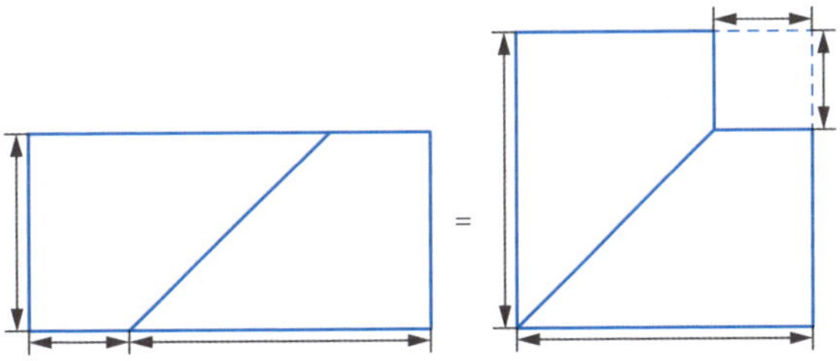

Bruchterme

Brüche, bei denen im Nenner Variablen auftreten, heißen **Bruchterme**.
Da die Division durch Null nicht definiert ist, müssen Sie darauf achten, dass der **Nenner** bei Einsetzung von Zahlen für die Variable **nicht Null** wird.
Solche Zahlen müssen vorab, z. B. durch Angabe einer **Definitionsmenge D** (auch: eines Definitionsbereiches), ausgeschlossen werden.

Beispiele:

Bruchterm	$\frac{4}{x}$	$\frac{1}{x-3}$	$\frac{2x}{2x\cdot(x-y)}$	$\frac{2x+6}{a\cdot(b-c)}$	$\frac{5-2x}{x^2-36}$
Definitions-menge	Definiert für alle Zahlen außer 0 kurz: $D=\mathbb{R}\setminus\{0\}$ oder $x\neq 0$	$x-3=0$ $x=3$ $D=\mathbb{R}\setminus\{3\}$ $x\neq 3$	$x\neq 0$, $x\neq y$ (*)	$a\neq 0$, $b\neq c$	$(x+6)\cdot(x-6)=0$ (binomische Formel) $D=\mathbb{R}\setminus\{6,-6\}$ $x\neq -6,\ x\neq 6$

(*) alternative Schreibweise: $D=\{x, y\in\mathbb{R} \mid x, y\neq 0; x\neq y\}$

12 **Bestimmen Sie, für welche Zahlen der Bruchterm definiert ist.**

a) $\frac{5}{8x}$ b) $\frac{2b}{b+5}$ c) $\frac{a+3}{4a-20}$ d) $\frac{b-6}{5-2b}$ e) $\frac{y-2}{y^2-9y}$ f) $\frac{3x+6}{x^2+4x+4}$

Bruchterme können wie Brüche gekürzt und erweitert werden.

Beispiele: a) $\frac{6xy}{2x^2y}=\frac{\overset{3}{\cancel{6}}\,\overset{1}{\cancel{x}}\,\overset{1}{\cancel{y}}}{\underset{1}{\cancel{2}}\,x\,\cancel{x}\,\cancel{y}}=\frac{3}{x}\quad x, y\neq 0$ b) $\frac{5\cdot(x+3)}{x^2+6x+9}=\frac{5\cdot(x+3)}{(x+3)^2}=\frac{5}{x+3}\quad x\neq -3$

13 **Kürzen Sie so weit wie möglich.**

a) $\frac{14a^2b}{28ab^3}$ b) $\frac{16x^2y^3}{4xy^2}$ c) $\frac{10x+25}{5x}$ d) $\frac{3\cdot(x-4)}{x^2-8x+16}$ e) $\frac{3\cdot(x+5)}{x^2+10x+25}$

Bruchterme können wie Brüche addiert, subtrahiert, multipliziert und dividiert werden: $\frac{a}{c}+\frac{b}{c}=\frac{a+b}{c}$; $\frac{a}{c}-\frac{b}{c}=\frac{a-b}{c}$; $\frac{a}{b}\cdot\frac{c}{d}=\frac{a\cdot c}{b\cdot d}$; $\frac{a}{b}:\frac{c}{d}=\frac{a\cdot d}{b\cdot c}$
Vor dem Addieren (Subtrahieren) den **Hauptnenner** (Hn) bestimmen!

Beispiele:

a) $\frac{3+a}{5a}+\frac{7a-4}{4a}$; Hn: $5\cdot4\cdot a$; $\frac{4\cdot(3+a)}{20a}+\frac{5\cdot(7a-2)}{20a}=\frac{12+4a+35a-10}{20a}=\frac{39a+2}{20a}$

b) $\frac{3x}{4}+\frac{5}{x-2}$; Hn: $4\cdot(x-2)$; $\frac{3x\cdot(x-2)}{4\cdot(x-2)}+\frac{4\cdot5}{4\cdot(x-2)}=\frac{3x^2-6x+20}{4\cdot(x-2)}=\frac{3x^2-6x+20}{4x-8}$

14 **Fassen Sie so weit wie möglich zusammen und kürzen Sie, wenn es möglich ist.**

a) $\frac{y}{c}\cdot\frac{8}{2y^2}$ b) $\frac{x-3}{x+4}\cdot\frac{2\cdot(x+4)}{3}$ c) $\frac{4}{3x}+\frac{5}{9}$ d) $\frac{3}{a+2}-\frac{2a}{5}$

15 **Schreiben Sie möglichst einfach.**

a) $\frac{3x}{4x+8}+\frac{5x}{x+2}$ b) $\frac{3y}{y^2+4y+4}:\frac{4y}{y^2-2^2}$ c) $\frac{4x+6}{10x+5}-\frac{3x+2}{6x+3}$

Gleichungen

Werden zwei Terme mit derselben Variablen durch ein = verbunden, spricht man von einer **Gleichung**. Zu jeder Gleichung wird eine **Grundmenge G** von Zahlen vorgegeben. Sie enthält alle Zahlen, die man für die Variable einsetzen darf. Wenn nicht anders angegeben ist die Grundmenge die reellen Zahlen $\mathbb{R}$. Alle Zahlen der Grundmenge, die in der Gleichung zu einer wahren Aussage führen, bilden die **Lösungsmenge L**.

Beispiel: Die Gleichung $2x(x+3)$ hat für die Grundmenge $G = \mathbb{N}$ die Lösungsmenge $L = \{0\}$ und für $G = \mathbb{R}$ die Lösungsmenge $L = \{-3,\ 0\}$

16 **Prüfen sie, ob die Gleichung für die gegebene Grundmenge Lösungen besitzt.**

a) $x + 4 = 2;\ G = \mathbb{Z}$ **b)** $3x + 15 = 55 - x;\ G = \mathbb{N}$

Erfüllen alle Zahlen der Grundmenge die Gleichung, nennt man sie allgemeingültig. Die Lösungsmenge entspricht dann der Grundmenge. $L = G$.
Erfüllt keine Zahl der Grundmenge die Gleichung, nennt man sie unerfüllbar. Die Lösungsmenge bleibt dann leer. $L = \{\ \}$

Beispiele:

a) Die Gleichung $2 \cdot (4 + 5x) = 10 \cdot (x + 1) - 2$ führt nach Vereinfachung auf die wahre Aussage $8 = 8$. Es gilt $L = \mathbb{R}$.

b) Die Gleichung $2 \cdot (4 + 5x) = 10 \cdot (x + 1) + 2$ führt nach Vereinfachung auf die falsche Aussage $8 = 12$. Es gilt $L = \{\ \}$

17 **Bestimmen Sie die Lösungsmenge der Gleichung.**

a) $8x + 5 = 2^3 \cdot (x - 2)$ **b)** $12(x - 5) = 2 \cdot (6x - 30)$

Gleichungen vereinfachen:

1. Die Klammern auflösen,
2. Terme links und rechts des Gleichheitszeichens ordnen/zusammenfassen,
3. auf beiden Seiten dasselbe addieren bzw. subtrahieren,
4. beide Seiten mit derselben Zahl multiplizieren oder durch dieselbe Zahl (außer 0) dividieren.

Beispiel:

$$
\begin{aligned}
2 \cdot (2x - 5) + 7 &= 22 - (7 - x) && |\text{Klammern auflösen} \\
4x - 10 + 7 &= 22 - 7 + x && |\text{ordnen, zusammenfassen} \\
4x - \mathbf{3} &= \mathbf{x} + 15 && |-x + 3 \ \text{Gegenoperation} \\
\mathbf{3}x &= 18 && |:3 \ \text{durchführen} \\
x &= 6
\end{aligned}
$$

18 **Lösen Sie die Gleichung. Beachten Sie die Lösungsschritte.**

a) $5 \cdot (2x + 3) = 8x - 6$ **b)** $2 \cdot (3x + 4) = 8 \cdot (2x - 4)$ **c)** $-4 \cdot (x - 7) = 2x + 4$

Auch in Gleichungen mit **Produkten von Summen** werden zuerst die Klammern ausmultipliziert. Anschließend wird auf beiden Seiten geordnet und zusammengefasst. **!**

Beispiel:

$$
\begin{aligned}
(4x+2)\cdot(3x-2)+6 &= 12x^2+4 && |\text{Summen multiplizieren}\\
12x^2-8x+6x-4+6 &= 12x^2+4 && |\text{zusammenfassen}\\
12x^2-2x+2 &= 12x^2+4 && |-12x^2\\
-2x+2 &= 4 && |-2\\
-2x &= 2 && |:(-2)\\
x &= -1
\end{aligned}
$$

19 **Vervollständigen Sie den Lösungsgang.**

$$4x\cdot(2x-9)-10x=(x-7)\cdot(8x-4)-2\cdot(x+4)$$

$\ldots\ldots -36x \ldots = \ldots +28 \ldots -8$

$\ldots -46x = -62x \ldots |+62x$

$\ldots = \ldots |:16$

$\ldots = \ldots = \frac{10}{8} = \ldots = \ldots$

20 **Lösen Sie die Gleichung.**

a) $5x-(2x+4)^2=17-4x^2$

b) $(x+5)^2-(x-3)^2=12\cdot(x+4)$

c) $(3y-2)\cdot(5-8y)=21-24y^2$

d) $(3x+4)\cdot(4x+3)=(2x+6)\cdot(6x+2)$

Häufig trifft man auf **Textaufgaben**, die sich mithilfe von Gleichungen lösen lassen. Die Schwierigkeit solcher Aufgaben besteht in der Regel darin, die richtige Gleichung aufzustellen. Gehen Sie folgendermaßen vor: 1) Den kompletten Text aufmerksam lesen; 2) Die gesuchte Größe mit einer Variablen (z.B. x) bezeichnen; 3) Die einzelnen Angaben in Terme umwandeln; 4) Mit den einzelnen Termen eine Gleichung aufstellen und lösen; 5) Die Lösung angeben, bzw. die Frage beantworten. **!**

Beispiel: Markus ist 5 Jahre älter als Celine. Vor 8 Jahren war er doppelt so alt wie Celine. Bestimme das Alter von Markus und Celine.

1); 2); 3)	**Alter von Celine**	**Alter von Markus**
heute	x	$x+5$
vor 8 Jahren	$x-8$	$x+5-8=x-3$

4) Aus dem letzten Satz ergibt sich die Gleichung: $x-3=2\cdot(x-8)$ mit der Lösung $x=13$.

5) Antwort: Celine ist heute 13, Markus 18 Jahre alt.

21 **Lösen Sie die Textaufgaben.**

a) Subtrahiert man von einer Zahl 6 und multipliziert das Ergebnis mit 5, so erhält man das Dreifache der Zahl. Bestimmen Sie die gesuchte Zahl.

b) Herr Bauer und sein Sohn sind zusammen 98 Jahre alt. Vor 5 Jahren war Herr Bauer dreimal so alt wie sein Sohn. Bestimmen Sie das Alter der beiden.

Bruchgleichungen

!

Gleichungen, in denen mindestens ein Bruchterm auftritt, heißen **Bruchgleichungen**. In der Definitionsmenge D einer Bruchgleichung darf keine Zahl auftreten, für die einer der Bruchterme nicht definiert ist.

Haben Bruchgleichungen die Form $\frac{a}{b} = \frac{c}{d}$ darf man **„über Kreuz multiplizieren“**.

Beispiele: **a)** $\frac{\mathbf{1}}{\mathbf{3}} = \frac{5}{\mathbf{2x}}$ $D = \mathbb{R}\setminus\{0\}$

$1 \cdot \mathbf{2x} = \mathbf{3} \cdot 5$

$2x = 15 \quad |:2$

$x = 7{,}5$

b) $\frac{2x}{\mathbf{x+3}} = \frac{5}{\mathbf{4}}$; $D = \mathbb{R}\setminus\{-3\}$

$2x \cdot \mathbf{4} = 5 \cdot \mathbf{(x+3)}$

$8x = 5x + 15 \quad |-5x$

$3x = 15 \quad |:3$

$x = 5$

22 **Geben Sie die Definitionsmenge an und lösen Sie dann die Bruchgleichung.**

a) $\frac{a-3}{2a} = \frac{3}{4}$ b) $\frac{7}{3x+4} = \frac{1}{4}$ c) $\frac{12}{3x-6} = \frac{5}{x}$

d) $\frac{3}{x+4} = \frac{2}{x-2}$ e) $\frac{x-2}{x+3} = \frac{x}{x+4}$ f) $\frac{3x+1}{4x-2} = \frac{6x-1}{8x-7}$

!

Bruchgleichungen lassen sich auch lösen, indem man mit dem Hauptnenner (Hn) multipliziert, anschließend kürzt und die neue Gleichung löst.

Beispiele:

a) $\frac{5}{2x} + 3 = \frac{7}{3x}$ $D = \mathbb{R}\setminus\{0\}$

$\frac{5}{2x} + 3 = \frac{7}{3x}$ $|\text{Hn: } 2 \cdot 3 \cdot x = \mathbf{6x}$

$\frac{5 \cdot \mathbf{6x}}{2x} + 3 \cdot \mathbf{6x} = \frac{7 \cdot 6x}{3x}$ |mit 6x multipliziert

$5 \cdot 3 + 3 \cdot 6x = 7 \cdot 2$ |gekürzt

$15 + 18x = 14 \quad |-15$

$18x = -1 \quad |:18$

$x = -\frac{1}{18}$

b) $\frac{3}{x} - \frac{2}{4x} = \frac{1}{5}$ $D = \mathbb{R}\setminus\{0\}$

$\frac{3}{x} - \frac{2}{4x} = \frac{1}{5}$ $|\text{Hn: } 4 \cdot 5 \cdot x = \mathbf{20x}$

$\frac{3 \cdot \mathbf{20x}}{x} - \frac{2 \cdot \mathbf{20x}}{4x} = \frac{1 \cdot \mathbf{20x}}{5}$ |mit 20x multipliziert

$3 \cdot 20 - 2 \cdot 5 = 1 \cdot 4x$ |gekürzt

$60 - 10 = 4x$ |zusammenfassen

$50 = 4x \quad |:4$

$12{,}5 = x$

23 **Geben Sie die Definitionsmenge an und lösen Sie die Bruchgleichung.**

a) $\frac{8}{x} + \frac{7}{x} = 5$ b) $\frac{1}{2x} + \frac{1}{3x} = \frac{1}{4}$ c) $\frac{8}{3x} - \frac{2}{6x} = \frac{4}{x} + \frac{5}{6}$

!

Stehen im Nenner Summen, ist es oft hilfreich, den Nenner zu **faktorisieren**.

Beispiel: $\frac{3x+11}{4x+8} = \frac{6x+10}{8x-16}$ faktorisieren: $\frac{3x+11}{4 \cdot (x+2)} = \frac{6x+10}{8 \cdot (x-2)}$ Hn: $8 \cdot (x+2) \cdot (x-2)$

24 **Berechnen Sie. Faktorisieren Sie zunächst die Nenner.**

a) $\frac{6x+8}{12x-4} = \frac{2x+6}{4x+2}$ b) $\frac{2x+1}{4x-2} = \frac{6x-1}{8x-4}$ c) $\frac{5}{x-2} = \frac{2x}{x^2-4}$

Formeln auflösen

Um Formeln nach einer Variablen aufzulösen, geht man wie beim Lösen von Gleichungen vor: Man isoliert die gesuchte Variable auf einer Gleichungsseite.

Beispiele:

a) Dreiecksfläche
Formel: $A = \frac{g \cdot h}{2}$
gesucht: h

$A = \frac{g \cdot h}{2} \quad | \cdot 2$

$2 \cdot A = g \cdot h \quad | : g$

$\frac{2 \cdot A}{g} = h$

b) Kreisfläche
Formel: $A = \pi \cdot r^2$
gesucht: r

$A = \pi \cdot r^2 \quad | : \pi$

$\frac{A}{\pi} = r^2 \quad | \sqrt{\ }$

$\sqrt{\frac{A}{\pi}} = r$

25 **Stellen Sie die Formel nach der gesuchten Variablen um.**

a) Umfang Quadrat: $u = 4 \cdot a$ $a =$ ....

b) Umfang Kreisring: $u = 2 \cdot \pi \cdot (r_1 + r_2)$ $r_1 =$ ....

c) Volumen quadratische Pyramide: $V = \frac{1}{3}a^2 \cdot h$ $a =$ ....

d) Oberfläche regelmäßiges sechseckiges Prisma: $O = 3a \cdot (a\sqrt{3} + 2h)$ $h =$ ....

26 **Stellen Sie die Formel erst um und berechnen Sie dann die gesuchte Größe.**

a) Formel: $V = a \cdot b \cdot c$; $V = 14{,}504\,\text{cm}^3$; $a = 3{,}7\,\text{cm}$; $b = 2{,}8\,\text{cm}$; gesucht: c

b) Formel: $W = G \cdot \frac{p}{100}$; $W = 15\,€$; $\frac{p}{100} = 2{,}5\,\%$; gesucht: G

27 **Lösen Sie die Formel auf.**

a) Dichte: $\varrho = \frac{m}{V}$;
gesucht: m, dann gesucht V.

b) Geschwindigkeit: $v = \frac{s}{t}$;
gesucht: s, dann gesucht t.

c) Trapez: $A = \frac{a + c}{2} \cdot h$;
gesucht: a, dann c und anschließend h.

Steht die Größe, nach der umgestellt werden muss, im Nenner eines Bruches, muss man zunächst mit dem Nenner multiplizieren:

$R = \frac{U}{I} \quad |$ mit I multiplizieren

$R \cdot I = U \quad |$ jetzt nach I auflösen

★ **28** **Zur Berechnung der Bildweite b, der Gegenstandsweite g und der Brennweite f an Linsen gilt die Formel: $\frac{1}{f} = \frac{1}{g} + \frac{1}{b}$.**

a) Geben Sie die Formel zur Bestimmung der Brennweite f an.

b) Geben Sie die Formel zur Bestimmung der der Bildweite b an.

Lineare Gleichungssysteme

!

Ein System aus linearen Gleichungen mit mehreren Variablen (z. B. x, y) nennt man **lineares Gleichungssystem**. Die Grundform eines linearen Gleichungssystems mit zwei Gleichungen und zwei Variablen ist: $\left| \begin{array}{ll} \boxed{1} & a_1x + b_1y = c_1 \\ \boxed{2} & a_2x + b_2y = c_2 \end{array} \right|$ (*)

Das Zahlenpaar $(x|y)$, das beide Gleichungen erfüllt, nennt man die **Lösungsmenge** $L = \{(x|y)\}$.
Lineare Gleichungssysteme werden häufig verwendet, um Zusammenhänge zwischen Größen mathematisch zu beschreiben und zu berechnen.

Beispiele:

a) Frau Meier kauft 8 Pakete „Knabbersachen“ für 16,80 €. Erdnüsse kosten 1,60 € und Salzbrezeln 2,40 €. Wie viel Pakete kauft Frau Meier von jeder Sorte?

x: Packungen Erdnüsse; y: Packungen Salzbrezeln $\left| \begin{array}{ll} \boxed{1} & x + y = 8 \\ \boxed{2} & 1{,}6x + 2{,}4y = 16{,}8 \end{array} \right|$

b) Vollmilch hat einen Fettgehalt von 3,5 %, Magermilch von 0,1 %. Wie viel Voll- und Magermilch muss man mischen, um 2 l Milch mit 1,5 % Fettgehalt zu erhalten?

x: Menge Vollmilch; y: Menge Magermilch $\left| \begin{array}{ll} \boxed{1} & x + y = 2 \\ \boxed{2} & 0{,}035x + 0{,}001y = 0{,}015 \cdot 2 \end{array} \right|$

★ **29** **Stellen Sie ein geeignetes lineares Gleichungssystem auf.**

a) Ein Laborant soll 10 Liter 20 %ige Schwefelsäure herstellen. Es stehen ihm eine 5 %ige und eine 40 %ige Schwefelsäure zur Verfügung. Wie muss er mischen?

b) Herr Schleck kauft 7 Tafeln Zartbitter- und 5 Tafeln Vollmilchschokolade. Er bezahlt 13,90 €. Gleichzeitig zahlt Frau Lecker im selben Geschäft für 3 Tafeln Zartbitter- und 4 Tafeln Vollmilchschokolade 8 €. Wie viel kostet jede Tafel?

!

Lineare Gleichungssysteme kann man mit dem **Additionsverfahren** lösen.
Durch Äquivalenzumformungen werden die Gleichungen gegebenenfalls so verändert, dass entweder die Faktoren vor dem x oder vor dem y Gegenzahlen sind.

Beispiel:

$\left| \begin{array}{ll} \boxed{1} & 3x + 2y = 4 \\ \boxed{2} & 2x + 7y = -3 \end{array} \right| \begin{array}{l} |\cdot \mathbf{2} \\ |\cdot \mathbf{(-3)} \end{array}$

$\left| \begin{array}{ll} \boxed{1} & \mathbf{6}x + 4y = 8 \\ \boxed{2} & \mathbf{-6}x + (-21)y = 9 \end{array} \right| \Big\}+$

$-17y = 17 \,|:(-17)$

$y = \mathbf{-1}$ in $\boxed{1}$ einsetzen, x ausrechnen:
$3x + 2 \cdot \mathbf{(-1)} = 4$
$\Leftrightarrow x = 2 \quad L = \{(2|-1)\}$

30 **Lösen Sie mit dem Additionsverfahren.**

a) $\left| \begin{array}{ll} \boxed{1} & -5x + 9y = 66 \\ \boxed{2} & 5x + 2y = 33 \end{array} \right|$

b) $\left| \begin{array}{ll} \boxed{1} & 2x + 3y = 6 \\ \boxed{2} & 6x + 8y = 22 \end{array} \right|$

c) $\left| \begin{array}{ll} \boxed{1} & 6x + \frac{1}{3}y = -3 \\ \boxed{2} & -5x + \frac{2}{3}y = 11 \end{array} \right|$

(*) Die beiden Teilgleichungen sind oft nummeriert, hier mit $\boxed{1}$, $\boxed{2}$; oft sind sie mit römischen Zahlen gekennzeichnet (I), (II), und manchmal gar nicht gekennzeichnet. Auch die senkrechten Striche rechts und links vom Gleichungssystem finden sich nicht überall. Schreiben Sie so, wie Sie es im Unterricht gelernt haben.

!

Manchmal lassen sich lineare Gleichungssysteme einfacher mit dem **Einsetzungsverfahren** lösen (siehe Beispiel a).
Oft kann man sich die Arbeit erleichtern, indem man die Gleichung nach einem geeigneten Vielfachen einer Unbekannten auflöst und dann einsetzt (b).

Beispiele:

a) $\left| \begin{array}{ll} \boxed{1} & y = \mathbf{-10x+3} \\ \boxed{2} & -5y + 30x = -7 \end{array} \right|$

$\boxed{1}$ einsetzen in $\boxed{2}$:
$-5 \cdot (\mathbf{-10x+3}) + 30x = -7$
$50x - 15 + 30x = -7$
$x = \mathbf{0{,}1}$

Ergebnis in $\boxed{1}$ einsetzen:
$y = -10 \cdot \mathbf{0{,}1} + 3$
$y = 2$
$L = \{(0{,}1 \,|\, 2)\}$

b) $\left| \begin{array}{ll} \boxed{1} & 3x + 5y = 19 \\ \boxed{2} & 3x - 2y = -26 + 2y \end{array} \right|$ $\boxed{2}$ $3x = \mathbf{4y - 26}$ | in $\boxed{1}$: $\mathbf{4y - 26} + 5y = 19$ | auflösen

31 **Lösen Sie mit dem Einsetzungsverfahren.**

a) $\left| \begin{array}{lr} \boxed{1} & y = 3x - 4 \\ \boxed{2} & 4x + 8y = 80 \end{array} \right|$

b) $\left| \begin{array}{lr} \boxed{1} & x + 4y = -4 \\ \boxed{2} & 7x + 9y = 29 \end{array} \right|$

c) $\left| \begin{array}{lr} \boxed{1} & 9x + 8y = -43 \\ \boxed{2} & -7x - 37 = 8y \end{array} \right|$

d) $\left| \begin{array}{lr} \boxed{1} & 4x - 3y = -8 \\ \boxed{2} & 2 \cdot (2x + y) = 12 \end{array} \right|$

!

Löst man beide Gleichungen nach der gleichen Variablen bzw. dem gleichen Vielfachen einer Variablen auf, kann man auch das **Gleichsetzungsverfahren** anwenden.

Beispiel:

$\left| \begin{array}{ll} \boxed{1} & 5x = 11 + 3y \\ \boxed{2} & 5x + 9y = 7 \end{array} \right| \, | -9y$

$\left| \begin{array}{ll} \boxed{1} & \mathbf{5x} = 11 + 3y \\ \boxed{2} & \mathbf{5x} = 7 - 9y \end{array} \right|$

$\boxed{1}$ mit $\boxed{2}$ gleichsetzen:
$11 + 3y = 7 - 9y$
Gleichung auflösen:
$y = -\frac{1}{3}$

in $\boxed{1}$ einsetzen,
x ausrechnen:
$x = 2$
$L = \left\{\left(2 \,\middle|\, -\frac{1}{3}\right)\right\}$

32 **Lösen Sie nach dem Prinzip des Gleichsetzungsverfahrens.**

a) $\left| \begin{array}{ll} \boxed{1} & y = -2x - 1 \\ \boxed{2} & y = 5x - 8 \end{array} \right|$

b) $\left| \begin{array}{ll} \boxed{1} & 4x = 3y - 7 \\ \boxed{2} & 2x = -2y + 7 \end{array} \right|$

c) $\left| \begin{array}{lr} \boxed{1} & 6x + 2y = -2 \\ \boxed{2} & 15x + 10y = 5 \end{array} \right|$

33 **Lösen Sie die in Aufgabe 30 aufgestellten Gleichungssysteme mit einem Verfahren Ihrer Wahl.**

★ **34** **Lösen Sie mit einem beliebigen Verfahren. (Tipp: Erst die Klammern auflösen und die Gleichungen dann auf die Grundform bringen.)**

a) $\left| \begin{array}{lr} \boxed{1} & 4 \cdot (x-1) + 3 \cdot (y+1) = -8 \\ \boxed{2} & 6 \cdot (x+2) - 5 \cdot (y+5) = 5 \end{array} \right|$

b) $\left| \begin{array}{ll} \boxed{1} & 2 \cdot (3x-5) = 5 \cdot (8+2y) \\ \boxed{2} & 3 \cdot (4-2x) = 2 \cdot (3y-3) \end{array} \right|$

c) $\left| \begin{array}{lr} \boxed{1} & 3 \cdot (x-2) + 2 \cdot (y+7) = -4 \\ \boxed{2} & 12 \cdot (x-4) - 5 \cdot (y-2) = -47 \end{array} \right|$

d) $\left| \begin{array}{ll} \boxed{1} & 3 \cdot (4x-2) = 2 \cdot (5y-10) \\ \boxed{2} & 2 \cdot (1+3x) = -4 \cdot (5-2y) \end{array} \right|$

Quadratische Gleichungen

- Gleichungen, die in die Form $ax^2 + bx + c = 0$ mit $a \neq 0$ gebracht werden können, heißen **quadratische Gleichungen**.
- Dabei ist ax^2 das quadratische, bx das lineare und c das absolute Glied.
- Hat das quadratische Glied den Faktor 1, so spricht man von der **Normalform der quadratischen Gleichung:** $x^2 + px + q = 0$

Beispiel: $3x \cdot (x-6) + 5 = (x-4)^2$

$3x^2 - 18x + 5 = x^2 - 8x + 16$ | ordnen und zusammenfassen

$2x^2 - 10x - 11 = 0$ | : 2

$x^2 - 5x - 5{,}5 = 0$ | Normalform mit $p = -5$ und $q = -5{,}5$

35 **Bringen Sie die Gleichung auf die Normalform und bestimmen Sie p und q.**

a) $(x-3) \cdot (3+x) = 8x - 3$
b) $(x-7)^2 + 5x^2 = -7 \cdot (2-x)$
c) $(x-2)^2 + (3+x)^2 = (x-1)^2 - x^2$
d) $(x-5) \cdot (x-10) = 10 - 2x^2$

Eine Gleichung der Form $x^2 + q = 0$ heißt **reinquadratische Gleichung**.
Sie ist nur für $q \leq 0$ lösbar. Wir schreiben: $x^2 - q = 0$ für $q \geq 0$.
$x^2 - q = 0$ wird umgeformt zu $x^2 = q \Rightarrow x_{1/2} = \pm\sqrt{q}$

Beispiele:

a) $x^2 - 36 = 0 \Leftrightarrow x^2 = 36 \Rightarrow x_1 = -6;\ x_2 = 6$

b) $x^2 - 5 = 0 \Leftrightarrow x^2 = 5 \Rightarrow x_1 = -\sqrt{5};\ x_2 = \sqrt{5}$

36 **Lösen Sie die Gleichung. Dividieren Sie ggf. zunächst durch den Faktor von x^2.**

a) $x^2 - 144 = 0$
b) $-4x^2 + 28 = 0$
c) $x^2 - \frac{16}{25} = 0$
d) $3x^2 - 6{,}75 = 0$

Eine Gleichung der Form $x^2 + px = 0$ heißt **gemischtquadratische Gleichung ohne absolutes Glied**.
Man löst sie mithilfe des Satzes vom Nullprodukt. Er besagt, dass ein Produkt genau dann null ist, wenn einer der beiden Faktoren null ist. Also $a \cdot b = 0$, wenn $a = 0$ oder $b = 0$. Dazu formt man die Gleichung durch Ausklammern um:
$x^2 + px = 0 \qquad x \cdot (x+p) = 0 \Rightarrow x_1 = 0;\ x_2 = -p$.

Beispiele:

a) $x^2 + 9x = 0 \Leftrightarrow x \cdot (x+9) = 0 \Rightarrow x_1 = 0;\ x_2 = -9$

b) $x^2 - 5{,}3x = 0 \Leftrightarrow x \cdot (x-5{,}3) = 0 \Rightarrow x_1 = 0;\ x_2 = 5{,}3$

37 **Bestimmen Sie die Lösungen der Gleichung.**

a) $x^2 - 12x = 0$
b) $x^2 + 5{,}6x = 0$
c) $x_2 - \frac{2}{3}x = 0$
d) $2x^2 - 8x = 0$

!

Gleichungen der Form $x^2 + px + q = 0$ heißen **gemischtquadratische Gleichungen mit absolutem Glied**.

Die Lösungen von quadratischen Gleichungen lassen sich mit der **quadratischen Ergänzung** rechnerisch bestimmen.

1. Die Gleichung wird in die Normalform gebracht.	$3x^2 + 18x - 21 = 0 \mid :3$ $x^2 + 6x - 7 = 0$
2. Die quadratische Ergänzung $\left(\frac{p}{2}\right)^2$ und ihre Gegenzahl werden eingefügt.	$x^2 + 6x + 9 - 9 - 7 = 0$
3. Die ersten drei und letzten zwei Summanden werden zusammengefasst.	$(x+3)^2 - 16 = 0$ $(x+3)^2 - 4^2 = 0$
4. Die dritte binomische Formel wird angewandt.	$(x+3+4)\cdot(x+3-4) = 0$ $(x+7)\cdot(x-1) = 0$
5. Die Lösungen x_1 und x_2 werden notiert.	$x_1 = -7,\; x_2 = 1$

38 **Lösen Sie die Gleichung durch quadratische Ergänzung.**

a) $x^2 + 2x - 15 = 0$ **b)** $x^2 - 4x - 21 = 0$

c) $2x^2 - 8x - 64 = 0$ **d)** $-4x^2 - 8x + 192 = 0$

!

Führt man für die allgemeine Form $x^2 + px + q = 0$ eine quadratische Ergänzung durch, ergibt sich die als „**pq-Formel**" bekannte Lösungsformel.

$$x_{1,2} = -\frac{p}{2} \pm \sqrt{\left(\frac{p}{2}\right)^2 - q}$$

Für $\left(\frac{p}{2}\right)^2 - q < 0$ gibt es keine Lösung; für $\left(\frac{p}{2}\right)^2 - q = 0$ ist die Lösung $x = -\frac{p}{2}$.

Beispiel: $x^2 - 3{,}5x - 15 = 0;\; p = -3{,}5;\; q = -15$

$x_{1/2} = -\frac{-3{,}5}{2} \pm \sqrt{\left(\frac{3{,}5}{2}\right)^2 + 15} = 1{,}75 \pm \sqrt{18{,}0625}$; also: $x_1 = 6;\; x_2 = -2{,}5$

39 **Lösen Sie die Gleichung durch Einsetzen in die Lösungsformel.**

a) $x^2 - 4x - 77 = 0$ **b)** $x^2 + 8x + 16 = 0$

c) $x^2 + 4{,}5x - 17{,}5 = 0$ **d)** $x^2 - 0{,}5x - 22{,}5 = 0$

!

Zum Überprüfen der Lösungen einer quadratischen Gleichung ist der **Satz des Vieta** hilfreich: x_1 und x_2 sind Lösungen einer quadratischen Gleichung $x^2 + px + q = 0$, wenn $x_1 + x_2 = -p$ und $x_1 \cdot x_2 = q$ gilt, sonst nicht.

Beispiel: Für $x^2 + 5x + 6 = 0$ wurden die Lösungen $x_1 = -3$ und $x_2 = -2$ ermittelt. Die Kontrolle durch den Satz des Vieta bestätigt die Richtigkeit der Lösungen:
$x_1 + x_2 = -3 + (-2) = -5 = -p;\; x_1 \cdot x_2 = -3 \cdot (-2) = 6 = q$

40 **Überprüfen Sie, ob x_1 und x_2 Lösungen der Gleichung sind.**

a) $x^2 + 11x - 336$; $x_1 = 7$ und $x_2 = -18$ **b)** $x^2 - \frac{5}{12}x - \frac{1}{4}$; $x_1 = \frac{3}{4}$ und $x_2 = -\frac{1}{3}$

c) $x^2 + 0{,}5x - 16{,}5$; $x_1 = 4{,}5$ und $x_2 = -4$ **d)** $x^2 + \frac{8}{15}x - \frac{1}{15}$; $x_1 = \frac{1}{5}$ und $x_2 = \frac{1}{3}$

!

Quadratische Gleichungen der Form **$ax^2 + bx + c = 0$** löst man durch Überführen in die Normalform (vgl. Aufgabe 35) oder mit der als **„abc-Formel"** oder **„Mitternachtsformel"** bekannten Version der Lösungsformel.
Die quadratische Gleichung $ax^2 + bx + c = 0$ hat die Lösungen $x_{1,2} = \frac{-b \pm \sqrt{b^2 - 4ac}}{2a}$

Für $b^2 - 4ac < 0$ gibt es keine Lösungen, für $b^2 - 4ac = 0$ ist die Lösung $x = -\frac{b}{2a}$.

Beispiel: $2{,}5x^2 + 22x + 34 = 0$; $a = 2{,}5$; $b = 22$, $c = 34$

$x_{1,2} = \frac{-22 \pm \sqrt{222 - 4 \cdot 2{,}5 \cdot 34}}{2 \cdot 2{,}5} = \frac{-22 \pm \sqrt{144}}{5}$; also $x_1 = -2$; $x_2 = -6{,}8$

41 **Lösen Sie die Gleichung mithilfe der „abc-Formel".**

a) $2x^2 + 2{,}4x - 6{,}5 = 0$
b) $2x^2 - 16x + 30 = 0$
c) $10x^2 + 1 = 7x$
d) $2x(14 - 3x) = 7(7 - 3x)$

!

Gleichungen der Form **$ax^4 + bx^2 + c = 0$** heißen **biquadratische Gleichungen**. Man löst sie durch Substitution. Dabei wird x^2 durch eine andere Variable, z. B. z, ersetzt. Da $x^4 = (x^2)^2$ gilt $x^4 = z^2$. Nach Substitution: $az^2 + bz \;\; c = 0$ lösen. Abschließend resubstituieren $(z = x^2)$. Es ergeben sich die Lösungen $x_{1,2} = \pm\sqrt{z_1}$ und $x_{3,4} = \pm\sqrt{z_2}$ für $z_1, z_2 \geq 0$

Beispiel: $x^4 - 13x^2 + 36 = 0$ | setze $x^2 = z$

$z^2 - 13z + 36 = 0$ | lösen mit „pq-Formel"

$z_{1,2} = \frac{13}{2} \pm \sqrt{\frac{169}{4} - 36} \Rightarrow z_1 = 9;\; z_2 = 4$; Resubstitution: $z = x^2$

$x^2 = 9 \Rightarrow x_{1,2} = \pm 3$ und $x^2 = 4 \Rightarrow x_{3,4} = \pm 2$

42 **Lösen Sie mithilfe der Substitution.**

a) $x^4 - 25x^2 + 144 = 0$
b) $x^4 + 3x^2 - 40 = 0$
c) $2x^4 - 10x^2 + 8 = 0$
d) $4x^4 - 5x^2 - 9 = 0$

!

Anwendungsaufgaben mit quadratischen Gleichungen können Sie mit den gleichen Schritten wie die Textaufgaben bei linearen Gleichungen lösen (vgl. Seite 24).

Beispiel: Bei einem Rechteck mit den Seitenlängen $a = 6\,cm$ und $b = 5\,cm$ werden beide Seiten um dieselbe Länge gekürzt, wodurch sich die Fläche um ein Drittel reduziert. Bestimmen Sie die Seitenlängen des neuen Rechtecks.
Neue Seiten: $a' = (6 - x)\,cm$; $b' = (5 - x)\,cm$; neue Fläche:
$A' = (6\,cm \cdot 5\,cm) \cdot \frac{2}{3} = 20\,cm^2$. Daraus ergibt sich die Gleichung $(6 - x) \cdot (5 - x) = 20$ mit den Lösungen $x_1 = 10$ und $x_2 = 1$. Die erste Lösung ergibt keinen Sinn, da die Seiten nicht um 10 cm verkürzt werden können! Also: $a' = 5\,cm$ und $b' = 4\,cm$.

43 **Lösen Sie mithilfe einer quadratischen Gleichung.**

Das Dreifache einer Zahl ist um 10 kleiner als ihr Quadrat.
Bestimmen Sie alle Zahlen, auf die das zutrifft.

Ungleichungen

!

Ungleichungen löst man wie Gleichungen, muss dabei aber auf folgende Besonderheiten achten:

- Multipliziert man die beiden Seiten mit einer negativen Zahl oder dividiert man sie durch eine negative Zahl, dreht sich das Ungleichheitszeichen um.
- Vertauscht man die beiden Seiten, dreht sich das Ungleichheitszeichen um.
- Die Lösungsmenge enthält in der Regel viele, oft sogar unendlich viele Lösungen.

Beispiel:

$-4 \cdot (3x - 5) + 2x < 2 \cdot (x - 2)$	| Klammer auflösen
$-12x + 20 + 2x < 2x - 4$	| zusammenfassen
$-10x + 20 < 2x - 4$	| $-2x - 20$
$-12x < -24$	| **: (−12)**
$x > 2$ $L = \{x \mid x > 2\}$	

44 **Lösen Sie die Ungleichungen.**

a) $3x - 15 > 27$

b) $-4 \cdot (4 - 3x) \leq 20$

c) $-\frac{3}{4}x - \frac{9}{4} < \frac{15}{4}$

d) $5 \cdot (-3x - 8) + 9x \geq -28$

45 **Stellen Sie die Ergebnisse auf dem Zahlenstrahl dar.**

a) $3x - 2 \leq 7$

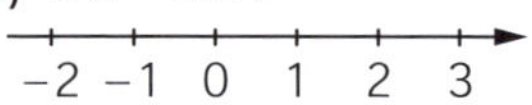

b) $-x + 5 > 4$

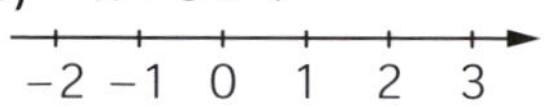

c) $-\frac{1}{2}x + 5 < \frac{23}{4}$

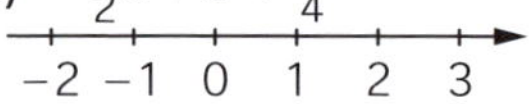

d) $-0{,}5 \cdot (6 - 3x) \geq -4{,}5$

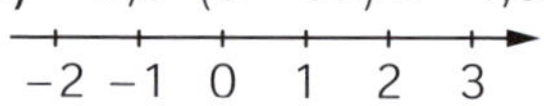

Es kann hilfreich sein, sich die Lösungsmenge auf einem Zahlenstrahl zu verdeutlichen:

$x \geq 2$

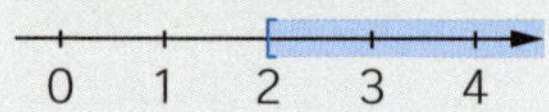

$x < 1$

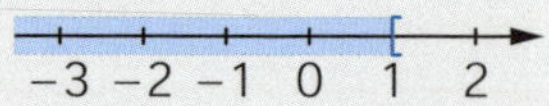

!

Die Grundmenge G (die Menge aller Zahlen, aus der die Lösungen einer Gleichung oder Ungleichung stammen dürfen) beeinflusst die Lösungsmenge oft wesentlich. Wenn nichts anderes angegeben ist, verwenden Sie $G = \mathbb{R}$.

Beispiele:

a) $G = \mathbb{R}$

$3x - 5 < -14$

$3x < -9$

$x < -3$

$L = \{x \mid x < -3\}$

b) $G = \mathbb{Z}$

$3x - 5 < -14$

$x < -3$

$L = \{x \mid x < -3\}$

mit $L = \{\ldots; -5; -4\}$

c) $G = \mathbb{N}$

$3x - 5 < -14$

$x < -3$

$L = \{\ \}$

es gibt keine Lösung, da $\mathbb{N} = \{0; 1; 2; \ldots\}$

46 **Geben Sie die Lösungsmenge der Ungleichung in aufzählender Form ($L = \{1; 2; 3; \ldots\}$) an. Achten Sie auf die Grundmenge.**

a) $2 \cdot (7 - x) < 18;\ G = \mathbb{Z}$

b) $5 - \frac{1}{2}x > 3;\ G = \mathbb{N}$

c) $-3\left(1 - \frac{2}{3}x\right) < -8;\ G = \mathbb{N}$

Zwischentest

1 **Berechnen Sie den Umfang mithilfe eines Terms.** /4

a)

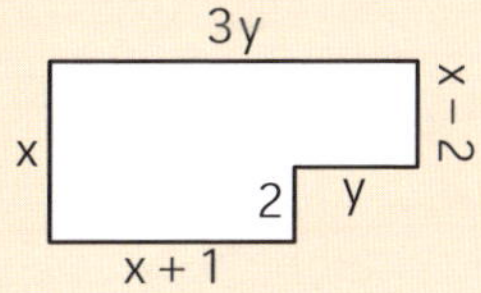

$x = 4{,}4;\ \ y = 2{,}7;\ \ u =$ ....

b)

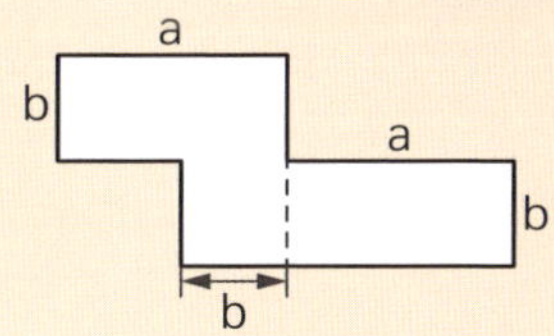

$a = 3;\ \ b = 0{,}3a;\ \ u =$ ....

2 **Multiplizieren Sie aus und fassen Sie zusammen.** /2

a) $3 \cdot (x - 5) + (x + 2) \cdot (x - 3) - 7 \cdot (x - 3) =$ ....

b) $4a - 5 \cdot (a - 2b) - 3 \cdot (a + 4b) + 3a - (a - b) =$ ....

3 **Lösen Sie mithilfe der binomischen Formeln.** /4

a) $(4 - 3a)^2 =$ ....

b) $(2y - 7z) \cdot (2y + 7z) =$ ....

c) $(2a -$ .... $)^2 = 4a^2 - 12ab +$ ....

d) $25r^4 + 20r^2y^2 +$ .... $= ($ .... $+ 2$ .... $)^2$

4 **Bestimmen Sie die Definitionsmenge und den Hauptnenner (Hn) und fassen Sie soweit wie möglich zusammen.** /6

a) $\frac{2x}{3} + \frac{5}{x - 3} =$ .... $D =$ .... $Hn =$ ....

b) $\frac{2 + x}{x - 2} - \frac{1 - x}{x + 2} =$ .... $D =$ .... $Hn =$ ....

c) $\frac{3}{(2y + 4)^2} - \frac{2}{4y + 8} =$ .... $D =$ .... $Hn =$ ....

5 **Lösen Sie die Gleichung.** /4

a) $10x - (3 - 5x) = 3x + 9$

b) $x^4 + 2x^2 - 15 = 0$

c) $(x - 2) \cdot (x + 3) - 2 \cdot (x - 1)^2 = 2 \cdot (2 - x)$

d) $\frac{1}{x \cdot (x - 2)} + \frac{2}{x} = \frac{3}{x - 2}$

6 **Lösen Sie die linearen Gleichungssysteme.** /4

a) $\left| \begin{array}{ll} \boxed{1} & 3x + 2y = -11 \\ \boxed{2} & -x + 3y = 22 \end{array} \right|$. $L =$ ....

b) Marc kauft sich zwei T-Shirts und drei Boxershorts. Er bezahlt 33,97 €. Für drei T-Shirts und zwei Boxershorts hätte er 38,48 € bezahlen müssen.

Lösen Sie mithilfe eines Gleichungssystems. T-Shirt: ....; Boxershorts: ....

7 **Lösen Sie die Ungleichung. Stellen Sie die Lösungsmenge auf einem Zahlenstrahl dar.** /6

a) $10 - 4x < 2x + 4$

b) $2 - (7 + \mathbf{x}) \leq 4(-x + 1)$

c) $\frac{2x + 5}{-3} < \frac{4 - 3x}{2}$

Gesamtpunktzahl /30

Kontrollieren Sie Ihre Ergebnisse mithilfe der Lösungen (S. 118) und addieren Sie die erreichten Punkte.

☐ 30 bis 24 Punkte: ☐ 23 bis 15 Punkte: ☐ 14 bis 0 Punkte:

Potenzen, Wurzeln, Logarithmen

Vorschau

- Potenzen mit Exponenten aus ℤ, Potenzgesetze
- Normierte Exponentialform
- Wurzeln, irrationale Zahlen, Wurzelgesetze
- Potenzen mit rationalen Exponenten, Potenzgleichungen
- Logarithmen und -gesetze, Exponentialgleichungen

Potenzen mit Exponenten aus ℤ

!

Produkte mit n gleichen Faktoren a kann man verkürzt als **Potenz a^n** schreiben.

$\underbrace{a \cdot a \cdot a \cdot a \cdot \ldots \cdot a \cdot a}_{n \text{ Faktoren}} = a^n$ a heißt **Basis**, n heißt Hochzahl bzw. **Exponent**.

Festlegung für alle $a \neq 0$: $a^1 = a$ und $a^0 = 1$

Beispiele: **a)** $(-4)^5 = (-4) \cdot (-4) \cdot (-4) \cdot (-4) \cdot (-4)$ **b)** $-4^5 = -4 \cdot 4 \cdot 4 \cdot 4 \cdot 4$

c) $(3x-2)^3 = (3x-2) \cdot (3x-2) \cdot (3x-2)$ **d)** $3 \cdot \left(\frac{1}{2}\right)^3 = 3 \cdot \frac{1}{2} \cdot \frac{1}{2} \cdot \frac{1}{2}$

1 Schreiben Sie ausführlich.

a) $(3x+4)^4$ **b)** $3x+4^4$ **c)** $3(x+4)^4$ **d)** $\frac{(4y)^3}{3}$

e) $\frac{4y^3}{3}$ **f)** $\left(\frac{4y}{3}\right)^3$ **g)** a^3b^4 **h)** $(3a)^3b^4$

i) $-3^3 \cdot 2a^3$ **j)** x^4+y^4 **k)** $(2a^3b)^2$ **l)** $(-4)^3 - x^2$

2 Setzen Sie das richtige Zeichen ein: <, > oder =.

a) $(-2)^4$ ☐ -2^4 **b)** 3^2 ☐ 2^3 **c)** 2^5 ☐ $2 \cdot 5$ **d)** 10^2 ☐ 2^{10}

3 Schreiben Sie mit Potenzen.

a) $x \cdot x \cdot x \cdot x - 3 \cdot 3 \cdot 3 \cdot 3 \cdot 3 =$ ……… **b)** $a \cdot a \cdot a - 2 \cdot (-2) =$ ………

c) $4 \cdot 5 \cdot 4 \cdot 5 \cdot 4 =$ ……… **d)** $x \cdot x \cdot x \cdot (-3) \cdot (-3) =$ ………

4 Berechnen Sie.

a) $4 \cdot 2^3 =$ ……… **b)** $20 - 3^3 =$ ……… **c)** $(2 \cdot 4)^2 =$ ………

d) $\frac{2^4}{8} =$ ……… **e)** $\left(\frac{1}{2}\right)^3 =$ ……… **f)** $\frac{6+3^2}{5} =$ ………

!

Zerlegt man Terme mit mehreren Potenzen zunächst in ihre Faktoren, lässt sich ein solcher Term oft noch weiter vereinfachen.

Beispiele:

a) $2 \cdot x^4 \cdot b^3 \cdot 4 \cdot x^2 \cdot b = 2 \cdot x \cdot x \cdot x \cdot x \cdot b \cdot b \cdot b \cdot 4 \cdot x \cdot x \cdot b$
$= 2 \cdot 4 \cdot x \cdot x \cdot x \cdot x \cdot x \cdot x \cdot b \cdot b \cdot b \cdot b$
$= 8x^6b^4$

b) $\frac{4 \cdot x^2 \cdot b^3}{8 \cdot x^3 \cdot b} = \frac{\overset{1}{\cancel{4}} \cdot \overset{1}{\cancel{x}} \cdot \overset{1}{\cancel{x}} \cdot \overset{1}{\cancel{b}} \cdot b \cdot b}{8 \cdot \underset{1}{\cancel{x}} \cdot \underset{1}{\cancel{x}} \cdot x \cdot \underset{1}{\cancel{b}}} = \frac{b^2}{2x}$

5 **Vereinfachen Sie den Term.**

a) $3x^2x^3 \cdot 5xy \cdot 4xy^2$ b) $\frac{10a^6b^2 \cdot 3a^4}{6a^3 \cdot 2b^4}$ c) $6s^2t \cdot 0{,}5s^5t^3$ d) $\frac{2x^2y^2 \cdot 2x^3}{8x^5 \cdot 2y^6}$

!

Potenzen mit einer negativen ganzen Zahl als Exponent sind wie folgt definiert:

$$a^{-1} = \frac{1}{a} \qquad a^{-n} = \frac{1}{a^n}$$

Beispiele: a) $2^{-1} = \frac{1}{2}$ b) $3^{-3} = \frac{1}{3^3} = \frac{1}{27}$

c) $\left(\frac{1}{2}\right)^{-4} = \frac{1}{\left(\frac{1}{2}\right)^4} = \frac{1}{\frac{1}{16}} = 16$ d) $\left(-\frac{2}{3}\right)^{-5} = \frac{1}{\left(-\frac{2}{3}\right)^5} = \frac{1}{-\frac{32}{243}} = -\frac{243}{32}$

6 **Schreiben Sie als Bruch mit Exponenten n im Nenner, dann ohne Exponenten.**

a) 4^{-3} b) 2^{-6} c) 10^{-3} d) $(-5)^{-2}$ e) $\left(\frac{2}{3}\right)^{-3}$ f) $\left(\frac{4}{10}\right)^{-2}$

7 **Berechnen Sie in der Tabelle das Ergebnis dezimal ohne Taschenrechner.**

Basis \ Exponent	0	−1	−2	−3	−4
1					
2					
10					
−1					
−2					

!

So vereinfachen Sie einen Term mit negativen Exponenten schrittweise:

- Schreiben Sie den Term mit Brüchen.
- Schreiben Sie Potenzen als Produkte gleicher Faktoren und kürzen Sie.
- Fassen Sie in Zähler und Nenner gleiche Faktoren zusammen.
- Schreiben Sie nun den Term mit positiven und negativen Exponenten auf.

Beispiel: $\frac{4}{5}x^2y^3y^{-4}x^{-5} = \frac{4\cancel{x}\cancel{x}\cancel{y}\cancel{y}\cancel{y}}{5\cancel{x}\cancel{x}xxx\cancel{y}\cancel{y}\cancel{y}y} = \frac{4}{5}x^{-3}y^{-1}$

8 **Vereinfachen Sie den Term schrittweise.**

a) $2a^2b^5a^{-1}b^{-3}$ b) $v^5z^2v^{-2}z^{-4}$ c) $a^8b^{-4}b^2a^{-2}$ d) $u^6v^3w^2u^{-2}w^{-5}$

9 **Oft werden Einheiten für physikalische Größen mit negativen Exponenten angegeben. Geben Sie die Einheit als Bruch an.**

a) Geschwindigkeit v: $m \cdot s^{-1}$ .... b) Beschleunigung a: $m \cdot s^{-2}$ ....

c) Energie E: $kg \cdot m^2 \cdot s^{-2}$ .... d) Dichte ϱ (rho): $g \cdot cm^{-3}$ ....

e) Kraft F: $kg \cdot m \cdot s^{-2}$ ....

Potenzgesetze

!

Potenzen mit **gleicher Basis** $a \neq 0$ werden multipliziert (dividiert), indem man die Basis mit der Summe (Differenz) der Exponenten potenziert.

$a^x \cdot a^y = a^{x+y}$ $a^x : a^y = a^{x-y}$

Beispiele: a) $4^3 \cdot 4^5 = 4^{3+5} = 4^8$ b) $5^6 : 5^2 = 5^{6-2} = 5^4$
c) $2^4 \cdot 2^{-5} = 2^{4+(-5)} = 2^{-1}$ d) $3^2 : 3^{-5} = 3^{2-(-5)} = 3^7$

10 **Schreiben Sie das Produkt als *eine* Potenz.**
a) $6^7 \cdot 6^3$ b) $2^{-3} \cdot 2^{-4}$ c) $10^8 \cdot 10^{-5}$ d) $\left(\frac{1}{2}\right)^3 \cdot \left(\frac{1}{2}\right)^4$

11 **Schreiben Sie den Quotienten als *eine* Potenz.**
a) $8^6 : 8^5$ b) $4^{-5} : 4^2$ c) $10^{-6} : 10^{-4}$ d) $0{,}2^{10} : 0{,}2^{-4}$

12 **Schreiben Sie erst als *eine* Potenz. Geben Sie die Potenz dann nur mit positivem Exponenten an (siehe Beispiele auf Seite 35 oben).**
a) $4^2 \cdot 4^{-6}$ b) $3^{-4} : 3^2$ c) $10^{-7} : 10^{-3}$ d) $0{,}5 : 0{,}5^3$

!

Terme mit Potenzen vereinfacht man wie folgt:
1. Schreiben Sie den Term unter Anwendung der Potenzgesetze als **eine** Potenz.
2. Beachten Sie die Rechenregeln für rationale Zahlen, ordnen Sie die Exponenten und fassen Sie diese dann zusammen.

Beispiele:

a) $x^{n-3} \cdot x^{4-n} = x^{n-3+4-n}$
$= x^{n-n-3+4}$
$= x^1$
$= x$

b) $x^{2n+3} : x^{-3n+4} = x^{2n+3-(-3n+4)}$
$= x^{2n+3+3n-4}$
$= x^{2n+3n+3-4}$
$= x^{5n-1}$

13 **Vereinfachen Sie den Term.**
a) $x^{4n-3} \cdot x^{2-n}$ b) $y^{4z+2} : y^{3z+5}$ c) $m^{2x} \cdot m^{2(x-4)}$

14 **Vereinfachen Sie den Term in der Tabelle. Setzen Sie für die Variable die Zahl ein. Berechnen Sie dann den Wert der Potenz.**

Term	Termvereinfachung	x	Wert der Potenz	x	Wert der Potenz
$10^{3x-4} \cdot 10^{2x+3}$		6		4	
$2^{-3+x} : 2^{-4-2x}$		4		2	

15 **Vereinfachen Sie den Term. Achten Sie dabei auf Potenzen mit gleicher Basis.**
a) $x^{m-n} \cdot y^{-2n} \cdot x^{-m} \cdot y^{n+2m}$ b) $a^{x-4} \cdot b^{-4y} \cdot a^{-2x} \cdot b^{y-3}$ c) $(x^4y^{-6}) : (x^8y^{-12})$

!

Potenzen mit Basen $a, b \neq 0$ und **gleichen Exponenten** werden multipliziert (dividiert), indem man das Produkt (den Quotienten) der Basen mit dem gemeinsamen Exponenten potenziert.

$a^x \cdot b^x = (a \cdot b)^x$ $\qquad$ $a^x : b^x = (a : b)^x$

Beispiele:

a) $4^3 \cdot 25^3 = (4 \cdot 25)^3 = 100^3$

b) $16^6 : 8^6 = (16 : 8)^6 = 2^6$

c) $(5x)^{-3} \cdot \left(\frac{1}{5}\right)^{-3} = \left(\cancel{5}\, x \cdot \frac{1}{\cancel{5}}\right)^{-3} = x^{-3}$

d) $(6x)^{2+n} : (3x)^{2+n} = (6x : 3x)^{2+n} = 2^{2+n}$

16 **Multiplizieren Sie zuerst die Basen. Berechnen Sie das Ergebnis dann im Kopf.**

a) $4^6 \cdot 0{,}25^6$ b) $10^{-9} \cdot 0{,}1^{-9}$ c) $10^4 \cdot 0{,}2^4$ d) $\left(\frac{1}{14}\right)^3 \cdot 7^3$

17 **Dividieren Sie zuerst die Basen. Berechnen Sie das Ergebnis dann im Kopf.**

a) $20^3 : 4^3$ b) $7^{-5} : 3{,}5^{-5}$ c) $30^{-6} : 3^{-6}$ d) $20^2 : 0{,}2^2$

18 **Vereinfachen Sie den Term.**

a) $2m^{n+1} \cdot \left(\frac{1}{2}\right)^{n+1}$ b) $\left(\frac{x}{8}\right)^5 : \left(\frac{x}{4}\right)^5$ c) $(ab)^{-7} \cdot (2b)^{-7}$ d) $(uv)^{-2} : (2v)^{-2}$

!

Potenzen werden potenziert, indem man die Basis mit dem Produkt der Exponenten potenziert.

$(a^x)^y = a^{x \cdot y}$ $(a \neq 0)$

Beispiele:

a) $(5^6)^2 = 5^{12}$

b) $(4^{-3})^5 = 4^{-15}$

c) $(a^{3x+1})^2 = a^{6x+2}$

d) $(b^{-4})^{-y} = b^{4y}$

19 **Schreiben Sie als eine Potenz.**

a) $(3^4)^5$ b) $(6^{-3})^8$ c) $(10^{-6})^{-5}$ d) $(3^{-1})^4$

20 **Ergänzen Sie den fehlenden Exponenten.**

a) $(b^{\square})^3 = b^{12}$ b) $(a^{-5})^{\square} = a^{10}$ c) $(x^{-4})^{\square} = b^{-8x+4}$

21 **Vereinfachen Sie den Term.**

a) $(x^{2n-3})^4$ b) $(y^{2z+1})^{3z}$ c) $(m^{2y+3})^{y-2}$

★ **22** **Vereinfachen Sie den Term so weit wie möglich. Beachten Sie dabei alle Potenzgesetze.**

a) $(a^{3n-2})^2 \cdot (a^{3-n})^4$ b) $(b^3)^{2u-3v} \cdot (b^{-5})^{4v+u}$ c) $\frac{(m^{2+3n})^4 \cdot m^{4n-1}}{(m^{n-1})^{-3}}$

d) $(x^{-6})^{5+t} \cdot (x^t)^{5-1}$ e) $(y^{-m})^{-(n+3)} \cdot (y^{-4+2n})^m$ f) $(a^{-n})^{m-3} \cdot (a^{-m})^{2-n}$

Normierte Exponentialform

!

Sehr große Zahlen gibt man häufig in der **normierten Exponentialform** an.
Man schreibt dann eine Zahl a als Produkt aus einem Dezimalbruch x $(1 \leq x < 10)$ und einer Potenz zur Basis 10: $a = x \cdot 10^y$ (y ist eine positive ganze Zahl.)

Beispiele: **a)** $1000 = 1 \cdot 10^3$
b) $6\,000\,000 = 6 \cdot 10^6$
c) $45\,000\,000\,000 = 4{,}5 \cdot 10^{10}$
d) $20\,030 = 2{,}003 \cdot 10^4$

Zum Auffinden des Exponenten setzen Sie hinter der ersten Ziffer ein Komma und zählen dann die verbleibenden Stellen.

23 **Schreiben Sie die Zahlen in der normierten Exponentialform.**

a) 100	**b)** 1 Mio.	**c)** Zehntausend
d) 1 Bio.	**e)** 1 Mrd.	**f)** 10
g) 360 000	**h)** 800 200 000	**i)** 600 Mio.
j) 38 Mrd.	**k)** 0,5 Mio.	**l)** 708 400 000

24 **Schreiben Sie die Zahl ausführlich.**

a) $5{,}13 \cdot 10^7$ **b)** $1{,}926 \cdot 10^6$ **c)** $2{,}08 \cdot 10^5$ **d)** $4{,}702 \cdot 10^8$

25 **Die Lichtgeschwindigkeit c beträgt ca. 300 000 km pro Sekunde.**

a) Geben Sie die Lichtgeschwindigkeit in normierter Exponentialform an.
b) Geben Sie die Lichtgeschwindigkeit in normierter Exponentialform in der Einheit m/s an.

!

Sehr kleine Zahlen gibt man häufig in der **normierten Exponentialform mit negativen Exponenten** an. Man schreibt dann eine Zahl a als Produkt aus einem Dezimalbruch x $(1 \leq x < 10)$ und einer Potenz zur Basis 10: $a = x \cdot 10^y$ (y ist eine negative ganze Zahl.)

Beispiele: **a)** $0{,}001 = 1 \cdot 10^{-3}$
b) $0{,}000\,006 = 6 \cdot 10^{-6}$
c) $0{,}000\,000\,004\,5 = 4{,}5 \cdot 10^{-9}$
d) $0{,}0305 = 3{,}05 \cdot 10^{-2}$

Zum Auffinden des Exponenten zählen Sie die Stellen nach dem Komma einschließlich der ersten geltenden Ziffer(*).

26 **Schreiben Sie die Zahlen in der normierten Exponentialform.**

a) 0,01	**b)** 1 Millionstel	**c)** 1 Zehntausendstel
d) 1 Milliardstel	**e)** 0,0036	**f)** 0,000 207
g) 1 : 200 Mio.	**h)** 1 : 5 Mrd.	**i)** 0,000 000 000 38

(*) Geltende Ziffern sind alle von Null verschiedenen Ziffern, sowie Zwischen- und Endnullen. Das Komma wird nicht beachtet. Die Zahl **12,030** hat 5 geltende Ziffern (Zwischen- und Endnullen werden mitgezählt). Die Zahl 0,00**450** hat drei geltende Ziffern (vorangehende Nullen werden nicht gezählt).

!

Produkte oder Quotienten von Zahlen lassen sich in normierter Exponentialform leicht unter Anwendung der Potenzgesetze berechnen.

Beispiele: a) $a \cdot 10^x \cdot b \cdot 10^y = ab \cdot 10^{x+y}$

b) $\frac{a \cdot 10^x}{b \cdot 10^y} = \frac{a}{b} \cdot 10^{x-y}$

c) $4{,}5 \cdot 10^7 \cdot 6{,}2 \cdot 10^8 = 27{,}9 \cdot 10^{15} = 2{,}79 \cdot 10 \cdot 10^{15} = 2{,}79 \cdot 10^{16}$

d) $\frac{5{,}5 \cdot 10^{12}}{8 \cdot 10^4} = 0{,}6875 \cdot 10^8 = 6{,}875 \cdot 10^{-1} \cdot 10^8 = 6{,}875 \cdot 10^7$

e) $8 \cdot 10^{-3} \cdot 2 \cdot 10^7 = 16 \cdot 10^{-3+7} = 16 \cdot 10^4 = 1{,}6 \cdot 10^5$

f) $\frac{5 \cdot 10^{-12}}{2 \cdot 10^{-3}} = 2{,}5 \cdot 10^{-12-(-3)} = 2{,}5 \cdot 10^{-12+3} = 2{,}5 \cdot 10^{-9}$

27 Geben Sie das Produkt in der normierten Exponentialform an.

a) $4{,}53 \cdot 10^9 \cdot 5 \cdot 10^6$ **b)** $7{,}4 \cdot 10^{12} \cdot 6 \cdot 10^3 \cdot 4{,}5 \cdot 10^8$ **c)** $250 \cdot 7 \cdot 10^3 \cdot 9 \cdot 10^6$

28 Der Neptun ist 30-mal weiter von der Sonne entfernt als die Erde. Der mittlere Abstand Erde – Sonne beträgt $1{,}496 \cdot 10^8$ km.

Berechnen Sie die mittlere Entfernung Sonne – Neptun.

29 Geben Sie den Quotienten in der normierten Exponentialform an.

a) $\frac{4{,}75 \cdot 10^9}{5 \cdot 10^4}$ **b)** $\frac{5 \cdot 10^8 \cdot 8 \cdot 10^9}{2{,}5 \cdot 10^7}$ **c)** $\frac{104 \cdot 10^{15}}{5{,}2 \cdot 10^3 \cdot 4 \cdot 10^5}$

30 Die Masse der Erde beträgt ca. $6 \cdot 10^{24}$ kg, die der Sonne ca. $2 \cdot 10^{30}$ kg.

Bestimmen Sie, wie viel mal so groß die Masse der Sonne gegenüber der Masse der Erde ist.

31 Geben Sie das Produkt in der normierten Exponentialform an.

a) $5{,}2 \cdot 10^{-8} \cdot 4{,}1 \cdot 10^{-6}$ **b)** $8{,}3 \cdot 10^{-11} \cdot 2 \cdot 10^3$ **c)** $32 \cdot 5 \cdot 10^8 \cdot 4 \cdot 10^{-5}$

32 Geben Sie den Quotienten in der normierten Exponentialform an.

a) $\frac{3 \cdot 10^{-11}}{4 \cdot 10^{-6}}$ **b)** $\frac{5 \cdot 10^5}{4 \cdot 10^{-8}}$ **c)** $\frac{2 \cdot 10^{-16}}{8 \cdot 10^3 \cdot 2{,}5 \cdot 10^{-5}}$

33 Die Masse eines Wasserstoffatoms beträgt $1{,}6727 \cdot 10^{-27}$ kg.

Berechnen Sie, wie viele Atome in 1 g Wasserstoffgas enthalten sind?
Runden Sie ganzzahlig.

34 Unter einem Lichtjahr (Lj) versteht man die vom Licht in einem Jahr im leeren Raum zurückgelegte Strecke. Pro Sekunde legt das Licht 300 000 km zurück.

a) Berechnen Sie die Anzahl der Sekunden eines Jahres.
Geben Sie den errechneten Wert in der normierten Exponentialform an.

b) Welchen Weg legt das Licht in dieser Zeit zurück?

35 Wie viele Atome bilden eine 1 mm dicke Goldschicht?

(Atomdurchmesser: ca. 10^{-10} m)

Wurzeln, irrationale Zahlen

!

Für alle positiven rationalen Zahlen a ist das Wurzelziehen eine Umkehrung des Potenzierens.

$a \underset{\text{hoch } n}{\overset{\text{n-te Wurzel}}{\rightleftarrows}} b$ für alle $a > 0$ und $n \in \mathbb{N}^* \setminus \{1\}$

Die Zahl $\sqrt[n]{a}$ (lies: n-te Wurzel aus a) ist diejenige **positive Zahl b**, für die $b^n = a$ gilt.

$\sqrt[2]{a}$ wird kurz $\sqrt{a}$ geschrieben und heißt Quadratwurzel, $\sqrt[3]{a}$ heißt Kubikwurzel.

Allgemein gilt: $\sqrt[n]{a^n} = \left(\sqrt[n]{a}\right)^n = a$

Beispiele: **a)** $\sqrt{9} = 3$, weil $3^2 = 9$ **b)** $\sqrt[3]{1000} = 10$, weil $10^3 = 1000$

c) $\sqrt[4]{\frac{1}{16}} = \frac{1}{2}$, weil $\left(\frac{1}{2}\right)^4 = \frac{1}{16}$ **d)** $\sqrt{\frac{25}{49}} = \frac{5}{7}$, weil $\left(\frac{5}{7}\right)^2 = \frac{25}{49}$

36 **Berechnen Sie die Wurzel.**

a) $\sqrt{144}$ **b)** $\sqrt[3]{343}$ **c)** $\sqrt{0{,}16}$ **d)** $\sqrt[3]{\frac{64}{216}}$

37 **Bestimmen Sie n mithilfe des Taschenrechners durch Probieren.**

a) $\sqrt[n]{289} = 17$ **b)** $\sqrt[n]{0{,}0081} = 0{,}3$ **c)** $\sqrt[n]{256} = 2$ **d)** $\sqrt[n]{\frac{81}{625}} = \frac{3}{5}$

!

- Viele Wurzeln sind keine rationalen Zahlen, sie sind **irrational** (d. h. nicht darstellbar als gekürzter Bruch $\frac{a}{b}$ mit $a \in \mathbb{N}$ und $b \in \mathbb{N}^*$). Man kann sie dann als unendliche, nicht periodische Brüche schreiben. $\sqrt{2}$ ist z. B. irrational.
- **Beweis:** Gäbe es einen gekürzten Bruch $\frac{a}{b}$ $(b \neq 1)$ mit $\sqrt{2} = \frac{a}{b}$, dann müsste durch Quadrieren gelten $2 = \frac{a^2}{b^2}$. Das aber ist unmöglich, da nicht weiter gekürzt werden kann.

Beispiel: Welche Kantenlänge a hat ein Würfel, dessen Volumen $4\,m^3$ beträgt?
Auch $\sqrt[3]{4}$ ist irrational, es gilt: $\sqrt[3]{4} = 1{,}587\,401\,0\ldots \Rightarrow a \approx 1{,}59\,m$

38 **Geben Sie die Wurzel auf drei Nachkommastellen gerundet an.**

a) $\sqrt{2}$ **b)** $\sqrt[3]{10}$ **c)** $\sqrt[4]{5}$ **d)** $\sqrt{0{,}75}$

39 **Gegeben ist der Flächeninhalt eines Quadrates.**
Geben Sie seine Kantenlänge auf vier geltende Ziffern gerundet an.

a) $A = 7\,m^2$ **b)** $A = 4{,}8\,m^2$ **c)** $A = 12{,}5\,m^2$ **d)** $A = 1000\,m^2$

40 **Gegeben ist das Volumen eines Würfels.**
Geben Sie die Kantenlänge auf drei geltende Ziffern gerundet an.

a) $V = 2\,cm^3$ **b)** $V = 5{,}5\,m^3$ **c)** $V = 200\,dm^3$ **d)** $V = 100\,mm^3$

!

Es gelten die folgenden **Wurzelgesetze:**

1. $\sqrt[n]{a} \cdot \sqrt[n]{b} = \sqrt[n]{a\,b}$ 2. $\sqrt[n]{a} : \sqrt[n]{b} = \sqrt[n]{a : b}$ 3. $\sqrt[n]{\sqrt[m]{b}} = \sqrt[n \cdot m]{b}$

Hinweis: Die Zahl unter dem Wurzelzeichen heißt **Radikand**.

Beispiele: a) $\sqrt[3]{10} \cdot \sqrt[3]{2{,}7} = \sqrt[3]{27} = 3$ b) $\sqrt{50} : \sqrt{2} = \sqrt{25} = 5$ c) $\sqrt[3]{\sqrt{64}} = \sqrt[6]{64} = 2$

41 **Wenden Sie das passende Wurzelgesetz an und ziehen Sie dann die Wurzel.**

a) $\sqrt{3} \cdot \sqrt{27}$ b) $\sqrt{8} \cdot \sqrt{18}$ c) $\sqrt[3]{250} \cdot \sqrt[3]{4}$ d) $\sqrt[3]{432} \cdot \sqrt[3]{0{,}5}$

42 **Wenden Sie das passende Wurzelgesetz an und ziehen Sie dann die Wurzel.**

a) $\sqrt{7{,}2} : \sqrt{0{,}2}$ b) $\sqrt[5]{2430} : \sqrt[5]{10}$ c) $\sqrt[3]{96} : \sqrt[3]{12}$ d) $\sqrt[3]{171{,}5} : \sqrt[3]{0{,}5}$

43 **Wenden Sie das passende Wurzelgesetz an, ziehen Sie dann die Wurzel mit dem Taschenrechner und geben Sie das Ergebnis auf zwei Nachkommastellen gerundet an.**

a) $\sqrt[3]{\sqrt{25}}$ b) $\sqrt[4]{\sqrt[3]{100}}$ c) $\sqrt[3]{\sqrt[3]{91}}$ d) $\sqrt[5]{\sqrt{0{,}4}}$

Beispiele:
Teilweises Wurzelziehen:
$\sqrt{50} = \sqrt{25} \cdot \sqrt{2} = 5 \cdot \sqrt{2}$
Anwenden einer Kürzungsregel:
$\sqrt[3]{5^6} = \sqrt[3]{(5^2)^3} = 5^2$; $\left(\sqrt[7]{a}\right)^{21} = \left(\left(\sqrt[7]{a}\right)^7\right)^3 = a^3$

Durch geschicktes Anwenden der Potenz- und Wurzelgesetze lassen sich Wurzeln oft vereinfachen.

44 **Zerlegen Sie den Radikanden geschickt, sodass Sie teilweise die Wurzel ziehen können.**

a) $\sqrt{12}$ b) $\sqrt[3]{16}$ c) $\sqrt{125}$ d) $\sqrt{\frac{3}{16}}$

45 **Vereinfachen Sie die Wurzel.**

a) $\sqrt[5]{8^{15}}$ b) $\sqrt[4]{7^8}$ c) $\left(\sqrt[4]{5}\right)^{12}$ d) $\left(\sqrt[3]{7}\right)^{18}$

46 **Vereinfachen Sie den Term.**

a) $\sqrt{5\,a^2}$ b) $\sqrt[3]{27\,x^3}$ c) $\sqrt{5a^2 b^4}$ d) $\sqrt{4\,a^6 \cdot 2\,b^2}$

e) $\left(\sqrt[6]{a}\right)^{18}$ f) $\left(\sqrt[3]{a}\right)^{15}$ g) $\left(\sqrt[4]{a\,b}\right)^{20}$ h) $\left(\sqrt[6]{x\,y}\right)^{24}$

i) $\sqrt{\frac{2\,a^4}{b^6}}$ j) $\sqrt{\frac{a}{49}}$ k) $\sqrt{\frac{9\,a^4}{b^3}}$ l) $\sqrt{\frac{27\,a^4}{b^2}} \cdot \sqrt{\frac{b^6}{3\,a^2}}$

Potenzen mit rationalen Exponenten

!

Für positive Zahlen a gilt für Potenzen mit einem Bruch als Exponenten:

$a^{\frac{1}{n}} = \sqrt[n]{a} \quad n \in \mathbb{N}^* \setminus \{1\}$

$a^{\frac{z}{n}} = \sqrt[n]{a^z} = \left(\sqrt[n]{a}\right)^z$ mit $n \in \mathbb{N}^* \setminus \{1\}$, $z \in \mathbb{Z}$

Wurzel der Potenz **Potenz der Wurzel**

Es spielt keine Rolle, ob die Exponenten gekürzt, erweitert oder in Dezimalschreibweise dargestellt werden. Außerdem gelten auch für Potenzen mit rationalen Exponenten die fünf Potenzgesetze.

Beispiele: a) $a^{\frac{1}{2}} = \sqrt{a}$ b) $a^{\frac{1}{3}} = \sqrt[3]{a}$

c) $a^{\frac{3}{2}} = \sqrt{a^3} = \left(\sqrt{a}\right)^3$ d) $a^{2,5} = a^{\frac{5}{2}} = \sqrt{a^5} = \left(\sqrt{a}\right)^5$

47 **Schreiben Sie als Wurzel aus einer Potenz.**

a) $10^{\frac{4}{5}}$ b) $3^{\frac{1}{2}}$ c) $7^{\frac{5}{2}}$ d) $0{,}5^{\frac{7}{6}}$

48 **Schreiben Sie als Potenz mit gebrochenem Exponenten.**

a) $\sqrt[5]{8^7}$ b) $\sqrt[3]{7^8}$ c) $\left(\sqrt[5]{5}\right)^{11}$ d) $\sqrt[3]{7^2}$

49 **Schreiben Sie als Potenz. Vereinfachen und berechnen Sie dann.**

a) $\sqrt[4]{2^{12}}$ b) $\left(\sqrt[4]{10}\right)^{-8}$ c) $\left(\sqrt[4]{3}\right)^{12}$ d) $\sqrt[3]{7^{-6}}$

50 **Berechnen Sie ohne Verwendung des Taschenrechners.**

a) 9^2 b) $9^{\frac{1}{2}}$ c) 9^{-1} d) 9^0

e) $9^{\frac{3}{2}}$ f) $9^{-\frac{3}{2}}$ g) $9^{-\frac{1}{2}}$ h) 9^{-2}

51 **Schreiben Sie die Potenz mit einem gekürzten Bruch als Exponenten und dann als Wurzel der Potenz. Bestimmen Sie den Potenzwert mit dem Taschenrechner in ursprünglicher und veränderter Form, z. B. $17^{2,5} = 17^{\frac{5}{2}} = \left(\sqrt{17}\right)^5$, und vergleichen Sie.**

a) $8{,}27^{0,25}$ b) $26{,}8^{1,6}$ c) $2{,}713^{3,75}$ d) $19{,}4^{2,16}$ e) $3{,}8^{0,085}$

52 **Schreiben Sie das Ergebnis in der Form $\left(\sqrt[n]{a}\right)^z$.**

a) $a^{1,6} \cdot a^{0,2}$ b) $x^{0,6} \cdot x^{-0,2}$ c) $16^{\frac{2}{3}} : 4^{\frac{2}{3}}$ d) $y^{2,75} : y^{0,25}$

53 **Schreiben Sie als eine Potenz, dann in der Form $\left(\sqrt[n]{a}\right)^z$. Vor dem Addieren bzw. dem Subtrahieren der Exponenten müssen diese einen gemeinsamen Nenner haben.**

a) $a^{\frac{3}{4}} \cdot a^{\frac{1}{2}}$ b) $a^{\frac{5}{6}} : a^{\frac{2}{3}}$ c) $\left(p^{\frac{2}{3}}\right)^{\frac{1}{2}}$ d) $\left(a^{\frac{4}{7}} : b^{\frac{4}{7}}\right)^{\frac{7}{2}}$

54 **Schreiben Sie als eine Potenz mit einem Bruch oder Dezimalbruch als Exponenten.**

a) $\sqrt[4]{a^{12}} \cdot \sqrt{a^6}$ b) $\left(\sqrt[4]{b}\right)^3 : \left(\sqrt[5]{b}\right)^3$ c) $\left(\left(\sqrt[4]{3}\right)^7\right)^{\frac{1}{2}}$ d) $\sqrt[4]{x^3} \cdot x^{1,25}$

Potenzgleichungen

Gleichungen der Form $x^n = a$ mit $n \in \mathbb{N}^* \setminus \{1\}$ nennt man **Potenzgleichungen**.
Für die Lösung solcher Gleichungen gilt:

	n gerade	n ungerade
a > 0	$x_1 = \sqrt[n]{a}$; $x_2 = -\sqrt[n]{a}$	$x = \sqrt[n]{a}$
a = 0	$x = 0$	$x = 0$
a < 0	keine Lösung	$x = -\sqrt[n]{\lvert a\rvert}$

$|a|$ nennt man den **Betrag** der Zahl a. Er gibt den Abstand einer Zahl zur Null an und ist stets positiv. Es gilt $|a| = a$ für $a \geq 0$ und $|a| = -a$ für $a < 0$.
Beispiele: $|4| = 4$
$|-5| = -(-5) = 5$

Beispiele: **a)** $x^4 = 7 \Rightarrow x_1 = \sqrt[4]{7};\ x_2 = -\sqrt[4]{7}$
b) $4x^3 = 19\ |:4 \Leftrightarrow x^3 = \frac{19}{4} \Rightarrow x = \sqrt[3]{\frac{19}{4}}$
c) $x^5 = -32 \Rightarrow x = -\sqrt[5]{|-32|} = -\sqrt[5]{32} = -2$
d) $2x^4 + 16 = 0 \Leftrightarrow x^4 = -8$
$\Rightarrow$ keine Lösung!

55 **Geben Sie die Lösung an.**

a) $x^4 = 20$ **b)** $3x^6 - 18 = 0$ **c)** $x^3 = 6 + 2x^3$ **d)** $\frac{1}{2}x^5 - 2 \cdot (x^5 + 1) = 25$

56 **Lösen Sie mithilfe einer Potenzgleichung.**

a) Das Zweifache der 4. Potenz einer Zahl ist 162.
b) Die Hälfte der 5. Potenz einer Zahl ist 512.
c) Das vierfache Volumen eines Würfels mit der Kantenlänge a beträgt $6912\,cm^3$. Wie lang ist die Würfelkante a?

Potenzen mit rationalen Exponenten sind nur für positive Basen definiert.
Daher haben Potenzgleichungen der Form $x^{\frac{z}{n}} = a$ nur die Lösung $x = \sqrt[z]{a^n} = a^{\frac{n}{z}}$.

Beispiel: **a)** $x^{\frac{2}{5}} = 6$

$x = \sqrt[2]{6^5}$

$= 6^{\frac{5}{2}}$

$\approx 88{,}18$

b) $3x^{\frac{4}{7}} = 8 \quad |:3$

$x^{\frac{4}{7}} = \frac{8}{3}$

$x = \sqrt[4]{\left(\frac{8}{3}\right)^7}$

$= \left(\frac{8}{3}\right)^{\frac{7}{4}} \approx 5{,}56$

57 **Lösen Sie die Potenzgleichung.**

a) $x^{\frac{3}{4}} = 8$ **b)** $x^{\frac{2}{3}} = 25$ **c)** $\frac{1}{3}x^{\frac{3}{2}} = 9$ **d)** $4 + 8x^{\frac{3}{5}} = 5$

Logarithmen und Logarithmengesetze

!

Für alle $a > 0,\ a \neq 1,\ b > 0$ und $c \in \mathbb{R}$ gilt:

- c heißt **Logarithmus** der Zahl b zur Basis a, wenn $a^c = b$ gilt.
  $\mathbf{c = \log_a b \Leftrightarrow a^c = b}$
- c heißt **dekadischer Logarithmus** (Zehnerlogarithmus) der Zahl b, wenn $10^c = b$ gilt.
  $\mathbf{c = \log b}$ **(oder** $\mathbf{\lg b}$**)** $\mathbf{\Leftrightarrow 10^c = b}$
- c heißt **natürlicher Logarithmus** der Zahl b, wenn $e^c = b$ gilt (mit $e = 2{,}718281\ldots$).
  $\mathbf{c = \ln b \Leftrightarrow e^c = b}$ (lies: logarithmus naturalis)
- Jede positive Zahl x kann als Potenz zur Basis $a > 0,\ a \neq 1$ geschrieben werden:
  $x = a^{\log_a x}$

58 **Bestimmen Sie die Logarithmen ohne Taschenrechner.**

a) $\log_2 32$ **b)** $\log_2 \frac{1}{8}$ **c)** $\log_2 1$ **d)** $\log_5 125$ **e)** $\log 10000$
f) $\log_8 4$ **g)** $\log_9 3$ **h)** $\log_{625} 125$ **i)** $\log_7 (7^{15})$ **j)** $\log_{0,5} 8$

★ **59** **Bestimmen Sie die Variable.**

a) $\log_a 16 = 2$ **b)** $\log_a 32 = 5$ **c)** $\log_a \frac{1}{7} = -1$ **d)** $\log_a 125 = -3$
e) $\log_2 b = 4$ **f)** $\log_3 b = -3$ **g)** $\log_8 b = \frac{1}{3}$ **h)** $\log_7 b = \frac{2}{5}$

!

- Für das Rechnen mit Logarithmen gelten die folgenden Gesetze:
  (1) $\log_a (b \cdot c) = \log_a b + \log_a c$ **(2)** $\log_a (b : c) = \log_a b - \log_a c$
  (3) $\log_a (b^r) = r \cdot \log_a b$ **(4)** $\log_a (\sqrt[n]{b}) = \frac{\log_a b}{n}$
- Berechnung von beliebigen Logarithmen:
  $\log_c b = \frac{\log_a b}{\log_a c}$ **also z. B.:** $\log_c b = \frac{\log b}{\log c} = \frac{\ln b}{\ln c}$
- Beweis von Gesetz (1):
  $b \cdot c = a^{\log_a b} \cdot a^{\log_a c}$
  $b \cdot c = a^{\log_a b + \log_a c}$ (1. Potenzgesetz)
  $\log_a (b \cdot c) = \log_a b + \log_a c$

Viele wissenschaftliche Taschenrechner besitzen eine Taste mit der man jeden beliebigen Logarithmus ausrechnen kann. Wenn nicht, kann man auch mit **log** und **ln** auf dem Taschenrechner jeden Logarithmus berechnen (s. Beispiel).

Beispiel: $\log_7 90 = \frac{\ln 90}{\ln 7} \approx \frac{4{,}4998097}{1{,}9459101} \approx 2{,}3124447$

60 **Berechnen Sie mit dem Taschenrechner.**

a) $\log_{11} 250$ **b)** $\log_{0,7} 16$ **c)** $\log_\pi \sqrt{10000}$

Exponentialgleichungen

Eine Gleichung, in der die zu bestimmende Variable im Exponenten auftritt, heißt **Exponentialgleichung**. Solche Gleichungen löst man, indem man zuerst alle möglichen Term- und Gleichungsumformungen ausführt und dann die Gleichung **logarithmiert**. Welchen Logarithmus (z. B. den natürlichen oder dekadischen) man dabei benutzt, spielt keine Rolle.
Anschließend folgen wieder die üblichen Gleichungsumformungen.

Beispiel:

$$
\begin{aligned}
4248 + 3{,}8 \cdot 17^{4y-3} &= 67542 && \mid -4248 \\
3{,}8 \cdot 17^{4y-3} &= 63294 && \mid :3{,}8 \\
17^{4y-3} &\approx 16656{,}3158 && \mid \ln \\
\ln(17^{4y-3}) &= \ln 16656{,}3158 && \\
(4y-3)\ln 17 &= \ln 16656{,}3158 && \mid :\ln 17 \\
4y - 3 &= \frac{\ln 16656{,}3158}{\ln 17} && \mid +3 \\
4y &= \frac{\ln 16656{,}3158}{\ln 17} + 3 && \mid :4 \\
y &= \frac{1}{4}\left(\frac{\ln 16656{,}3158}{\ln 17} + 3\right) && \\
y &\approx 1{,}60773 &&
\end{aligned}
$$

★ **61** **Bestimmen Sie die Lösung der Exponentialgleichung.**

a) $2{,}53^{2x+1} - 478 = 50196$ **b)** $17^{2y-5} = 21^{y}$

62 **Lösen Sie die Textaufgaben.**

a) Mit der Formel $p_x = p_0 \cdot 0{,}88^x$ (p_0: Luftdruck in Meereshöhe; x: Höhe in km) lässt sich näherungsweise der Luftdruck berechnen. In welcher Höhe fliegt ein Flugzeug, das einen äußeren Luftdruck von 328 hp (Hektopascal) misst, wenn gleichzeitig auf Meereshöhe ein Luftdruck von 1020 hp herrscht?

b) Lena hat zu ihrem 18. Geburtstag 5000 € bekommen, die sie zu 3 % Zinsen p. a. anlegt. Sie möchte wissen, wie lange es dauern würde, bis ihr Kapital bei gleichbleibendem Zinssatz auf 80 000 € angewachsen wäre. In ihrer Formelsammlung findet sie dazu folgende Formel: $K_t = K_0 \cdot q^t$
$\left(K_0\text{: Startkapital, } q = 1 + \frac{p}{100} \text{ mit p: Zinssatz; t in Jahren}\right)$
Auf welches Ergebnis kommt Lena?

★ **c)** Ein Biologe forscht mit Bakterien. Eine seiner Bakterienkolonien verdreifacht bei ungehindertem Wachstum alle 8 Stunden ihren Bestand. Der Biologe legt die Kolonie mit 750 Bakterien an. Nach welcher Zeit kann er eine Zahl von 3 000 000 Bakterien erwarten?
Verwenden Sie zur Berechnung die Formel $B_t = B_0 \cdot 3^t$.

Zwischentest

/4

1 Berechnen Sie ohne Taschenrechner.

a) $\left(\frac{2}{3}\right)^3 =$ .... b) $2^{-5} =$ .... c) $16^6 : 8^6 =$ .... d) $\frac{(25 \cdot 154)^3}{511 \cdot 612 \cdot 20} =$ ....

/3

2 Geben Sie in normierter Exponentialform an.

a) $2\,570\,000 =$ .... b) $48\,563\,000\,000 =$ ....

c) $2{,}5 \cdot 10^4 \cdot 3{,}2 \cdot 10^5 =$ ....

/3

3 Geben Sie in Dezimaldarstellung an.

a) $3{,}048 \cdot 10^7 =$ ....

b) mittlere Entfernung Erde – Mond: $3{,}844 \cdot 10^8\,\text{m} =$ ....

c) mittlere Entfernung Erde – Sonne: $1{,}496 \cdot 10^{11}\,\text{m} =$ ....

/4

4 Vereinfachen Sie.

a) $\sqrt[3]{a^6 b^3} =$ .... b) $\sqrt[4]{81\,x^5} =$ ....

c) $\sqrt[2]{\sqrt[5]{1024}} =$ .... d) $\sqrt[3]{a^7 b^2} \cdot \sqrt[3]{a^{-1} b^3} =$ ....

/2

5 Lösen Sie die Potenzgleichungen.

a) $3x^4 - 25 = (x^2 - 1)(x^2 + 1)$; $x =$ .... b) $4x \cdot (x^2 - 2) = -8 - 2 \cdot (4x - x^3)$; $x =$ ....

/4

6 Bestimmen Sie die Logarithmen ohne Taschenrechner.

a) $\log_2 32 =$ .... b) $\log_5 \frac{1}{25} =$ .... c) $\log_5 \sqrt{5} =$ .... d) $\log_7 \frac{1}{\sqrt[3]{7}} =$ ....

/4

★ **7 Lösen Sie die Exponentialgleichungen.**

a) $0{,}4 \cdot 5^x = 162{,}5 - 0{,}9 \cdot 5^x$; $x =$ .... b) $212 - 4 \cdot 3^{4x+5} = 36$; $x =$ ....

/6

8 Lösen Sie die Textaufgabe.

In einem Teich kommt es durch Überdüngung zu einem starken Algenwachstum. Untersuchungen zeigen, dass sich die Masse der Algen alle vier Tage verdoppelt. Die Masse der Algen lässt sich mit folgender Formel berechnen: $M_t = M_0 \cdot 2^t$. Zu Beginn der Beobachtung sind 850 kg Algen im Teich. Formulieren Sie eine Aufgabenstellung, die zur Gleichung $27{,}2 = 0{,}85 \cdot 2^t$ passt und lösen Sie anschließend die Gleichung.

/30 **Gesamtpunktzahl**

Kontrollieren Sie Ihre Ergebnisse mithilfe der Lösungen (S. 120/121) und addieren Sie die erreichten Punkte.

☐ 30 bis 24 Punkte: ☐ 23 bis 15 Punkte: ☐ 14 bis 0 Punkte:

Geometrie

Vorschau

- Kongruenz und Dreieckskonstruktionen
- Linien und Punkte im Dreieck
- Umfangswinkelsatz, Satz des Thales
- Ähnliche Figuren
- Zentrische Streckung
- Strahlensätze
- Satzgruppe des Pythagoras
- Trigonometrie; Sinus- und Kosinussatz

Kongruenzsätze und Dreieckskonstruktionen

!

- Dreiecke, bei denen entsprechende Seiten gleich lang sind und entsprechende Winkel gleich groß sind, heißen kongruent zueinander.
- **Kongruenzsätze**:
  Zwei Dreiecke sind **kongruent**, wenn sie übereinstimmen in
  (1) allen drei Seiten (sss),
  (2) zwei Seiten und dem eingeschlossenen Winkel (sws),
  (3) zwei Seiten und dem Gegenwinkel der größeren Seite (Ssw),
  (4) einer Seite und zwei Winkeln (wsw oder sww).
- Von einem Dreieck müssen **drei Größen bekannt** sein, um es eindeutig konstruieren zu können.

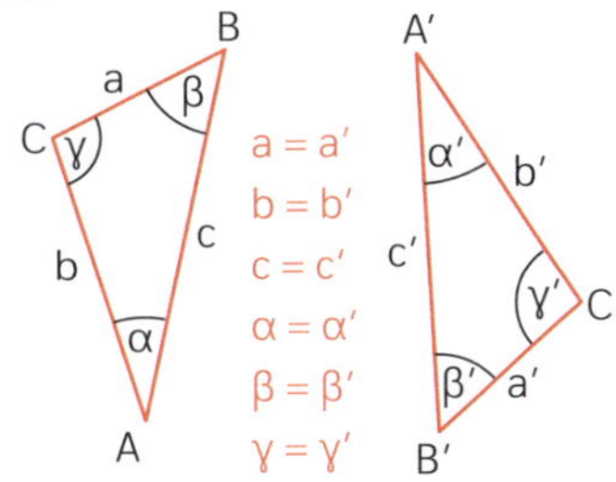

1 **Konstruieren Sie das Dreieck und messen Sie die angegebene vierte Größe.**

a) $c = 8\,cm$, $a = 5{,}6\,cm$, $b = 4{,}9\,cm$; $\gamma =$ ....

b) $b = 7{,}2\,cm$, $c = 5{,}8\,cm$, $\alpha = 61°$; $a =$ ....

c) $c = 9\,cm$, $b = 6{,}7\,cm$, $\gamma = 113°$; $a =$ ....

d) $a = 8{,}4\,cm$, $\alpha = 73°$, $\beta = 49°$; $c =$ ....

2 **Begründen Sie, warum sich mit der Angabe kein Dreieck konstruieren lässt.**

a) $c = 8{,}9\,cm$, $\alpha = 106°$, $\beta = 141°$

b) $a = 9{,}6\,cm$, $b = 7{,}2\,cm$, $c = 20{,}2\,cm$

c) $b = 7{,}6\,cm$, $c = 5{,}3\,cm$, $\gamma = 98°$

d) $\alpha = 75°$, $\beta = 60°$, $\gamma = 45°$

★ **3** **Beweisen Sie:**
Zeichnet man in ein gleichseitiges Dreieck ABC ein neues Dreieck DEF mit $\overline{AD} = \overline{BE} = \overline{CF}$, dann ist das Dreieck DEF ebenfalls gleichseitig.

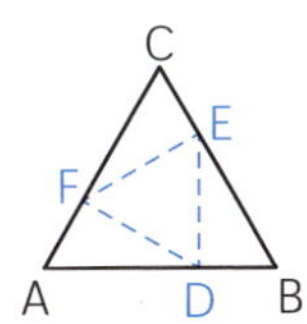

Mittelsenkrechte und Winkelhalbierende im Dreieck

!

Die **Mittelsenkrechten** m_a, m_b und m_c eines Dreiecks schneiden sich in einem Punkt.
Es ist der Mittelpunkt des **Umkreises**.

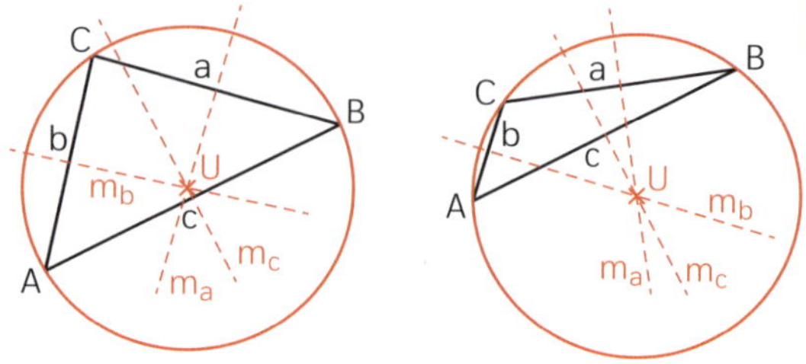

4 **Beweisen Sie, dass sich die Mittelsenkrechten in einem Punkt U schneiden, der von den Dreieckspunkten A, B und C gleich weit entfernt ist, in folgenden Schritten:**

(1) Der Schnittpunkt U von m_a und m_b ist gleich weit von A, B und C entfernt.
(2) Der Punkt U muss auf m_c liegen.

!

Die **Winkelhalbierenden** w_α, w_β und w_γ eines Dreiecks schneiden sich in einem Punkt. Er ist der Mittelpunkt des **Inkreises**.

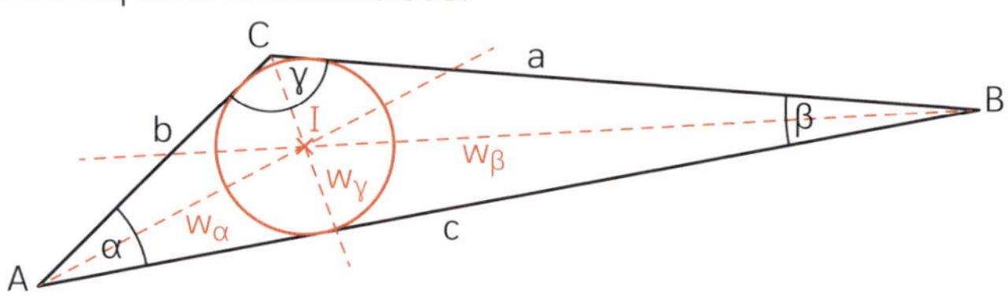

5 **Die Forschungsstationen F_1, F_2 und F_3 in der Antarktis sollen einen gemeinsamen Hubschrauberlandeplatz L erhalten, der von den Forschungsstationen gleich weit entfernt ist. Konstruieren Sie die Lage von L.**

6 **Konstruieren und messen Sie den Inkreisradius.**

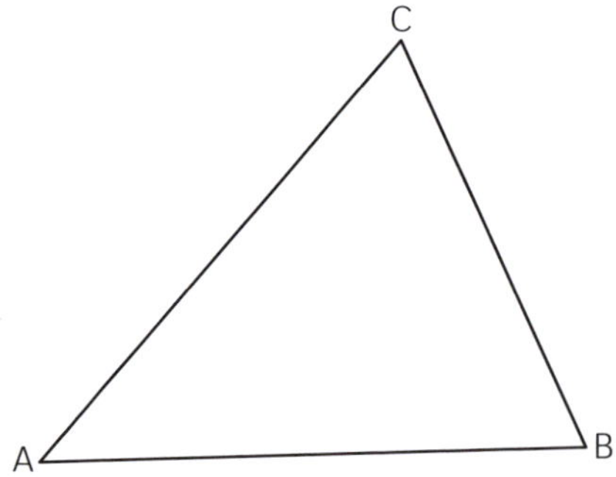

Seitenhalbierende und Höhen im Dreieck

!

Die **Seitenhalbierenden** s_a, s_b und s_c eines Dreiecks verbinden die Eckpunkte mit den gegenüberliegenden Seitenmitten M_a, M_b und M_c. Sie treffen sich im **Schwerpunkt** S des Dreiecks.

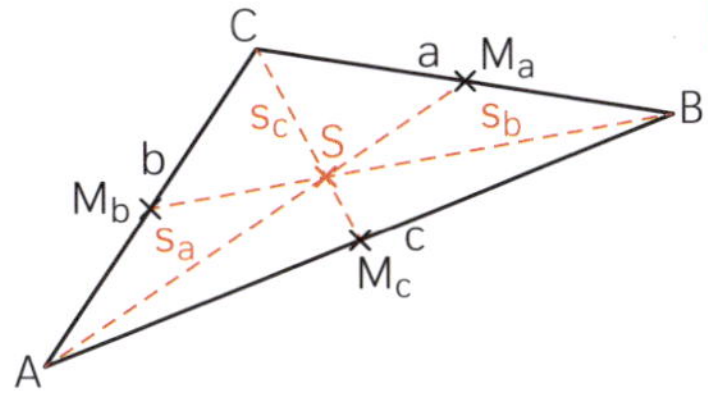

Die **Höhengeraden** eines Dreiecks sind die Senkrechten durch die Eckpunkte zu den Trägergeraden der gegenüberliegenden Seiten.
Die Höhen h_a, h_b und h_c sind die Abstände zwischen den Eckpunkten und den Trägergeraden.
Die Höhengeraden schneiden sich in einem Punkt H.

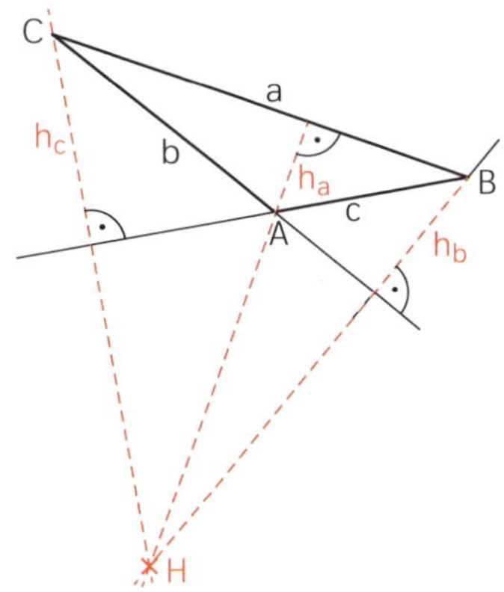

7 **Konstruieren Sie den Schwerpunkt S des Dreiecks ABC.**

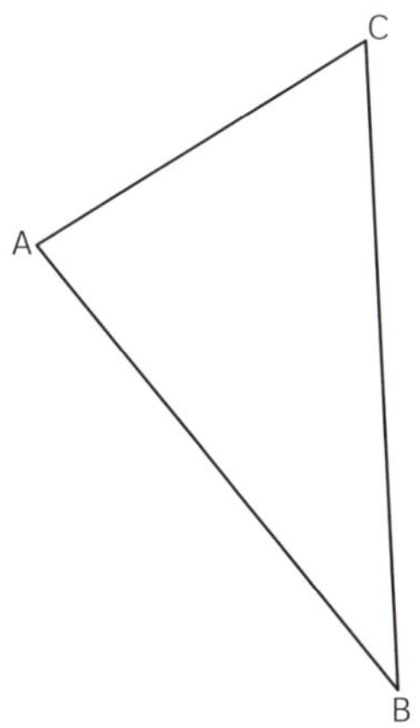

8 **Konstruieren Sie den Schnittpunkt H der Höhengeraden.**

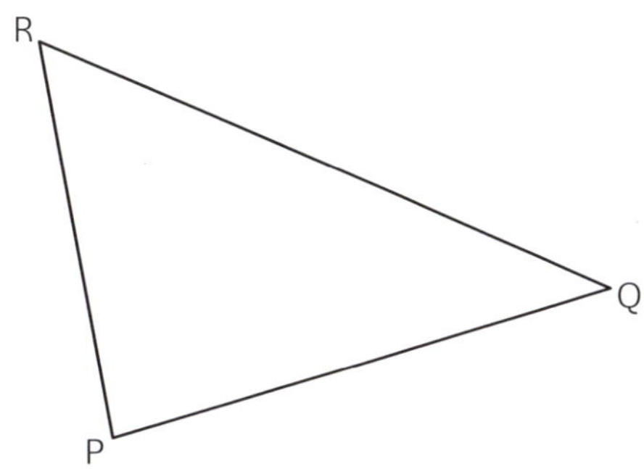

9 **Konstruieren Sie ...**

a) ein Dreieck aus $c = 8\,\text{cm}$, $\alpha = 76°$ und $h_c = 4{,}5\,\text{cm}$.

b) ein Dreieck aus $a = 7{,}8\,\text{cm}$, $c = 6{,}5\,\text{cm}$ und $h_b = 5{,}1\,\text{cm}$.

★ **10** **Beweisen Sie: Im gleichseitigen Dreieck sind Mittelsenkrechten, Winkelhalbierende, Seitenhalbierende und Höhen identisch.**

Umfangswinkelsatz, Satz des Thales

!

$\overline{AB}$ ist Sehne des Kreises k. Die Punkte P_i sind Kreispunkte auf der selben Seite von $\overline{AB}$ wie der Kreismittelpunkt M.
α_i sind **Umfangswinkel** über der Sehne $\overline{AB}$.
β ist der **Mittelpunktswinkel** zur Sehne $\overline{AB}$.

Satz: Alle Umfangswinkel α_i über der Sehne $\overline{AB}$ sind halb so groß wie der Mittelpunktswinkel β zur Sehne $\overline{AB}$ und damit kongruent zueinander.

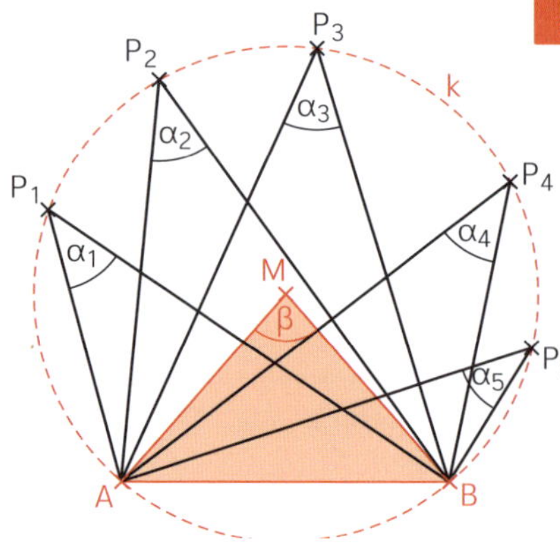

11 **$\overline{K_1K_2}$ ist die Frontseite eines Kinos. An der Häuserwand h soll ein Scheinwerfer S mit einem Öffnungswinkel von 60° so montiert werden, dass er die Frontseite des Kinos genau ausleuchtet.**
Konstruieren Sie einen möglichen Punkt, an dem der Scheinwerfer S angebracht werden könnte.
Hinweis: Fassen Sie $\overline{K_1K_2}$ als die Sehne eines Kreises auf, dessen Mittelpunktswinkel 120° groß ist.

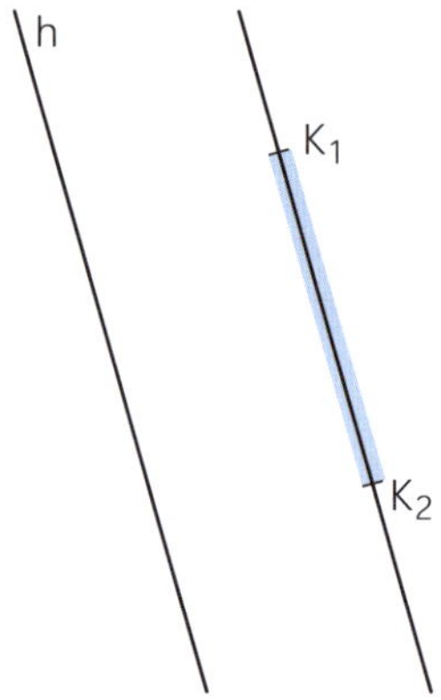

!

Liegt C auf dem Halbkreis über der Strecke $\overline{AB}$, so ist ∢ACB ein rechter Winkel (Satz des Thales).
∢ACB ist stumpf, wenn C innerhalb des Halbkreises über $\overline{AB}$ liegt.
∢ACB ist spitz, wenn C außerhalb des Halbkreises über $\overline{AB}$ liegt.

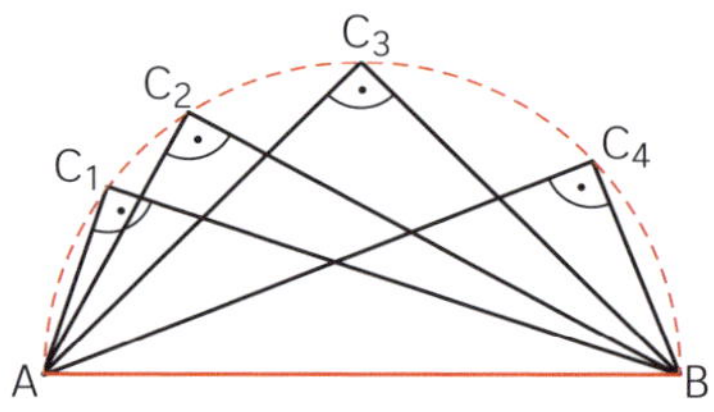

★ **12** **Beweisen Sie den Satz des Thales für einen beliebigen Punkt C auf dem Halbkreis.**
Zeichnen Sie in der Beweisskizze den Mittelpunkt M von $\overline{AB}$ ein und verbinden Sie A, B und M mit C.

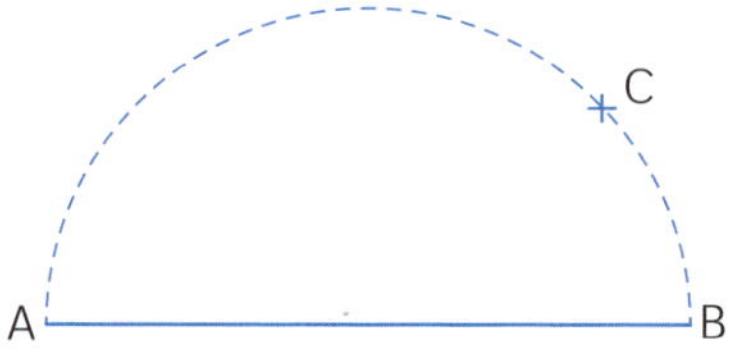

Ähnliche Figuren

!

Zwei Dreiecke heißen **ähnlich**, wenn sie in allen Winkeln und den Verhältnissen entsprechender Seiten übereinstimmen.

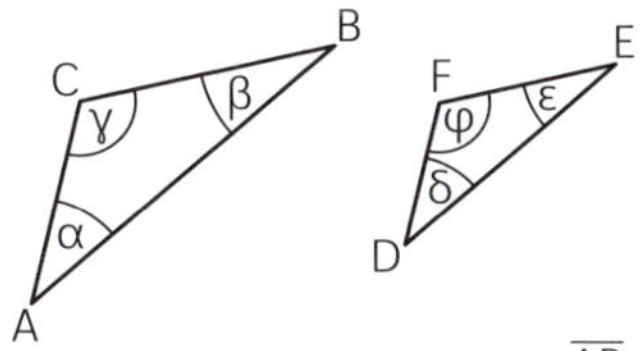

$\alpha = \delta$
$\beta = \varepsilon$
$\gamma = \beta$

$\frac{\overline{AB}}{\overline{DE}} = \frac{\overline{BC}}{\overline{EF}} = \frac{\overline{AC}}{\overline{DF}}$

Ähnlichkeitssätze:

Zwei Dreiecke sind ähnlich, wenn sie übereinstimmen in

(1) zwei Winkeln,
(2) dem Verhältnis aller entsprechenden Seiten,
(3) dem Verhältnis von zwei entsprechenden Seiten und dem eingeschlossenen Winkel,
(4) dem Verhältnis von zwei entsprechenden Seiten und dem Gegenwinkel der jeweils längeren Seite.

13 **Untersuchen Sie die beiden Dreiecke auf Ähnlichkeit.**

a)

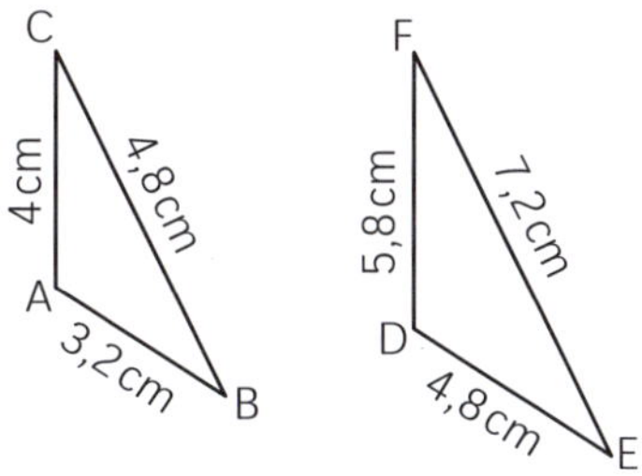

b)

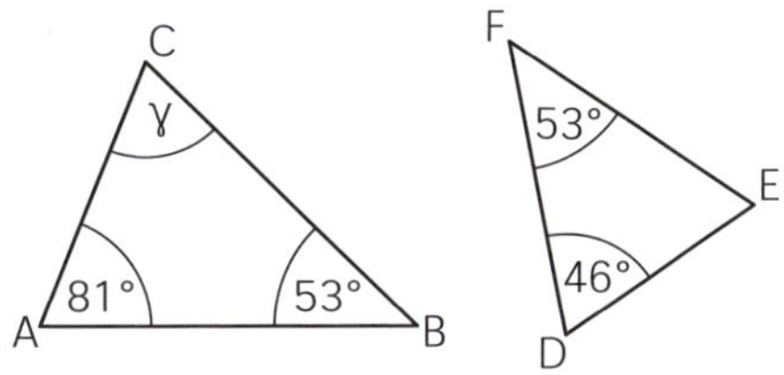

14 **Begründen Sie, dass die Dreiecke ABC und BDE ähnlich sind.**

a)

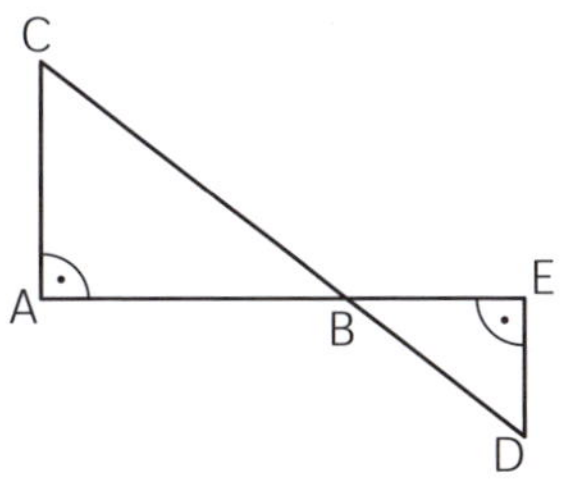

b)

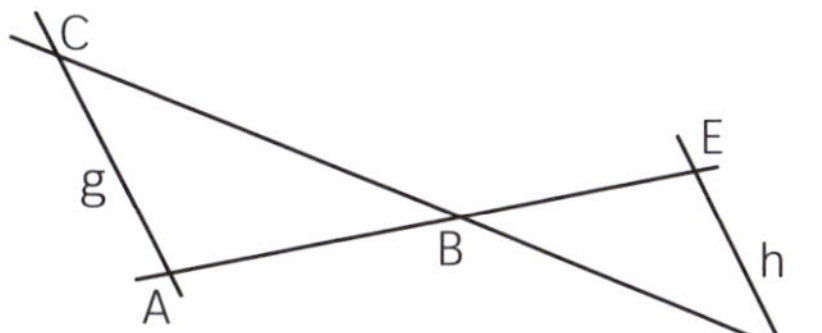

g und h sind parallel

15 **Berechnen Sie die fehlenden Dreieckseiten in den Dreiecken ABC und BDE von Aufgabe 14, wenn gilt:**

a) $\overline{AB} = 7{,}2\,\text{cm}$; $\overline{BE} = 2{,}4\,\text{cm}$; $\overline{DE} = 1{,}6\,\text{cm}$; $\overline{CB} = 8{,}7\,\text{cm}$

b) $\overline{AB} = 7{,}9\,\text{m}$; $\overline{AC} = 9\,\text{m}$; $\overline{BD} = 5\,\text{m}$; $\overline{ED} = 4\,\text{m}$

Verwenden Sie entsprechende Seitenverhältnisse, um fehlende Seiten zu berechnen, z. B.:

$\frac{\overline{AB}}{\overline{BE}} = \frac{\overline{AC}}{\overline{DE}} \Rightarrow \frac{7{,}2\,\text{cm}}{2{,}4\,\text{cm}} = \frac{\overline{AC}}{1{,}6\,\text{cm}}$

Zentrische Streckung

Gegeben sind ein Streckzentrum Z und ein Streckfaktor $k \neq 0$.
Für einen Punkt P und seinen Bildpunkt P′ gilt:

für $k > 0$: (1) P′ liegt auf $\overrightarrow{ZP}$ (2) $\overline{ZP'} = k \cdot \overline{ZP}$

für $k < 0$: (1) Z liegt auf $\overline{PP'}$ (2) $\overline{ZP'} = |k| \cdot \overline{ZP}$

- Die zentrische Streckung ist geradentreu, winkeltreu und längenverhältnistreu.
- Z ist Fixpunkt der Abbildung: $Z' = Z$.
- Hat eine Figur den Flächeninhalt A, hat die Bildfigur den Flächeninhalt $k^2 \cdot A$.
- Hat ein Körper das Volumen V, hat der Bildkörper das Volumen $k^3 \cdot V$.

Beispiele: Zentrische Streckung (Z, k)

$k = 1{,}5$

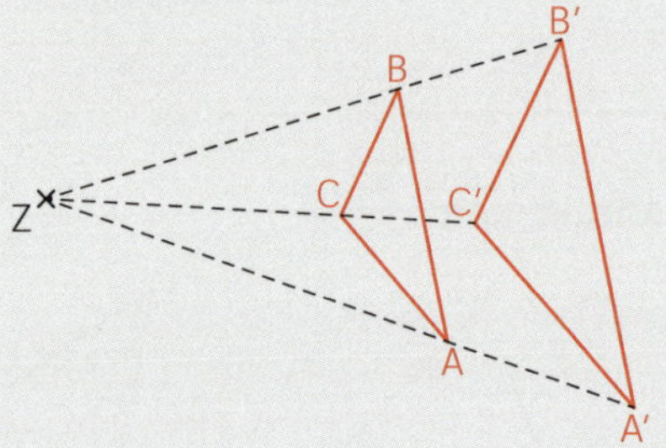

$k = -\frac{1}{3}$

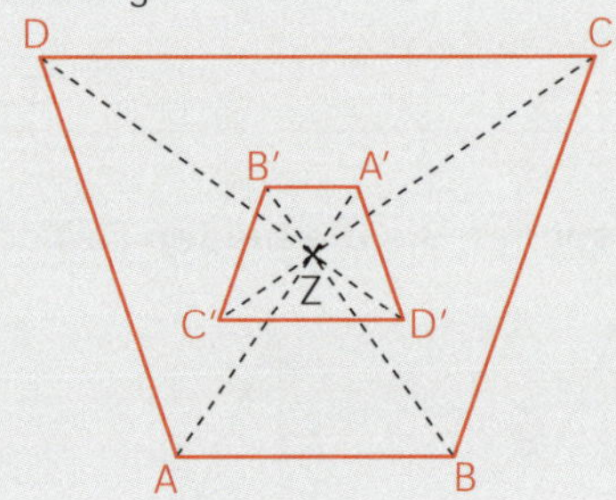

16 **Führen Sie aus.**

a) Strecken Sie das Dreieck ABC von Z aus um den Faktor $k = 2$.

b) Das Dreieck ABC hat einen Flächeninhalt von $A = 1{,}38\,\text{cm}^2$.
Berechnen Sie den Flächeninhalt des Dreiecks A′B′C′.

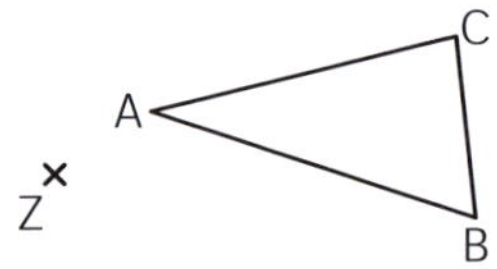

17 **Zeichnen Sie ein Dreieck ABC und ein Zentrum außerhalb des Dreiecks.**
Strecken Sie nun das Dreieck mit dem Faktor $k_1 = 1{,}5$.
Strecken Sie anschließend das Bilddreieck A′B′C mit dem Faktor $k_2 = -2$.
Geben Sie an, mit welcher Streckung man ABC direkt auf A″B″C″ hätte abbilden können.

18 **Die Punkte A(1|2), B(4|3) und C(2|5) bilden das Dreieck ABC.**
Die Punkte A′(2|1), B′(8|3) und C′(4|7) bilden das Dreieck A′B′C′.
Prüfen Sie, ob zentrische Streckung vorliegt.
Geben Sie gegebenenfalls das Zentrum Z und den Streckfaktor k an.

Strahlensätze

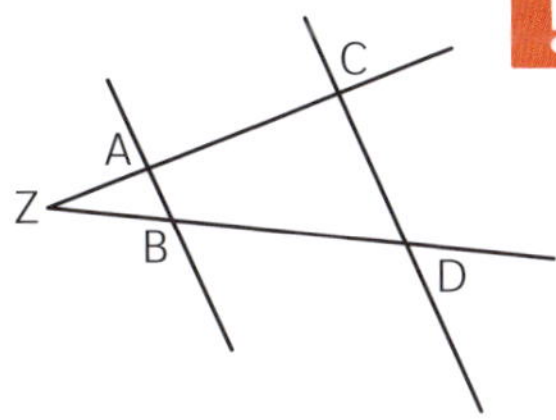

- **1. Strahlensatz:** Werden zwei von einem Punkt ausgehende Strahlen von Parallelen geschnitten, so verhalten sich zwei Abschnitte eines Strahls wie die entsprechenden Abschnitte des anderen Strahls:
  $\frac{\overline{ZA}}{\overline{AC}} = \frac{\overline{ZB}}{\overline{BD}}$; $\frac{\overline{ZA}}{\overline{ZC}} = \frac{\overline{ZB}}{\overline{ZD}}$
- **2. Strahlensatz:** Werden zwei von einem Punkt ausgehende Strahlen von Parallelen geschnitten, so verhalten sich die Parallelenabschnitte wie die zugehörigen Scheitelstrecken eines Strahls:
  $\frac{\overline{AB}}{\overline{CD}} = \frac{\overline{ZA}}{\overline{ZC}}$; $\frac{\overline{AB}}{\overline{CD}} = \frac{\overline{ZB}}{\overline{ZD}}$
- **Umkehrung des 1. Strahlensatzes:** Werden von einem Punkt ausgehende Strahlen von Geraden so geschnitten, dass sich zwei Abschnitte des einen Strahls wie die entsprechenden Abschnitte des anderen Strahls verhalten, so sind die beiden Geraden parallel. Hier werden zwei Geraden durch den Punkt Z von Parallelen geschnitten.

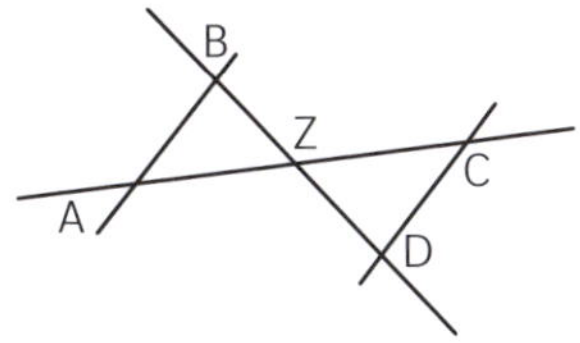

- (Die Umkehrung des zweiten Strahlensatzes gilt nicht!)

19 **Bestimmen Sie x in der Gleichung.**

a) $\frac{\overline{ZA}}{\overline{AF}} = \frac{\overline{ZB}}{x}$

b) $\frac{x}{\overline{EF}} = \frac{\overline{ZA}}{\overline{ZF}}$

c) $\frac{\overline{CE}}{\overline{ZB}} = \frac{x}{\overline{ZA}}$

d) $\frac{\overline{CD}}{x} = \frac{\overline{ZD}}{\overline{ZF}}$

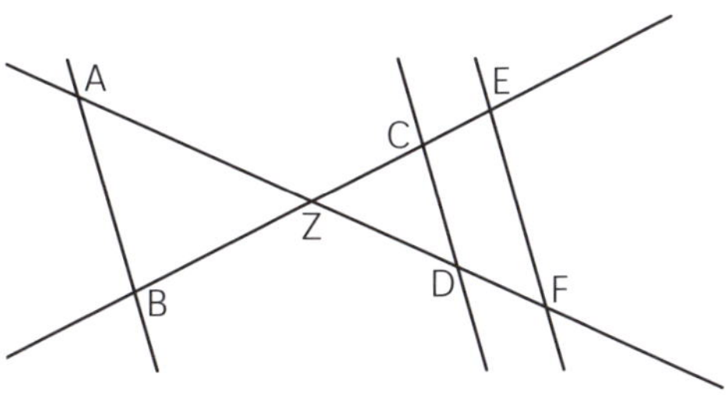

20 **In der Zeichnung sind g und h parallel. Berechnen Sie die fehlenden Größen.**

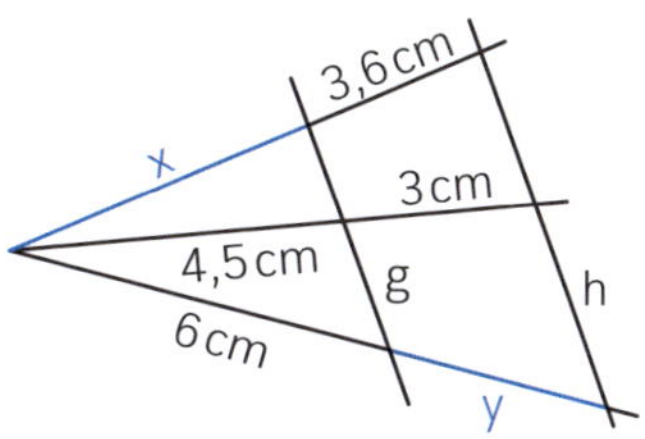

21 **Berechnen Sie die Breite f des Flusses.**
Die Punkte „x“ wurden durch Anpeilung des Baumstammes Z auf der anderen Flussseite festgelegt.

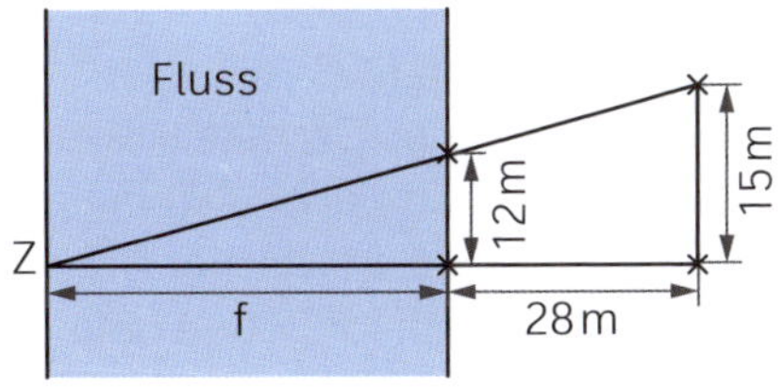

Satz des Pythagoras

!

- **Satz des Pythagoras:** Sind a und b die Katheten eines rechtwinkligen Dreiecks und ist c die Hypotenuse dieses Dreiecks, so gilt: $a^2 + b^2 = c^2$.
- **Umkehrung des Satzes:** Gilt für die Seiten a, b und c eines Dreiecks $a^2 + b^2 = c^2$, so hat das Dreieck zwischen a und b einen rechten Winkel. Bei $a^2 + b^2 < c^2$ ist der Winkel zwischen a und b stumpf, bei $a^2 + b^2 > c^2$ spitz.
- **Beweis des Satzes:** $a^2 + b^2$ und c^2 werden jeweils durch vier kongruente Dreiecke zu gleich großen Quadraten ergänzt, also gilt: $a^2 + b^2 = c^2$.

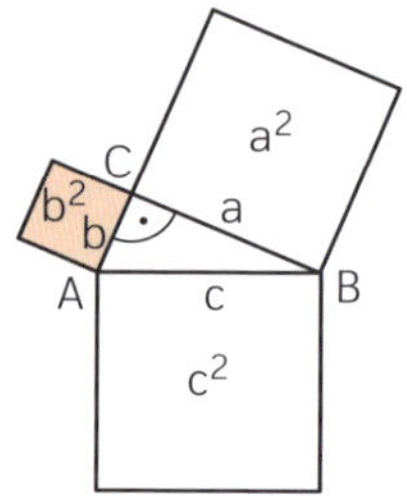

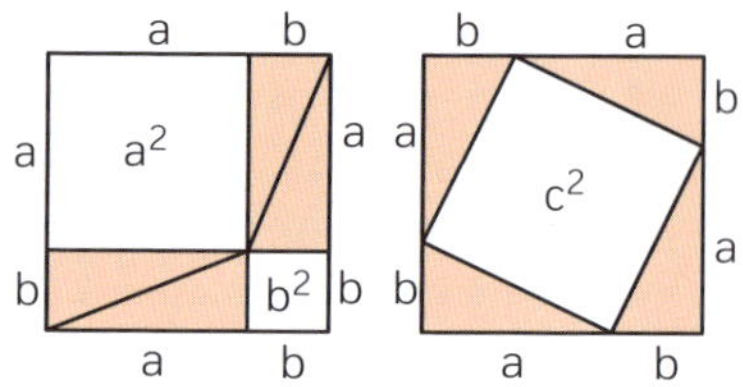

22 Berechnen Sie die fehlende Seite.

a)
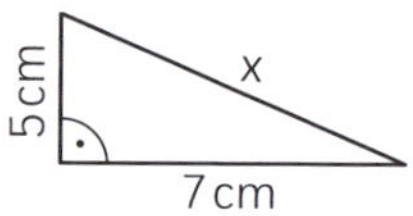

b)
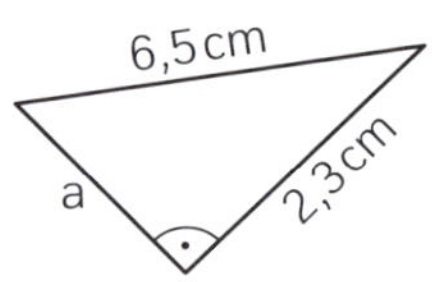

c)
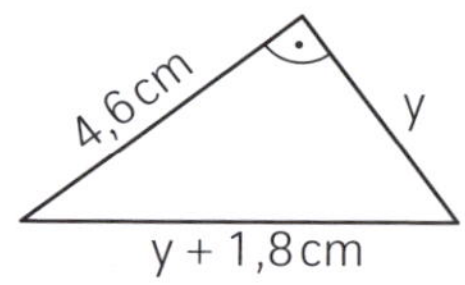

23 Lösen Sie.

Um 12 Uhr befinden sich zwei Autos im Bereich der Brücke direkt übereinander.

Eines fährt nach Norden mit konstant $120\,\frac{km}{h}$,

das andere nach Osten mit konstant $150\,\frac{km}{h}$.

Berechnen Sie, wie weit die beiden Autos um 12:40 Uhr in Luftlinie voneinander entfernt sind.

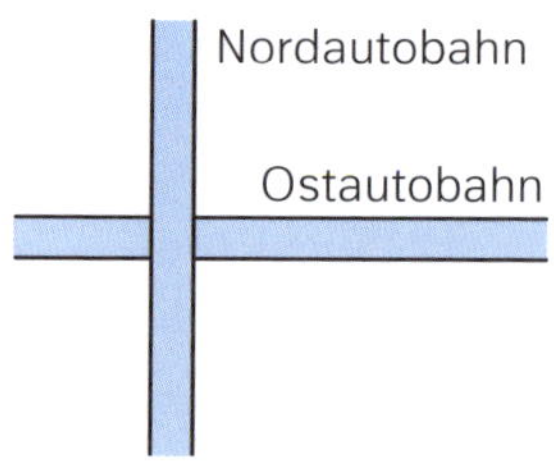

24 Berechnen Sie. Fertigen Sie zunächst eine Skizze an.

Zwischen den beiden 9 m voneinander entfernten Laternenmasten links und rechts einer Straße wird jeweils in 4,50 m Höhe ein Drahtseil von 9,30 m Länge befestigt.

In der Mitte des Drahtseils wird eine 60 cm hohe Ampel eingehängt.

Berechnen Sie, in welcher Höhe über der Straße sich ihr Boden befindet.

Kathetensatz und Höhensatz

!

- **Kathetensatz:** Im rechtwinkligen Dreieck ist das Quadrat über einer Kathete inhaltsgleich zu dem Rechteck aus der gesamten Hypotenuse und dem der Kathete anliegenden Hypotenusenabschnitt.
  $a^2 = c \cdot p;\ b^2 = c \cdot q$
- **Höhensatz:** Im rechtwinkligen Dreieck ist das Quadrat über der Höhe auf die Hypotenuse inhaltsgleich mit dem Rechteck aus den beiden Hypotenusenabschnitten, die von dieser Höhe erzeugt werden.
  $h^2 = p \cdot q$
- **Beweis des Höhensatzes:**
  $h^2 = b^2 - q^2$ (Satz des Pythagoras)
  $h^2 = c \cdot q - q^2$ (Kathetensatz)
  $h^2 = q \cdot (c - q)$ (q ausgeklammert)
  $h^2 = q \cdot p$ $(c - q = p)$

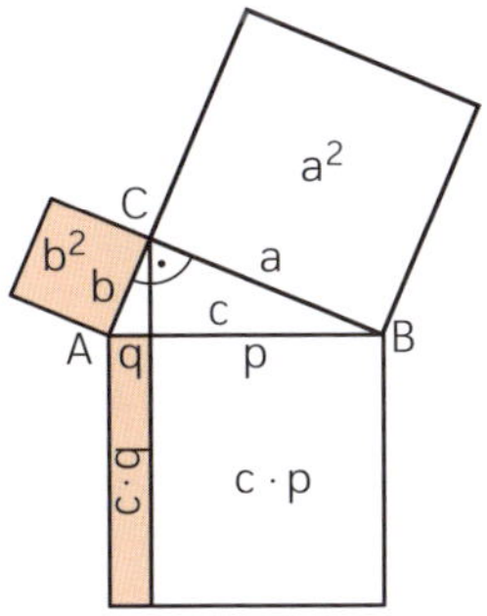

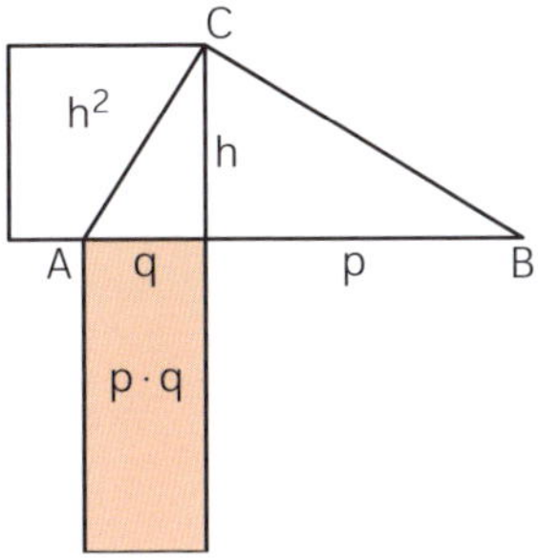

25 **Lösen Sie die Konstruktionsaufgabe.**
Gegeben ist das abgebildete Rechteck. Konstruieren Sie mithilfe des Kathetensatzes ein inhaltsgleiches Quadrat.
Hinweis: Fassen Sie a als Hypotenuse und b als anliegenden Hypotenusenabschnitt auf.
Die Konstruktion ist bereits begonnen, setzen Sie sie fort.

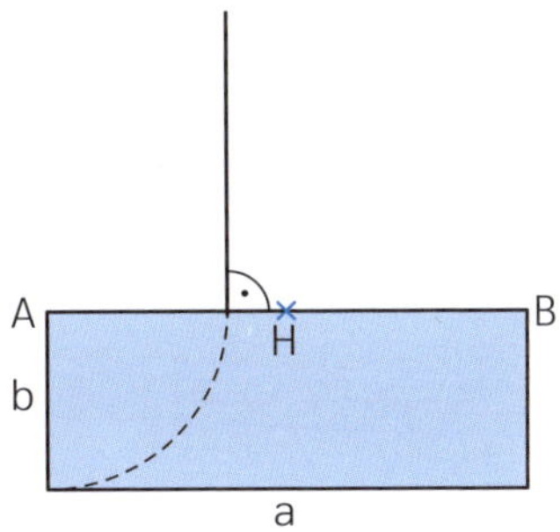

★ **26** **Vom Quadrat zum Rechteck.**
Gegeben sind das abgebildete Quadrat und die abgebildete Strecke $\overline{AB}$.
Konstruieren Sie mithilfe des Höhensatzes ein Rechteck, das denselben Flächeninhalt wie das Quadrat hat und dessen eine Seite die Strecke $\overline{AB}$ ist.
Die Konstruktion ist bereits begonnen.

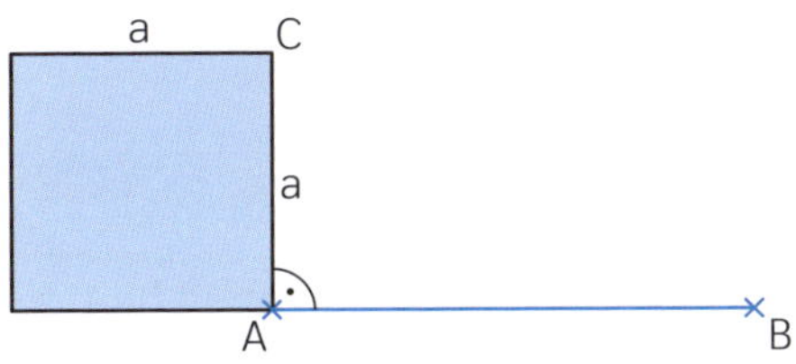

Trigonometrie

!

In allen rechtwinkligen Dreiecken, die in einem spitzen Winkel α übereinstimmen, sind folgende Seitenverhältnisse gleich:

$\frac{\text{Gegenkathete von } \alpha}{\text{Hypotenuse}} = \sin \alpha$ (Sinus von α)

$\frac{\text{Ankathete von } \alpha}{\text{Hypotenuse}} = \cos \alpha$ (Kosinus von α)

$\frac{\text{Gegenkathete von } \alpha}{\text{Ankathete von } \alpha} = \tan \alpha$ (Tangens von α)

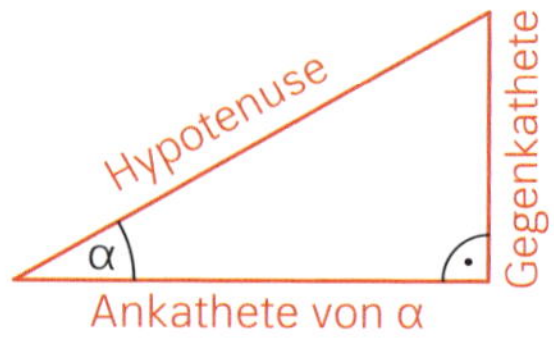

Wenn in einem rechtwinkligen Dreieck eine Seite und ein spitzer Winkel oder zwei Seiten gegeben sind, lassen sich mithilfe der trigonometrischen Verhältnisse alle Winkel und Seitenlängen berechnen.

Beispiele:

a)

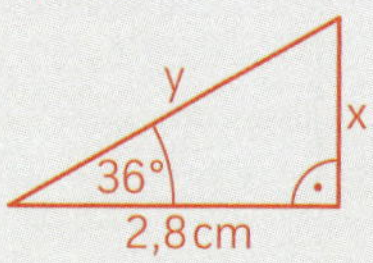

$\tan 36° = \frac{x}{2{,}8} \quad | \cdot 2{,}8$

$\tan 36° \cdot 2{,}8 = x$

$2{,}0\,\text{cm} \approx x$

$\cos 36° = \frac{2{,}8}{y} \quad | \cdot y, \ :\cos 36°$

$y = \frac{2{,}8}{\cos 36°}$

$y \approx 3{,}5\,\text{cm}$

b)

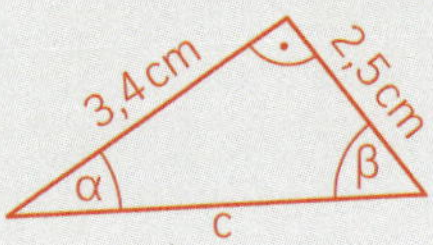

$\tan \beta = \frac{3{,}4}{2{,}5} \quad | \tan^{-1}$

$\beta \approx 53{,}7°$

$\alpha = 180° - 90° - 53{,}7°$

$= 36{,}3°$

$\sin 53{,}7° = \frac{3{,}4}{c} \quad | \cdot c, \ :\sin 53{,}7°$

$c = \frac{3{,}4}{\sin 53{,}7°}$

$c \approx 4{,}2\,\text{m}$

27 **Berechnen Sie die fehlenden Seiten des Dreiecks.**

a)

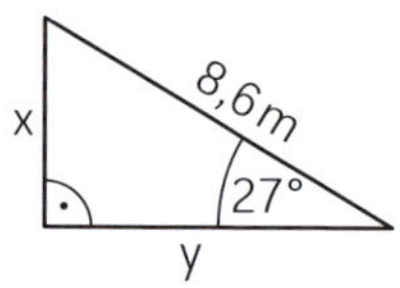

b)

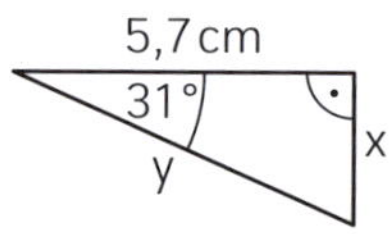

c)

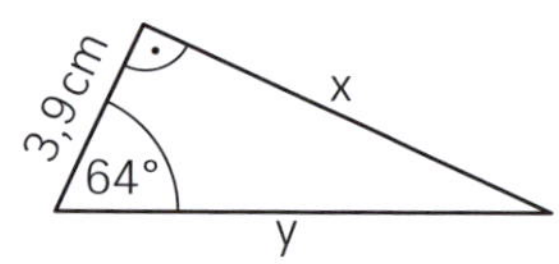

28 **Berechnen Sie die fehlenden Winkel und die fehlende Seite des Dreiecks.**

a)

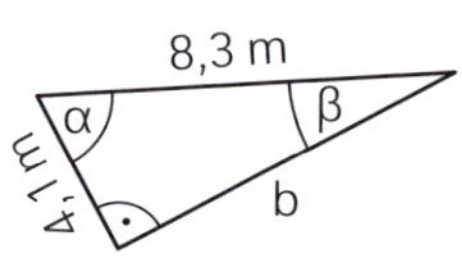

b)

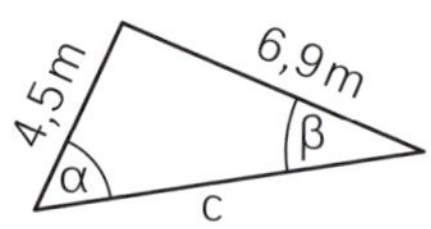

c)

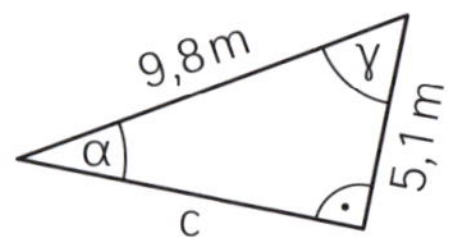

29 **Ein startendes Flugzeug hebt an der Stelle P ab und steigt mit einem Winkel von 7° an. Die Kirche von Neustadt ist 28 km von der Stelle P entfernt.**
In welcher Höhe überfliegt das Flugzeug die Kirche?

30 **In Berlin startet ein Flugzeug mit konstantem Steigungswinkel. Nach 31 km Flug befindet es sich direkt über dem Schloss Sanssouci in einer Höhe von 3,24 km.**

a) Mit welchem Winkel steigt das Flugzeug an?

b) Nach wie viel Kilometern Flug erreicht das Flugzeug die vorgesehene Flughöhe von 10 000 m?

Sinussatz und Kosinussatz

Sinussatz

$$\frac{a}{\sin\alpha} = \frac{b}{\sin\beta} = \frac{c}{\sin\gamma} \; (= 2r)$$

Kosinussatz

$$a^2 = b^2 + c^2 - 2bc \cdot \cos\alpha$$

$$\alpha = \cos^{-1}\left(\frac{b^2 + c^2 - a^2}{2bc}\right)$$

$$b^2 = a^2 + c^2 - 2ac \cdot \cos\beta$$

$$\beta = \cos^{-1}\left(\frac{a^2 + c^2 - b^2}{2ac}\right)$$

$$c^2 = a^2 + b^2 - 2ab \cdot \cos\gamma$$

$$\gamma = \cos^{-1}\left(\frac{a^2 + b^2 - c^2}{2ab}\right)$$

In ***jedem*** beliebigen Dreieck gelten der Sinus- und der Kosinussatz.

!

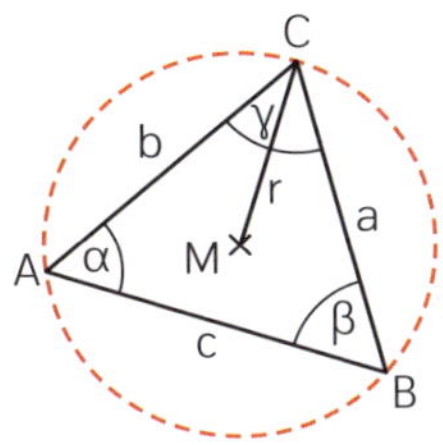

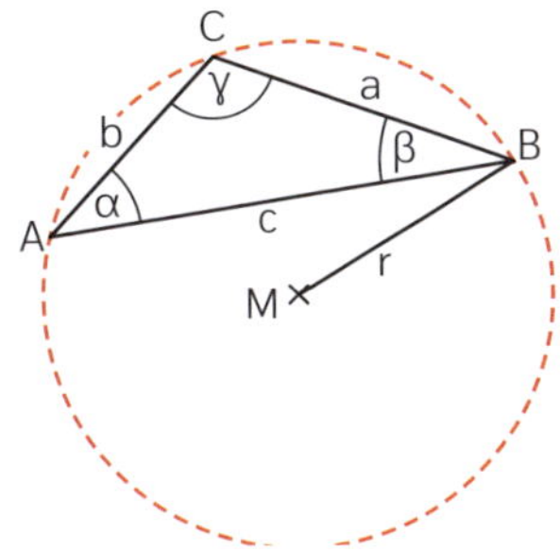

31 **Berechnen Sie die gesuchte Seite im Dreieck.**

a)

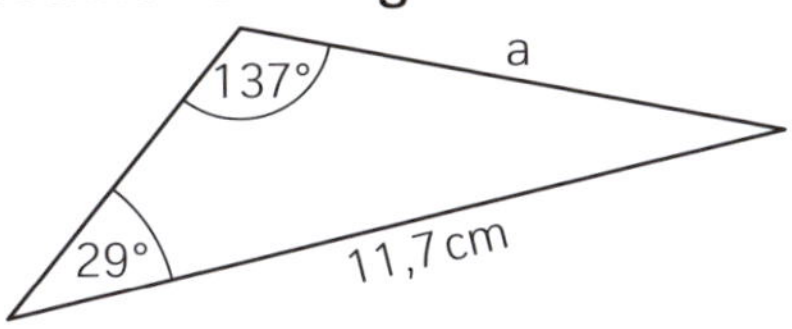

b)

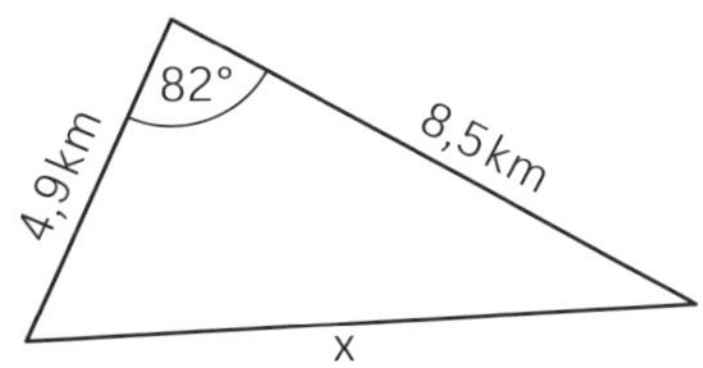

32 **Berechnen Sie den gesuchten Winkel im Dreieck.**

a)

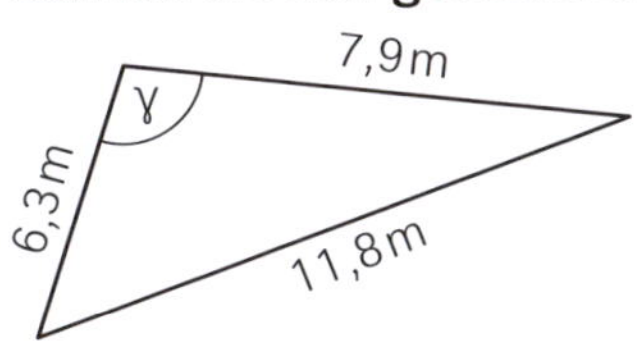

b)

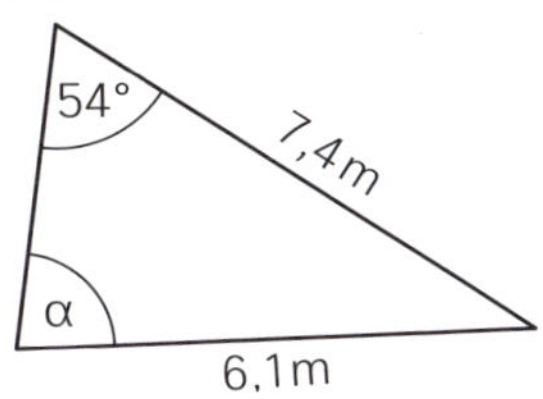

33 **Abgebildet ist ein Dreieck mit den angegebenen Maßen.**

a) Konstruieren Sie den Umkreis dieses Dreiecks.

b) Messen Sie den Radius des konstruierten Umkreises.

c) Berechnen Sie den Radius des Umkreises und vergleichen Sie Mess- und Rechenergebnis.

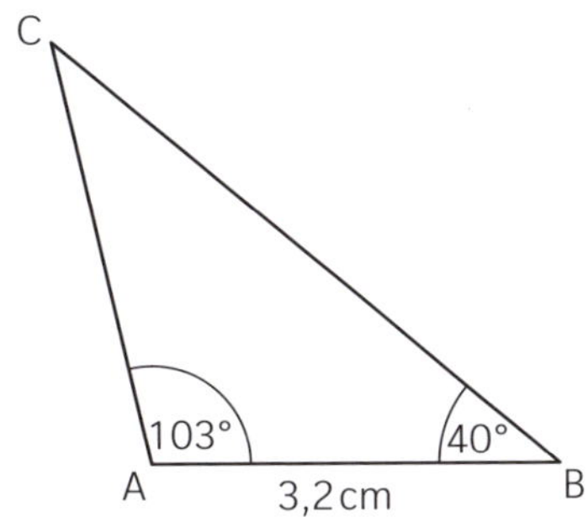

Zwischentest

/3

1 Zeichnen Sie ein Quadrat mit einer Seitenlänge von 3 cm.
Tragen Sie wie in nebenstehender Figur auf den Seiten gleichlange Strecken x ab. Zeigen Sie: Das Innenviereck ist auch ein Quadrat.

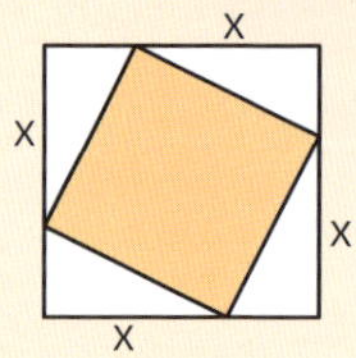

/4

2 a) Gegeben ist ein Dreieck mit $b = 3{,}8\,cm$, $c = 4{,}5\,cm$ und $\alpha = 48°$. Konstruieren Sie den Umkreis und geben Sie den Umkreisradius r an.
b) Am Giebel eines Kirchturmes soll eine Uhr angebracht werden. Der Giebel hat die Form eines gleichschenkligen Dreiecks mit der Basis 4 m und der Schenkellänge 5 m. Welchen Radius kann die Uhr maximal haben?

/3

3 Ein Trapez wird durch seine Diagonalen in vier Dreiecke zerteilt.
a) Zeigen Sie, dass mindestens zwei Dreiecke ähnlich sind.
b) Bei welchen Trapezen gibt es je zwei Paare zueinander ähnlicher Dreiecke?

/4

4 Gegeben ist das Dreieck ABC mit A (1 | –2), B (2 | 3) und C (–3 | 2) sowie das Zentrum Z (3 | 0). Konstruieren Sie das Bilddreieck, für das gilt A′(4 | 1). Geben Sie die Koordinaten von B′ und C′ sowie den Streckfaktor an.

/6

5 Lösen Sie mithilfe der Strahlensätze.
a) $\frac{\overline{AB}}{\overline{BC}} = \frac{\overline{AE}}{\square}$; $\frac{\overline{BE}}{\overline{CD}} = \frac{\square}{\overline{AC}}$;
$\frac{\overline{AB}}{\overline{AG}} = \frac{\overline{AE}}{\square}$; $\frac{\overline{FG}}{\square} = \frac{\square}{\square}$

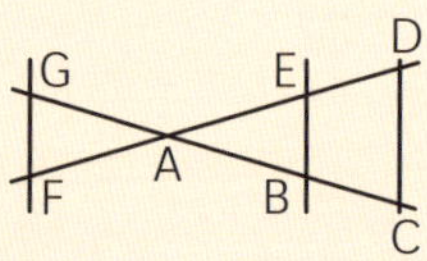

b) Welche Grundfläche hat der Zwischenboden in dem rechts abgebildeten Dachstuhl?

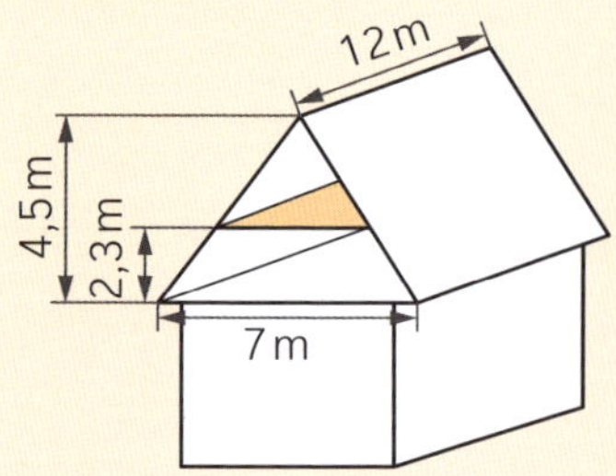

/4

6 Ein Deich zur Befestigung einer Küste hat den abgebildeten Querschnitt.
Berechnen Sie die Höhe h und die Länge der Böschung b mithilfe des Satzes von Pythagoras.

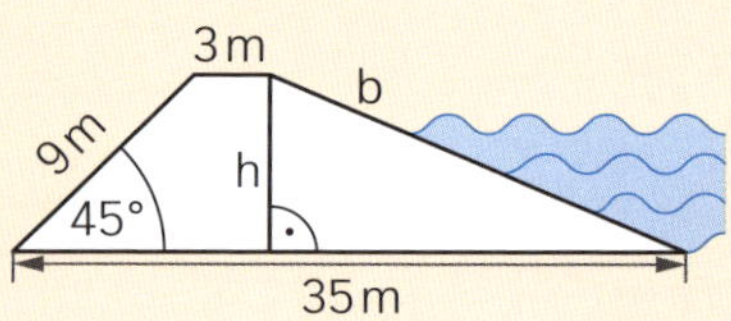

/6

7 a) Berechnen Sie die fehlenden Größen und den Flächeninhalt A der Figur rechts.
b) Gegeben ist ein Dreieck mit $b = 4{,}5\,cm$, $\alpha = 62°$, $\gamma = 74°$. Berechnen Sie β, a und c.

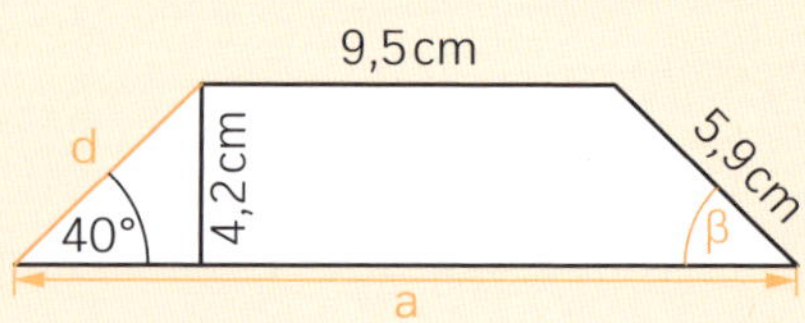

/30 **Gesamtpunktzahl**

Kontrollieren Sie Ihre Ergebnisse mithilfe der Lösungen (S. 124/125) und addieren Sie die erreichten Punkte.

☐ 30 bis 24 Punkte: ☺ ☐ 23 bis 15 Punkte: 😐 ☐ 14 bis 0 Punkte: ☹

Flächen und Körper

Vorschau

- Vierecke
- Dreiecke
- Zusammengesetzte Flächen
- Kreise und Kreisteile
- Würfel und quadratische Säule
- Quader und Prisma
- Zylinder
- Pyramide und Kegel
- Pyramiden- und Kegelstumpf
- Kugel und Kugelschicht

Gehen Sie bei der Berechnung von Flächen und Körpern so vor:
1. Wählen Sie die passende Formel.
2. Stellen Sie diese gegebenenfalls nach der gesuchten Größe um.
3. Setzen Sie gegebene Werte in die Formel ein und rechnen Sie dann.
4. Geben Sie das Ergebnis in der passenden Einheit an.

Vierecke

Rechteck

$A = a \cdot b$

$u = 2a + 2b$

$e = \sqrt{a^2 + b^2}$

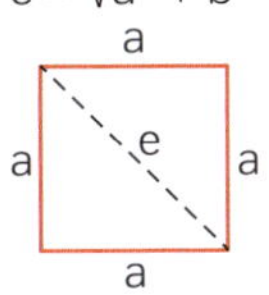

Quadrat

$A = a^2$

$u = 4a$

$e = a \cdot \sqrt{2}$

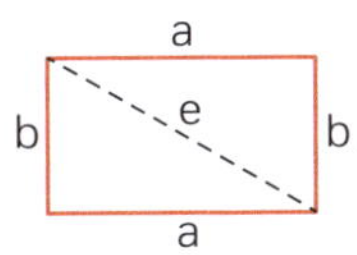

Parallelogramm

$A = a \cdot h_a$; $A = b \cdot h_b$; jede Seite kann Grundseite des Parallelogramms sein.

allgemein:

$A = g \cdot h$

$u = 2a + 2b$

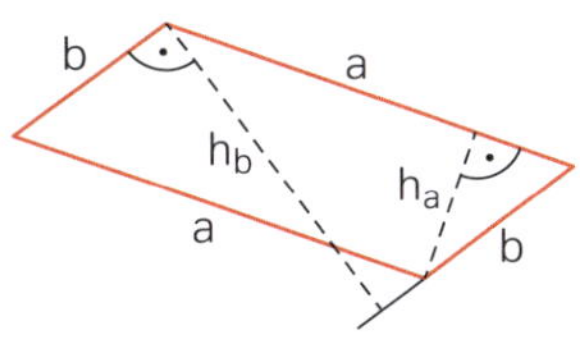

Beispiele:

a) Die Diagonale e eines Rechtecks beträgt 9,2 cm, die Länge a 8 cm. Berechnen Sie den Flächeninhalt.

$e = \sqrt{a^2 + b^2} \Rightarrow b = \sqrt{e^2 - a^2} = \sqrt{9{,}2^2 - 8^2}$; $e \approx 4{,}5\,\text{cm}$;

$A = a \cdot b = 4{,}5 \cdot 8$; $A = 36\,\text{cm}^2$

b) Ein Quadrat hat einen Umfang von 48 m. Wie lang ist die Diagonale e?

$u = 4a \;|:4 \Rightarrow \frac{u}{4} = a \Rightarrow a = \frac{48}{4}$; $a = 12\,\text{m}$; $e = a \cdot \sqrt{2} = 12 \cdot \sqrt{2}$; $e \approx 16{,}97\,\text{m}$

Bitte achten Sie darauf, dass Sie die Einheiten im Ergebnis nennen, wenn Sie ohne Einheiten rechnen (wie hier).
Vergessen Sie nicht, unterschiedliche Einheiten vor der Rechnung umzuwandeln.
Falls Sie im Unterricht die Einheiten auch bei der Rechnung dazuschreiben sollen, tun Sie das bitte auch hier!

1 **Berechnen Sie.**

a) Ein 24,7 m^2 großes rechteckiges Beet ist 6,5 m lang. Berechnen Sie den Umfang.

b) Die Diagonale eines Quadrats beträgt 6,8 dm. Berechnen Sie den Flächeninhalt.

2 **Der Flächeninhalt eines Parallelogramms beträgt 14,5 cm^2, die Grundseite ist 5,8 cm lang.**

Berechnen Sie die Höhe des Parallelogramms.

3 **Die Seite a eines Parallelogramms ist 4,6 cm lang. Die Höhe h_a beträgt 2,7 cm, der Umfang 16,4 cm.**

a) Berechnen Sie den Flächeninhalt A.

b) Berechnen Sie die Seitenlänge b.

c) Berechnen Sie die Höhe h_b.

!

Raute

$A = \frac{e \cdot f}{2}$

$u = 4a$

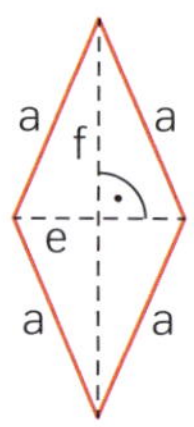

Drachen

$A = \frac{e \cdot f}{2}$

$u = 2a + 2b$

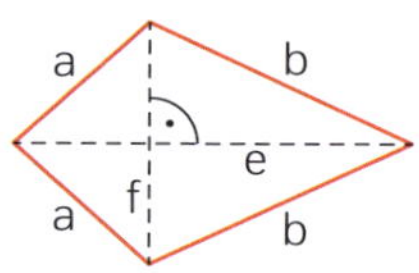

Trapez

$A = \frac{a + c}{2} \cdot h$

$u = a + b + c + d$

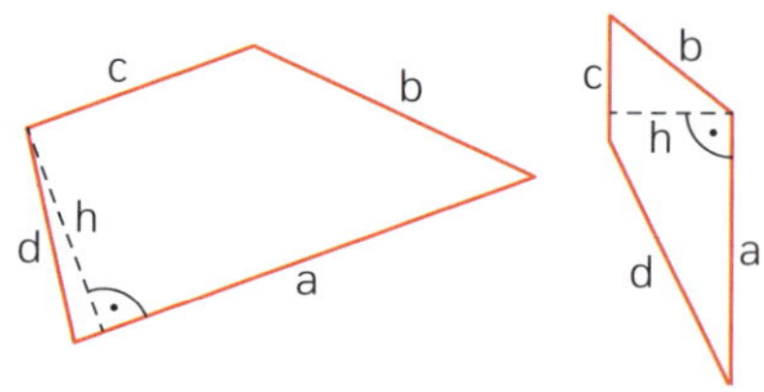

4 **In einer Raute betragen die Längen der Diagonalen $e = 5{,}8$ cm und $f = 4{,}4$ cm.**

Berechnen Sie den Flächeninhalt.

5 **Die Diagonale f einer Raute hat eine Länge von 15 cm. Der Flächeninhalt der Raute beträgt 127,5 cm^2.**

Wie lang ist die Diagonale e?

6 **Von einer Raute sind die Diagonalen $e = 5{,}6$ dm und $f = 5{,}2$ dm bekannt.**

Welchen Umfang hat die Raute?

7 **Die Seite a eines Trapezes beträgt 48 m. Die gegenüberliegende parallele Seite c ist 10 m lang. Der Flächeninhalt des Trapezes beträgt 348 m^2.**

Berechnen Sie dessen Höhe.

8 **Das abgebildete Trapez ist ein gleichschenkliges Trapez.**
Dabei gilt: $b = d$.

a) Berechnen Sie den Flächeninhalt A.

b) Berechnen Sie die Seitenlängen b und d und geben Sie dann den Umfang an.

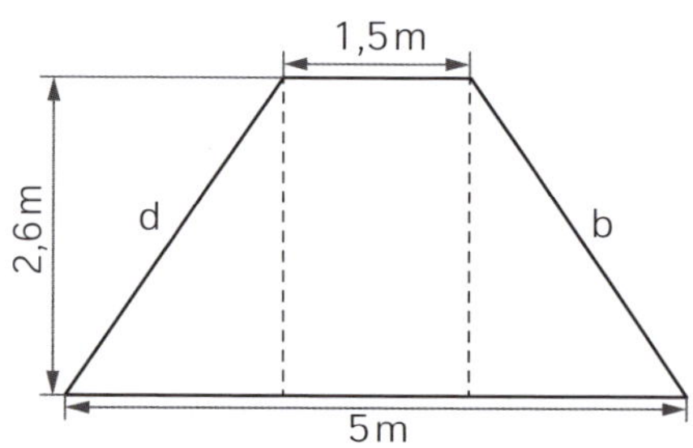

Dreiecke

!

Dreieck

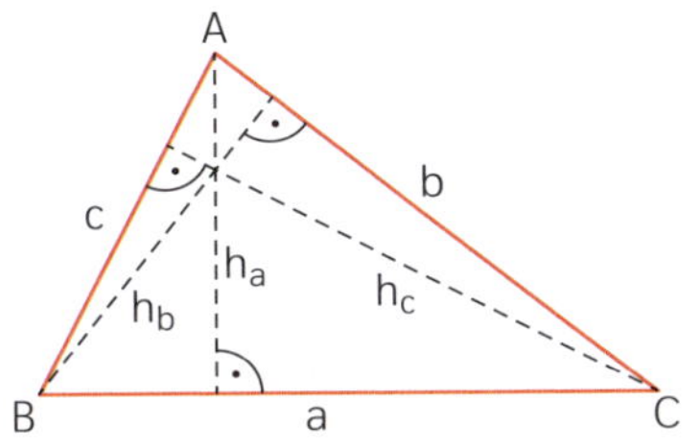

$A = \frac{a \cdot h_a}{2}$ $A = \frac{b \cdot h_b}{2}$ $A = \frac{c \cdot h_c}{2}$

allgemein:

$A = \frac{g \cdot h}{2}$

$u = a + b + c$

Die Flächeninhaltsformel gilt auch, wenn die Höhe außerhalb des Dreiecks liegt.

9 **In einem Dreieck beträgt die Grundseite 8,6 cm, die Höhe 4,5 cm.**
Berechnen Sie den Flächeninhalt des Dreiecks.

10 **Der Flächeninhalt eines Dreiecks beträgt 6 m².**
Die Seiten dieses Dreiecks sind $a = 4{,}00\,m$, $b = 4{,}20\,m$ und $c = 3{,}20\,m$ lang.
Berechnen Sie alle Höhen des Dreiecks sowie seinen Umfang.

!

Durch eine im Inneren des Dreiecks liegende Höhe lässt sich jedes Dreieck in zwei rechtwinklige Dreiecke aufteilen. Es lassen sich dann oft benötigte Seiten oder Höhen zur Berechnung des Flächeninhalts oder des Umfangs mithilfe des Satzes des Pythagoras (siehe Seite 54) bestimmen.
Sind Winkel bekannt, ergeben sich fehlende Stücke durch Anwendung der Trigonometrie (siehe Seite 56).

11 **Von einem bei C rechtwinkligen Dreieck sind die Seiten $a = 12{,}4\,cm$ und $b = 8{,}6\,cm$ bekannt.**
Berechnen Sie den Umfang und den Flächeninhalt des Dreiecks.

12 **Berechnen Sie.**

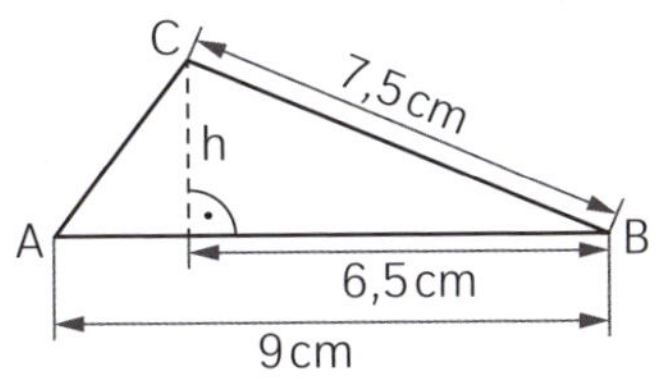

a) Berechnen Sie für das Dreieck zunächst die Höhe h.
b) Bestimmen Sie den Flächeninhalt des Dreiecks.
c) Berechnen Sie die Seite b des Dreiecks.
d) Bestimmen Sie den Umfang des Dreiecks.

13 **Die Grundseite c eines Dreiecks ist 6 cm lang.**
Der Fußpunkt der Höhe $h_c = 4{,}7\,cm$ teilt die Grundseite im Verhältnis 1 : 2.
a) Zeichnen Sie die Grundseite und legen Sie dann den Fußpunkt der Höhe fest.
b) Zeichnen Sie die Höhe h_c ein und vervollständigen Sie das Dreieck.
c) Messen und bezeichnen Sie die Seiten a und b.
d) Berechnen Sie Umfang und Flächeninhalt des Dreiecks.

Zusammengesetzte Flächen

Zusammengesetzte Flächen lassen sich durch **Addition von Teilflächen** oder durch **Subtraktion von Restflächen** einer umschriebenen Fläche berechnen.

Beispiele:

a)

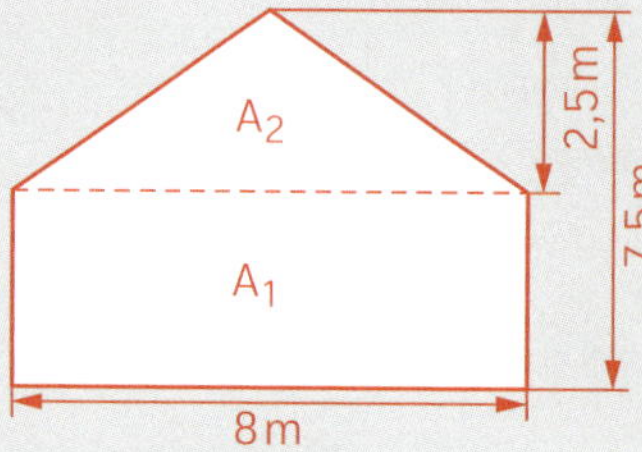

$A_1 = 8 \cdot 5 = 40$

$A_2 = \frac{8 \cdot 2{,}5}{2} = 10$

$A_{Ges} = A_1 + A_2 = 50\,m^2$

b)

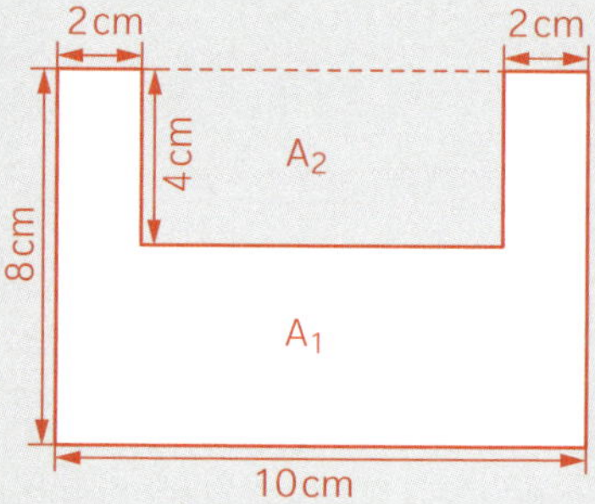

$A_1 = 8 \cdot 10 = 80$

$A_2 = 4 \cdot 6 = 24$

$A_{Ges} = A_1 - A_2 = 56\,cm^2$

14 **Berechnen Sie Flächeninhalt und Umfang der Fläche (alle Maße in cm).**

a)

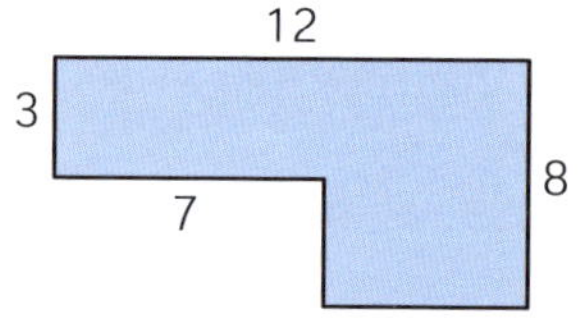

b)

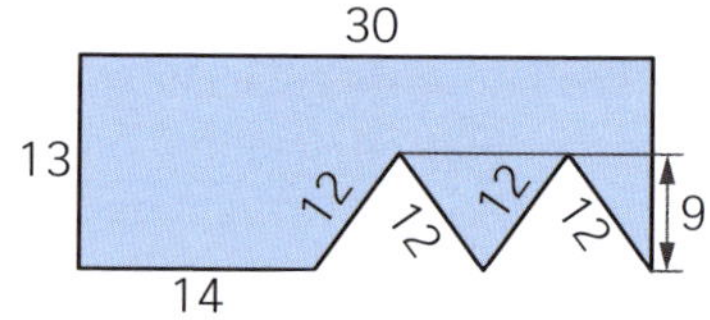

15 **Berechnen Sie den Flächeninhalt (alle Maße in cm).**

a)

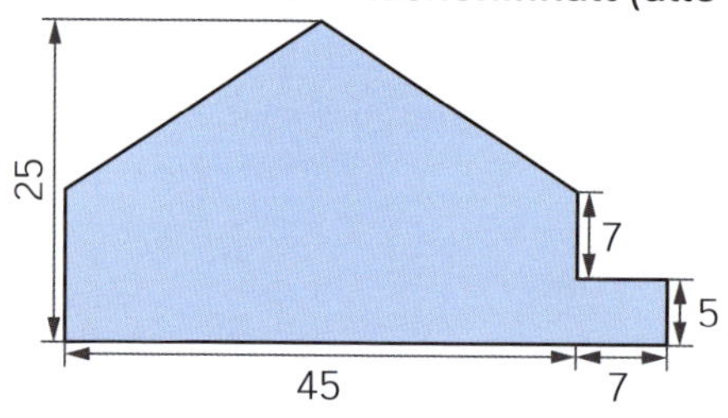

b)

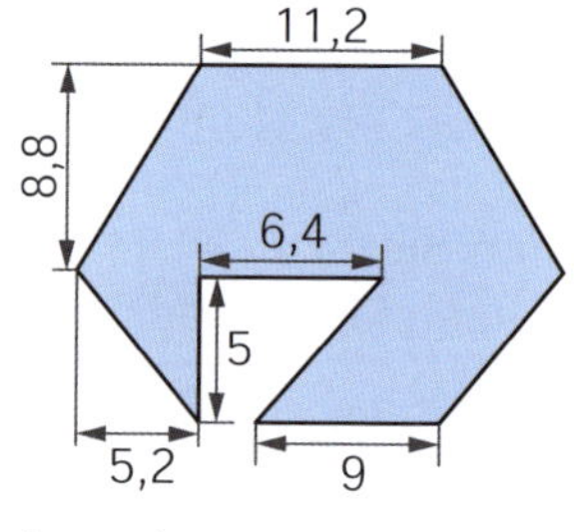

★ **16** **Berechnen Sie den Flächeninhalt (alle Maße in cm).**

a)

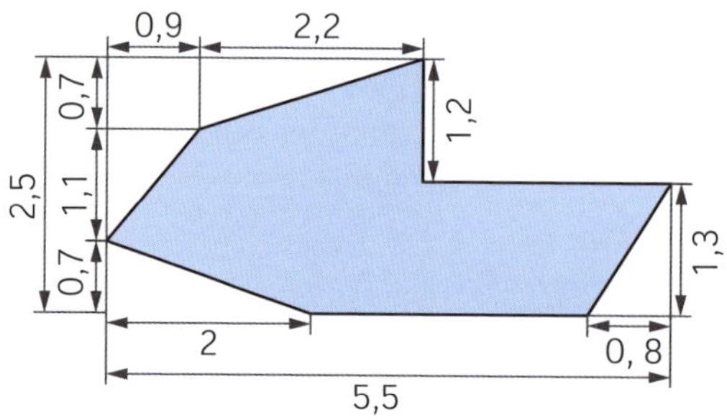

b)

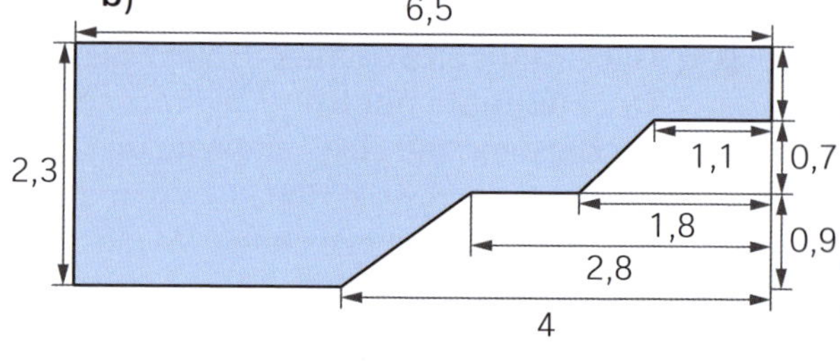

Kreis, Kreisteile

Kreis

$A = \pi \cdot r^2 \quad A = \frac{\pi}{4} \cdot d^2$

$u = \pi \cdot d \quad u = 2 \cdot \pi \cdot r$

$r = \frac{u}{2 \cdot \pi} \quad r = \sqrt{\frac{A}{\pi}}$

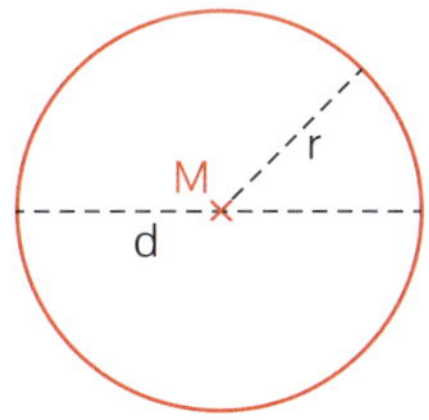

17 **Berechnen Sie Umfang u und Flächeninhalt A eines Kreises mit $d = 2{,}80\,m$.**

18 **Berechnen Sie den Umfang eines Kreises, dessen Flächeninhalt $150\,cm^2$ beträgt.**

19 **Ein kreisrunder Tisch hat einen Durchmesser von 1,20 m.**
Berechnen Sie die Tischfläche.

20 **Aus 100 quadratischen Holzplatten mit der Kantenlänge 1,25 m werden größtmögliche Kreise gesägt.**
Berechnen Sie, wie viel Quadratmeter Abfall anfallen.

21 **Aus quadratischen Blechen werden Kreisteile ausgestanzt.**
Berechnen Sie den verbleibenden (eingefärbten) Flächeninhalt dieser Werkstücke.

a) 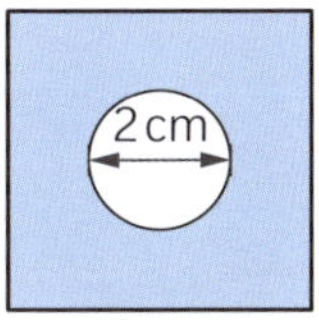

b) 

c) 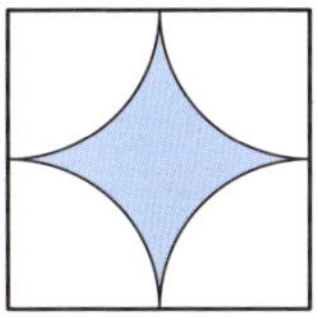

22 **Ein kreisrunder Holztisch hat eine Tischfläche von $0{,}50\,m^2$.**

a) Berechnen Sie, wie viele Personen daran sitzen können, wenn pro Person mit 60 cm Platz am Tisch gerechnet wird.

b) Der Tisch soll durch zwei gleich große rechteckige Einlegeplatten auf eine Länge von 2 m ausgezogen werden können. Berechnen Sie die Abmessung einer Einlegeplatte.

c) Berechnen Sie, wie viele Personen an einem Tisch mit einer, wie viele an einem Tisch mit zwei Einlegeplatten sitzen können.

★ **23** **Die Erde durchläuft während eines Jahres (etwa 365 Tage) um die Sonne angenähert eine Kreisbahn, deren Radius ungefähr $1{,}5 \cdot 10^8\,km$ beträgt.**

a) Welchen Weg legt die Erde in einem Jahr (an einem Tag; in einer Sekunde) zurück?

b) Mit welcher Durchschnittsgeschwindigkeit $\left(\text{in } \frac{km}{h}\right)$ bewegt sich die Erde auf ihrer Bahn?

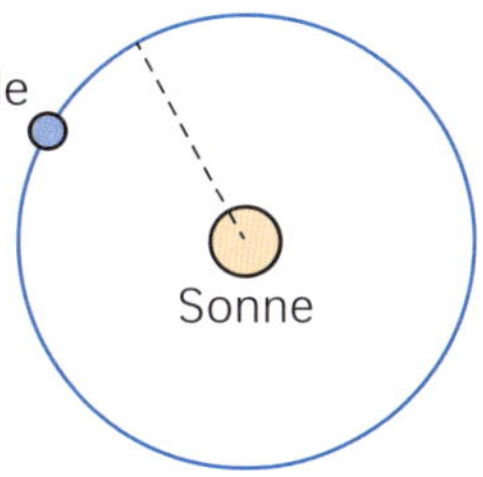

!

Kreisring

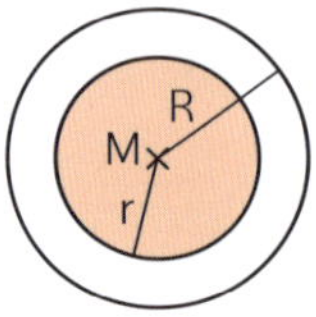

$A = \pi \cdot R^2 - \pi \cdot r^2$

$A = \pi \cdot (R^2 - r^2)$

$A = \pi \cdot (R + r) \cdot (R - r)$

Kreissektor

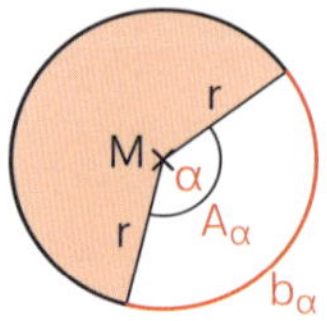

$A_\alpha = \frac{\pi \cdot r^2 \cdot \alpha}{360°}$

$b_\alpha = \frac{\pi \cdot r \cdot \alpha}{180°}$

$A_\alpha = \frac{b_\alpha \cdot r}{2}$

Kreisabschnitt

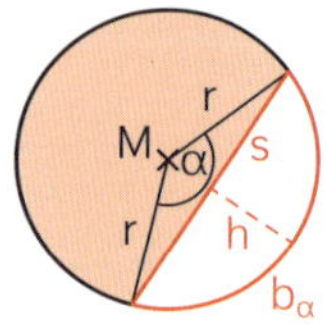

$A = \frac{b_\alpha \cdot r - s \cdot (r - h)}{2}$

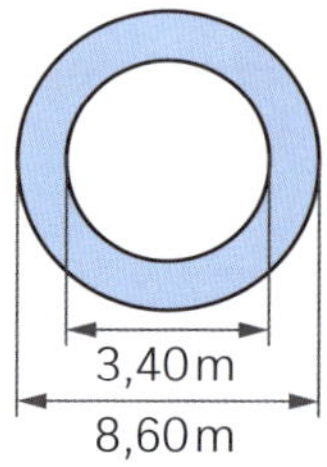

24 **Bestimmen Sie zunächst R und r (rechtes Bild) und dann den Flächeninhalt des Kreisrings.**

25 **Der Durchmesser des äußeren Kreises eines Kreisrings beträgt 60 cm.**
Der Durchmesser des inneren Kreises ist halb so groß.
Berechnen Sie den Flächeninhalt des Kreisrings.

26 **Der Flächeninhalt eines Kreisrings beträgt 4303 cm². Sein äußerer Radius R beträgt 45 cm.**
Berechnen Sie den Radius r des inneren Kreises.

27 **Berechnen Sie den Flächeninhalt und die Bogenlänge des Kreissektors.**
Runden Sie das Ergebnis sinnvoll.

a) 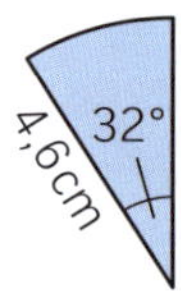

b) 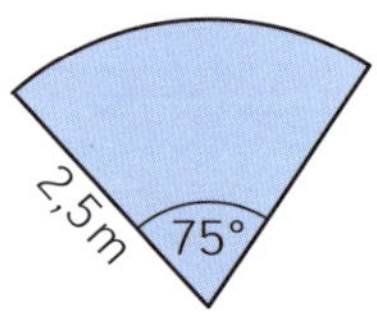

c) 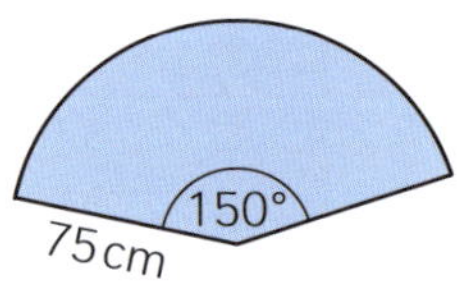

28 **Stellen Sie um.**

a) Lösen Sie die Formel für den Flächeninhalt des Kreissektors nach r und nach α auf.

b) Lösen Sie die Formel für die Bogenlänge des Kreissektors nach r und nach α auf.

29 **Berechnen Sie den Flächeninhalt des Kreisabschnitts schrittweise.**

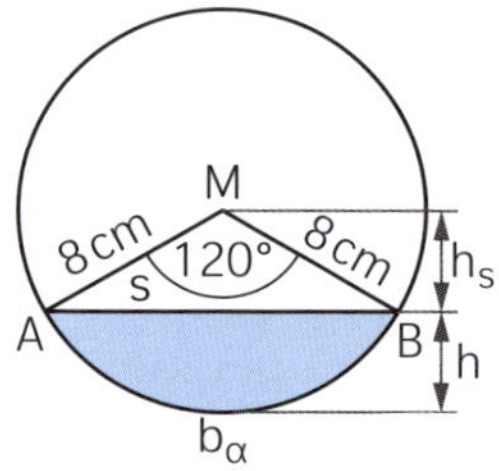

a) Bestimmen Sie im Dreieck ABM die Höhe h_s mit dem Kosinus.

b) Berechnen Sie die Länge von h.

c) Berechnen Sie mit dem Satz des Pythagoras $\frac{s}{2}$.

d) Berechnen Sie den Flächeninhalt des Kreisabschnitts.

30 **Lösen Sie die Flächeninhaltsformel für den Kreisabschnitt auf nach:**

a) b_α b) r c) s d) h

Würfel und quadratische Säule

!

Volumen und Oberflächeninhalt des Würfels

$V = a \cdot a \cdot a$

$V = a^3$

$O = 6 \cdot a^2$

$a = \sqrt[3]{V}$

$a = \sqrt{\frac{O}{6}}$

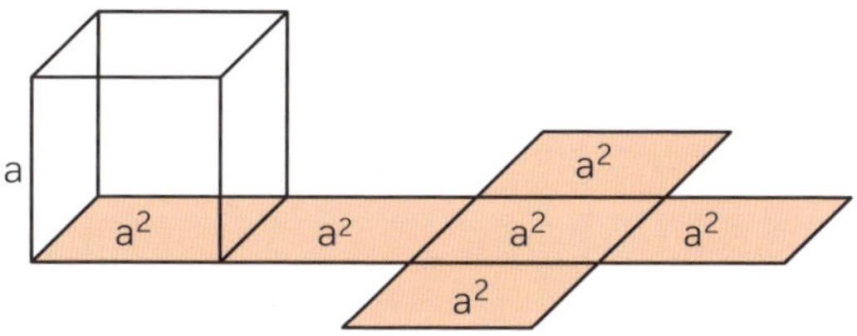

31 **Berechnen Sie.**

a) Ein Würfel hat eine Kantenlänge von 2,8 m.
Berechnen Sie Volumen und Oberflächeninhalt.

b) Der Oberflächeninhalt eines Würfels beträgt 433,5 cm^2.
Welches Volumen hat dieser Würfel?

c) Ein Würfel hat einen Rauminhalt von 729 ℓ (1 dm^3 = 1 ℓ).
Berechnen Sie den Oberflächeninhalt.

!

Volumen und Oberflächeninhalt der quadratischen Säule

$V = a^2 \cdot h$

$O = 2 \cdot a^2 + 4 \cdot a \cdot h$ oder

$O = 2 \cdot a \cdot (a + 2 \cdot h)$

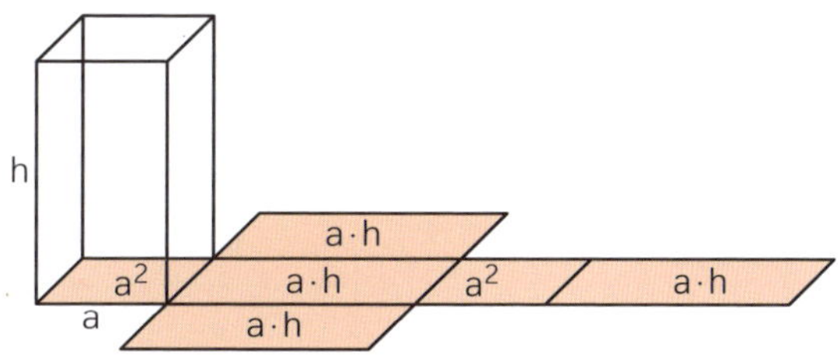

32 **Eine quadratische Säule ist 5 cm lang und breit sowie 8 cm hoch.**
Berechnen Sie Volumen und Oberflächeninhalt.

33 **Eine 12 m hohe quadratische Säule ist vollständig mit 147 000 ℓ Wasser gefüllt.**
Berechnen Sie den Oberflächeninhalt (1 m^3 = 1000 ℓ).

34 **Lösen Sie die Oberflächeninhaltsformel für die quadratische Säule nach h auf.**

35 **Eine quadratische Säule hat eine Grundfläche von 36 cm^2.**
Der Oberflächeninhalt beträgt 264 cm^2.
Berechnen Sie das Volumen des Körpers.

36 **Eine quadratische Säule hat eine Grundfläche von 100 cm^2, die Höhe beträgt 2 cm.**
Welche Kantenlänge hat ein Würfel mit gleichem Volumen?

Quader und Prisma

!

Volumen und Oberflächeninhalt des Quaders

$V = a \cdot b \cdot c$

$O = 2 \cdot a \cdot b + 2 \cdot a \cdot c + 2 \cdot b \cdot c$ oder

$O = 2 \cdot (a \cdot b + a \cdot c + b \cdot c)$

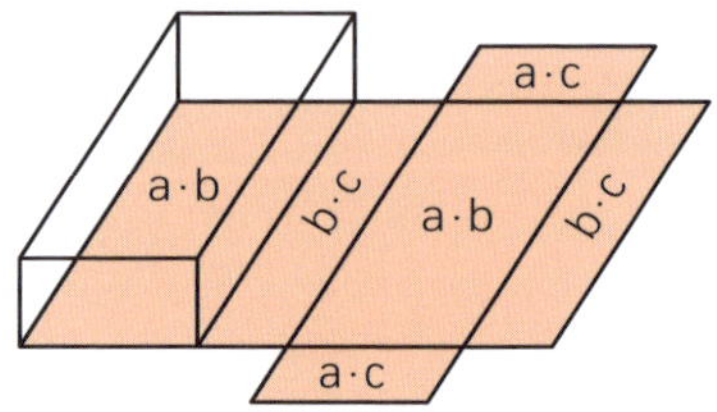

37 **Ein Aquarium hat die Maße 1,10 m × 6 dm × 70 cm (Länge × Breite × Höhe).**

a) Wie viel Liter fasst es, wenn es bis 5 cm unter den oberen Rand mit Wasser gefüllt wird?

b) Berechnen Sie den Oberflächeninhalt einschließlich Deckplatte des Aquariums.

38 **Berechnen Sie den Oberflächeninhalt eines Quaders mit $V = 756\,cm^3$, $a = 7{,}5\,cm$ und $b = 9\,cm$.**

!

Volumen und Oberflächeninhalt des Prismas

Ein Prisma ist eine Säule mit einem Vieleck als Grundfläche. Bei Säulen steht der Mantel senkrecht auf der Grundfläche, und die Deckfläche ist parallel und kongruent zur Grundfläche.

$M = u \cdot h$

$O = 2 \cdot G + M$

$V = G \cdot h$

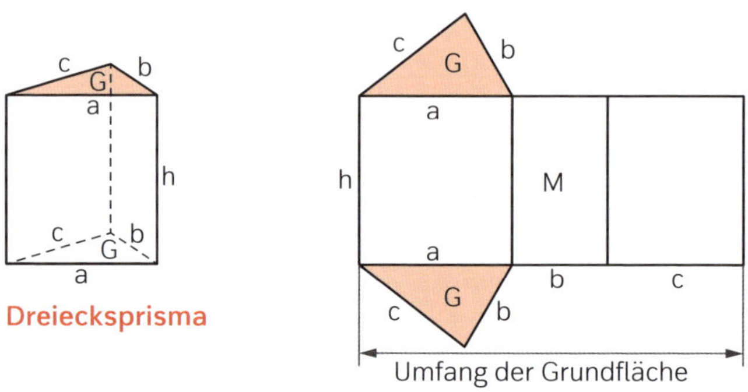

Dreiecksprisma

39 **Berechnen Sie das Volumen und den Oberflächeninhalt des Prismas mit der abgebildeten Grundfläche und der Körperhöhe von 12 cm.**
Bestimmen Sie fehlende Stücke mit dem Satz des Pythagoras.

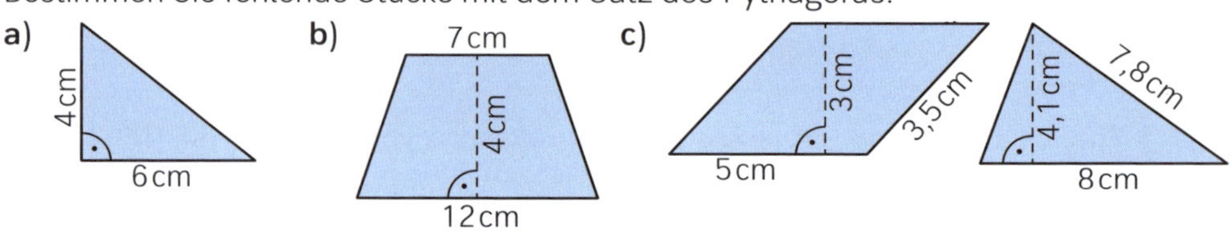

Zylinder

!

Ein **Zylinder** ist eine Säule mit kreisförmiger Grundfläche.

$M = u \cdot h$

$M = 2 \cdot \pi \cdot r \cdot h$

$O = 2 \cdot G + M$

$O = 2 \cdot \pi \cdot r^2 + 2 \cdot \pi \cdot r \cdot h$ oder

$O = 2 \cdot \pi \cdot r \cdot (r + h)$

$r = -\frac{h}{2} + \sqrt{\left(\frac{h}{2}\right)^2 + \frac{O}{2 \cdot \pi}}$

$r = \sqrt{\frac{V}{\pi \cdot h}}$

$V = G \cdot h$

$V = \pi \cdot r^2 \cdot h$

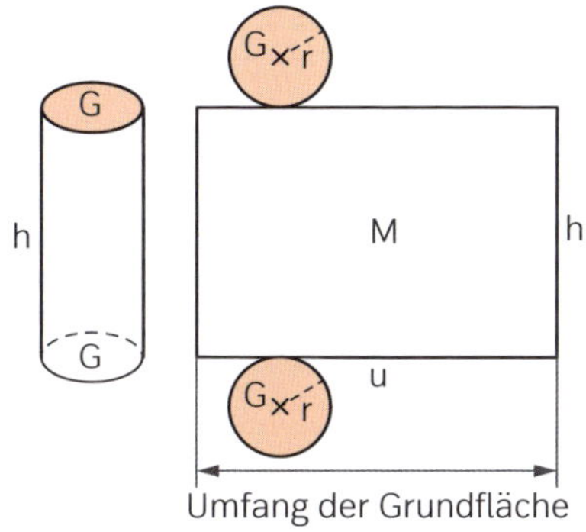

40 **Berechnen Sie die Anschlagfläche einer Litfaßsäule von 2,40 m Höhe und einem Durchmesser von 1,80 m.**

41 **Ein zylindrisches Glasgefäß hat eine Mantelfläche von 440 cm² und ist 27 cm hoch.**

a) Lösen Sie die Formel für die Mantelfläche nach r auf und berechnen Sie dann den Radius.

b) Berechnen Sie das Volumen des Glasgefäßes.

42 **Von der abgebildeten Konservendose sollen 1000 Stück hergestellt werden.**

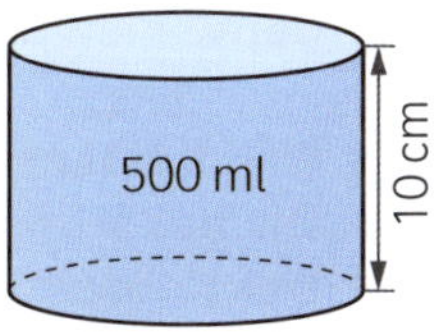

a) Berechnen Sie aus den Angaben den Radius der Konservendose.

b) Wie viel Quadratmeter Papier werden minimal benötigt, um den Mantel von 1000 Konservendosen zu bekleben?

c) Die Grund- und Deckflächen der Konservendosen werden aus rechteckigen Blechen (82 cm × 42 cm) gestanzt.
Berechnen Sie, wie viele Bleche insgesamt benötigt werden.

43 **Aus einem Din-A4-Blatt (21 cm × 29,7 cm) lassen sich zwei Zylinder formen: Einmal ist die Höhe 21 cm, das andere Mal beträgt die Höhe 29,7 cm.**
Berechnen Sie jeweils das Volumen und den Oberflächeninhalt der durch Grund- und Deckfläche ergänzten Zylinder.

44 **Ein Baumstamm hat einen Umfang von 1,25 m und eine Länge von 2,65 m.**

a) Berechnen Sie den Radius des Baumstammes.

b) Bestimmen Sie das Volumen des Baumstammes.

c) Bestimmen Sie die Masse m des Stammes mit der Formel: $m = V \cdot \varrho$
$\left(\varrho_{Holz} = 0{,}4 \frac{kg}{dm^3}\right)$.

★ **45** **Der Oberflächeninhalt eines Zylinders beträgt 2990,8 cm^2, seine Höhe 20 cm.**

a) Bringen Sie die Oberflächeninhaltsformel $O = 2 \cdot \pi \cdot r^2 + 2 \cdot \pi \cdot r \cdot h$ in die Normalform einer quadratischen Gleichung, mit r als Variable.

b) Bestimmen Sie nun r mit der Lösungsformel der quadratischen Gleichung.

c) Berechnen Sie jetzt das Volumen des Zylinders.

46 **Die Abbildung zeigt den Querschnitt einer Welle, die aus einem Rohling mit 100 mm Länge und 38 mm Durchmesser gedreht wurde.**

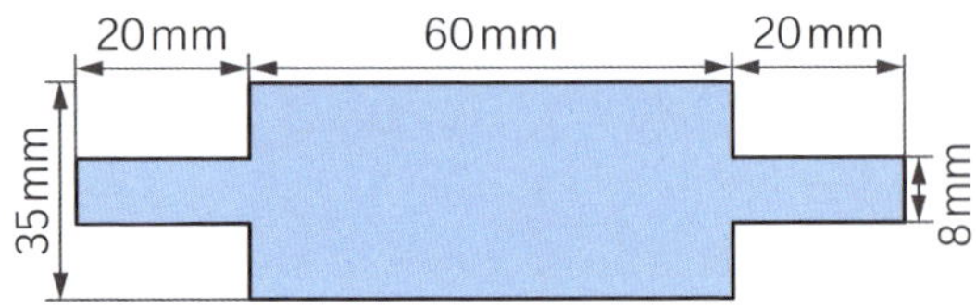

a) Berechnen Sie das Volumen der Welle.

b) Berechnen Sie das Volumen des Abfalls.

!

Ein **Zylinderring** ist eine Säule mit einem Kreisring als Grundfläche.

$V = \pi \cdot R^2 \cdot h - \pi \cdot r^2 \cdot h$

$V = \pi \cdot h \cdot (R^2 - r^2)$

$O = 2\pi \cdot (R^2 - r^2) + 2\pi \cdot R \cdot h + 2\pi \cdot r \cdot h$

$O = 2\pi \cdot [(R^2 - r^2) + h \cdot (R + r)]$

$O = 2\pi \cdot (R + r) \cdot (R - r + h)$

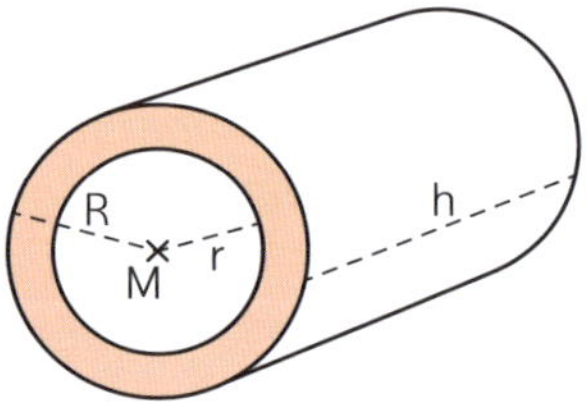

---

47 **Ein Zylinderring hat einen äußeren Durchmesser von 24 cm und einen inneren Durchmesser von 15 cm. Die Höhe beträgt 50 cm. Berechnen Sie das Volumen und den Oberflächeninhalt.**

48 **Ein 20 m langes Kupferrohr zur Wasserversorgung ist vom Keller bis zum Dachgeschoss eines Hauses verlegt. Der Außendurchmesser beträgt 22 mm. Das Kupferrohr hat eine Wandstärke von 1 mm.**

a) Berechnen Sie das Volumen des Zylinderringes. (Achten Sie darauf, dass alle Einheiten zur Berechnung gleich sind.)

b) Berechnen Sie, wie viel Liter Wasser maximal in der Leitung stehen. (1 dm^3 entspricht 1 Liter.)

49 **Ein Brunnen hat einen Innendurchmesser von 1,25 m. Die Wandstärke d beträgt 16 cm. Die Gesamttiefe ist 8 m.**

a) Bestimmen Sie, wie viel Liter Wasser der Brunnen enthält, wenn er bis 40 cm unter dem Rand gefüllt ist.

b) Berechnen Sie, aus wie viel Kubikmetern Stein die Brunnenwand besteht.

Pyramide und Kegel

!

Quadratische, regelmäßige Pyramide

Ist die Grundfläche der Pyramide ein Quadrat und befindet sich die Spitze senkrecht über dem Mittelpunkt des Quadrats, spricht man von einer quadratischen, regelmäßigen Pyramide.

$h_s^2 = h^2 + \left(\frac{a}{2}\right)^2$

$s^2 = h_s^2 + \left(\frac{a}{2}\right)^2$

$s^2 = h^2 + \left(\frac{d}{2}\right)^2$

mit Grundflächendiagonale $d = a \cdot \sqrt{2}$

$V = \frac{1}{3} \cdot a^2 \cdot h$

$h = \frac{3 \cdot V}{a^2}$

$a = \sqrt{\frac{3 \cdot V}{h}}$

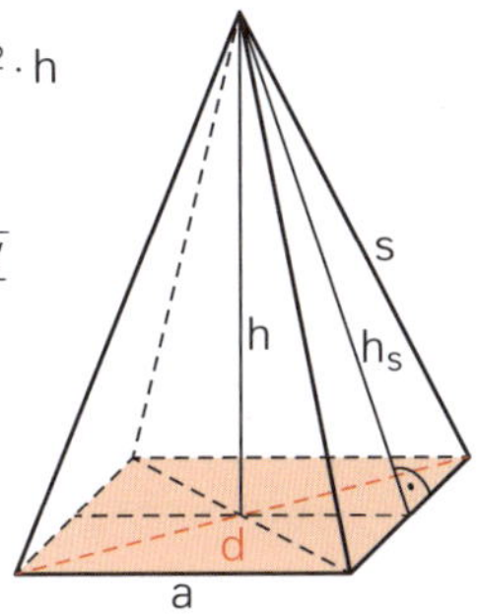

$M = 2 \cdot a \cdot h_s$

$O = a^2 + 2 \cdot a \cdot h_s = a \cdot (a + 2 \cdot h_s)$

$h_s = \frac{O - a^2}{2 \cdot a}$

$a = -h_s + \sqrt{h_s^2 + O}$

50 **Eine Pyramide hat ein Volumen von 267 cm³. Die Höhe beträgt 8 cm.**
Berechnen Sie die Länge von a.

51 **Eine Pyramide hat einen Oberflächeninhalt von 2500 m² und eine 27 m lange Seitenhöhe.**

a) Berechnen Sie a.
b) Berechnen Sie h und s.
c) Berechnen Sie die Mantelfläche und das Volumen.

!

Gerader Kreiskegel

Ist die Grundfläche des Kegels ein Kreis und befindet sich die Spitze senkrecht über dem Kreismittelpunkt, spricht man von einem geraden Kreiskegel.

$h^2 + r^2 = s^2$

$V = \frac{1}{3} \cdot \pi \cdot r^2 h$

$h = \frac{3 \cdot V}{\pi \cdot r^2}$

$r = \sqrt{\frac{3 \cdot V}{\pi \cdot h}}$

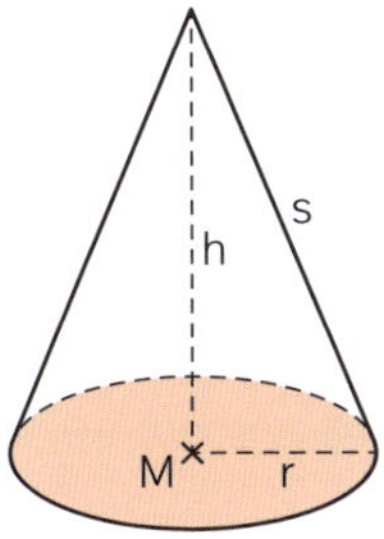

$M = \pi \cdot r \cdot s$

$O = \pi \cdot r^2 + \pi \cdot r \cdot s = \pi \cdot r \cdot (r + s)$

$s = \frac{O - \pi \cdot r^2}{\pi \cdot r} = \frac{O}{\pi \cdot r} - r$

$r = -\frac{s}{2} + \sqrt{\left(\frac{s}{2}\right)^2 + \frac{O}{\pi}}$

52 **Eine Schultüte ist 30 cm hoch und hat ein Volumen von 16,5 ℓ.**

a) Passen Sie die Einheiten an und bestimmen Sie mithilfe der Volumenformel den Radius r.
b) Bestimmen Sie die Mantellinie s.
c) Geben Sie den Flächeninhalt des Mantels in Quadratzentimetern an.

Pyramiden- und Kegelstumpf

Stumpf der quadratischen regelmäßigen Pyramide

$V = \frac{1}{3} \cdot h \cdot \left(a_1^2 + a_1 \cdot a_2 + a_2^2\right)$

$M = 2h_s \cdot (a_1 + a_2)$ mit $h_s = \sqrt{h^2 + \left(\frac{a_1 - a_2}{2}\right)^2}$

$O = a_1^2 + a_2^2 + 2 \cdot h_s \cdot (a_1 + a_2)$

Strahlensatz: $\frac{x}{x+h} = \frac{a_2}{a_1} \Rightarrow a_1 \cdot x = a_2 \cdot x + a_2 \cdot h$

$\Rightarrow \mathbf{x = \frac{a_2 \cdot h}{a_1 - a_2}}$

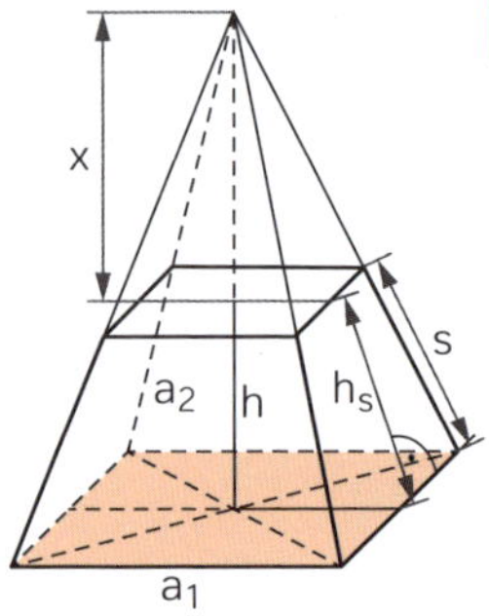

Mit dem Strahlensatz berechnet man zunächst die fehlende Höhe x der abgeschnittenen Pyramide. Dann berechnet man jeweils die gesamte Pyramide und die abgeschnittene Spitze und subtrahiert.

53 **Berechnen Sie das Volumen des Pyramidenstumpfes mit den Maßen $a_1 = 5\,m$, $a_2 = 2\,m$ und der Stumpfhöhe $h = 4\,m$.**

54 **Berechnen Sie den Oberflächeninhalt O und das Volumen V eines Pyramidenstumpfes mit $a_1 = 18\,cm$, $a_2 = 8\,cm$ und $h = 12\,cm$.**

55 **Berechnen Sie die Höhe eines Pyramidenstumpfes mit $V = 900\,cm^3$, $a_1 = 12\,cm$ und $a_2 = 8\,cm$.**

Stumpf des geraden Kreiskegels

$V = \frac{1}{3} \cdot \pi \cdot h \cdot \left(r_1^2 + r_1 \cdot r_2 + r_2^2\right)$

$M = \pi \cdot s \cdot (r_1 + r_2)$ mit $s = \sqrt{h^2 + (r_1 - r_2)^2}$

$O = \pi \cdot r_1^2 + \pi \cdot r_2^2 + \pi \cdot s \cdot (r_1 + r_2)$

Strahlensatz:

$\frac{x}{x+h} = \frac{r_2}{r_1} \Rightarrow \mathbf{x = \frac{r_2 \cdot h}{r_1 - r_2}}$

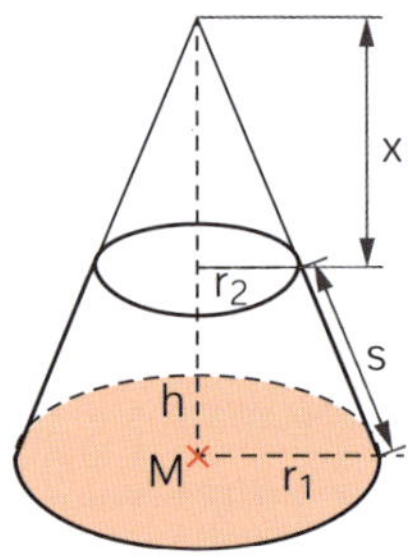

Mit dem Strahlensatz berechnet man zunächst die fehlende Höhe x des abgeschnittenen Kegels. Dann berechnet man jeweils den gesamten Kegel und die abgeschnittene Spitze und subtrahiert.

56 **Ein Kegelstumpf hat die Maße $r_1 = 7\,dm$, $r_2 = 4\,dm$ und $h = 8{,}5\,dm$.**

a) Berechnen Sie das Volumen V.

b) Berechnen Sie die Seitenkante s und dann den Mantel- und Oberflächeninhalt des Kegelstumpfes.

Kugel und Kugelschicht

!

Kugel

$V = \frac{4}{3} \cdot \pi \cdot r^3$ $\qquad r = \sqrt[3]{\frac{3 \cdot V}{4 \cdot \pi}}$

$O = 4 \cdot \pi \cdot r^2$ $\qquad r = \sqrt{\frac{O}{4 \cdot \pi}} = \frac{1}{2}\sqrt{\frac{O}{\pi}}$

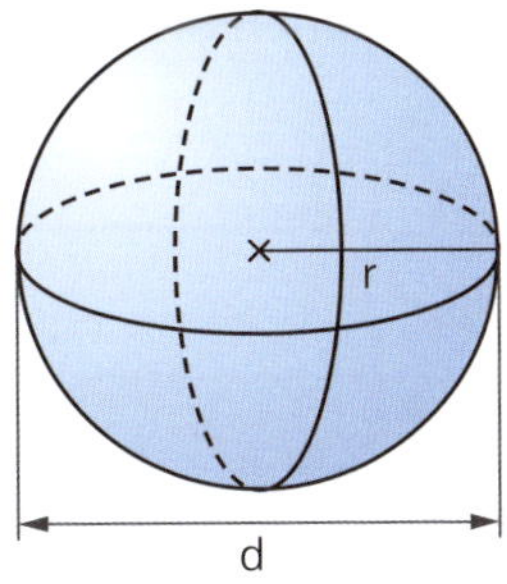

57 **Eine Kugel hat einen Durchmesser von 1,89 m.**
Berechnen Sie das Volumen und den Oberflächeninhalt.

58 **Eine Kugel hat ein Volumen von 30 ℓ.**
Berechnen Sie den Oberflächeninhalt der Kugel.

★ **59** **Eine Kugel mit einem Durchmesser von 20 cm ist vollständig von einem Zylinder umgeben.**

a) Berechnen Sie den Oberflächeninhalt der Kugel.
b) Welchen Durchmesser und welche Höhe hat der Zylinder?
c) Berechnen Sie die Mantelfläche des Zylinders. Was fällt auf?
d) Zeigen Sie allgemein, dass für diesen Zylindermantel $M = 4 \cdot \pi \cdot r^2$ gilt.

!

Kugelschicht

Der durch zwei parallele Ebenen aus einer Kugel ausgeschnittene Körper heißt **Kugelschicht**, der Mantel der Kugelschicht wird **Kugelzone** genannt.

Kugelschicht: $V = \frac{\pi}{6} \cdot h \cdot \left(3r_1^2 + 3r_2^2 + h^2\right)$

Kugelzone: $M = 2 \cdot \pi \cdot r \cdot h$

Kugelradius: $r = \sqrt{r_1^2 + \left(\frac{r_1^2 - r_2^2 - h^2}{2 \cdot h}\right)}$

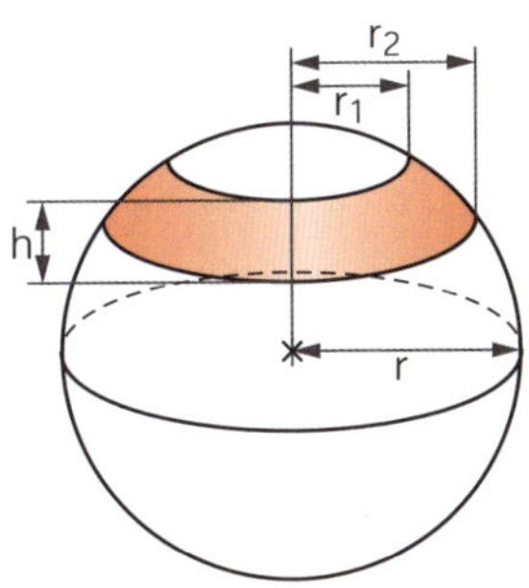

60 **Eine Kugelschicht hat die Maße $r_1 = 8$ m, $r_2 = 5$ m und $h = 2{,}70$ m.**

a) Berechnen Sie das Volumen der Kugelschicht.
b) Welchen Radius r hat die zur Kugelschicht gehörende Kugel?
c) Berechnen Sie den Flächeninhalt der Kugelzone.

Zwischentest

/4

1 Berechnen Sie den Flächeninhalt (alle Angaben in cm).

a)

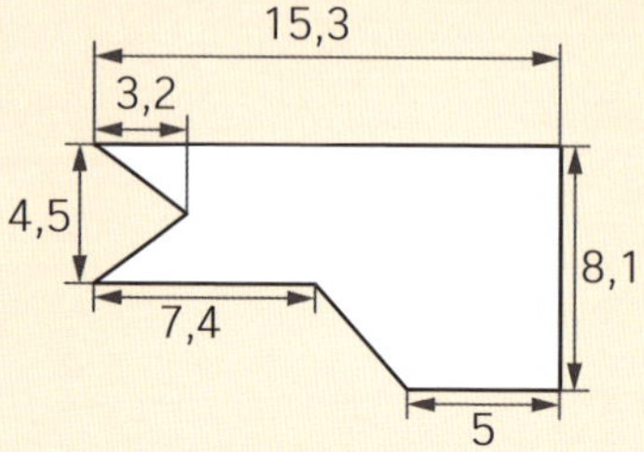

b)

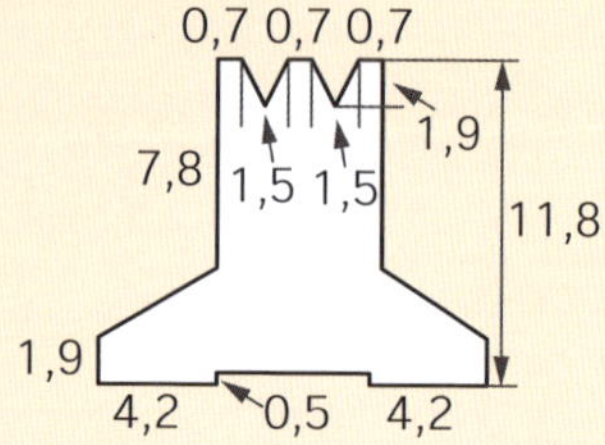

/4

2 Bei einem Kreisring soll der Umfang des kleineren Kreises 40 % des Umfangs des großen Kreises sein.

Wie groß ist der Flächeninhalt des Kreisrings, wenn der Radius des kleinen Kreises 6,5 cm ist?

/4

3 Ein 2,5 m langer Brunnentrog hat den abgebildeten Querschnitt.

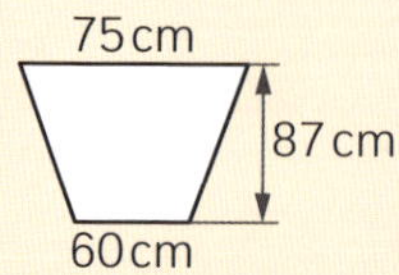

a) Wie viel Wasser passt in den Trog, wenn er ganz gefüllt ist;

b) wie viel, wenn er zu $\frac{2}{3}$ gefüllt ist?

/14

4 Berechnen Sie.

a) Berechnen Sie das Volumen und den Oberflächeninhalt des Körpers in Fig. 1.

b) Wie viel wiegt der aus Aluminium $\left(\varrho = 2{,}7\,\frac{\text{g}}{\text{cm3}}\right)$ hergestellte Körper in Fig. 2?

★ c) Berechnen Sie das Gewicht des Körpers aus Silber $\left(\varrho = 10{,}5\,\frac{\text{g}}{\text{cm}^3}\right)$ in Fig. 3.

Wie viel Prozent wäre er schwerer, wenn er aus Gold $\left(\varrho = 19{,}3\,\frac{\text{g}}{\text{cm3}}\right)$ wäre?

Fig. 1

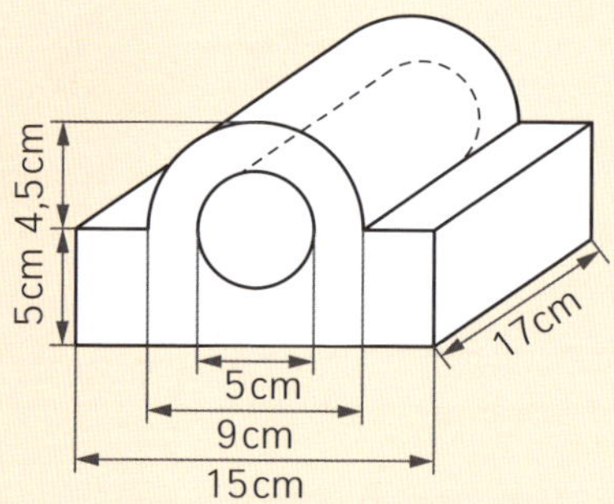

Fig. 2

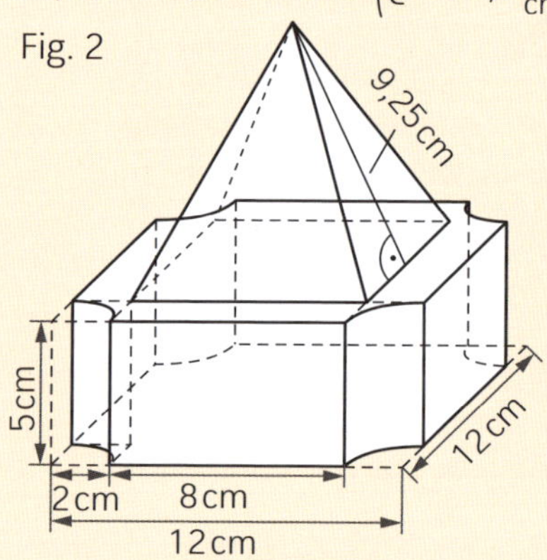

Fig. 3

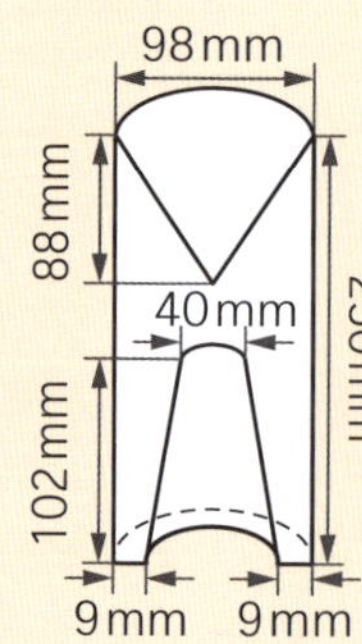

/4

★ **5 Die mittlere Dichte der Erde beträgt $5{,}5\,\frac{\text{kg}}{\text{dm}^3}$, die des Mondes $3{,}3\,\frac{\text{kg}}{\text{dm}^3}$. Der Erdradius beträgt ungefähr 6370 km, der Mondradius 1738 km.**

a) Wie viel Prozent der Erdoberfläche beträgt die Mondoberfläche?

b) Wie viel mal schwerer als der Mond ist die Erde?

/30 **Gesamtpunktzahl**

Kontrollieren Sie Ihre Ergebnisse mithilfe der Lösungen (S. 127/128) und addieren Sie die erreichten Punkte.

☐ 30 bis 24 Punkte: ☺ ☐ 23 bis 15 Punkte: 😐 ☐ 14 bis 0 Punkte: 😕

Funktionen

Vorschau

- Funktionsgleichungen, lineare Funktionen
- Geradengleichungen
- Quadratische Funktionen, Normalparabeln und verschobene Normalparabeln
- Potenzfunktionen
- Winkelfunktionen
- Umkehrfunktionen
- Wurzelfunktionen
- Exponentialfunktionen
- Logarithmusfunktionen

Begriffe und Definitionen

!

- **Funktionen** ordnen jedem Objekt aus einer **Definitionsmenge D genau ein** Objekt einer anderen Menge als **Funktionswert** zu.
- Die Menge aller Funktionswerte heißt **Wertemenge W**.
- Funktionen können in Tabellenform, in Pfeildiagrammen und im Koordinatensystem dargestellt werden.
- Mehreren Objekten aus der Definitionsmenge kann der gleiche Funktionswert zugewiesen werden, einem Objekt aus der Definitionsmenge aber niemals mehrere Funktionswerte. Im Beispiel: Mehrere Schüler können in einer Arbeit die gleiche Zensur bekommen, ein Schüler aber keine verschiedenen.

Beispiel: z (x) ordnet der Person x die Zensur in der letzten Mathematikarbeit zu.
D = {Andreas, Beate, Christine, Daniel, Anna, Fahrid, Lea}
Die Wertemenge umfasst die Zensuren von 1 bis 5.

Tabelle

Person	Zensur
Andreas	3
Beate	5
Christine	1
Daniel	2
Anna	3
Fahrid	4
Lea	2

Pfeildiagramm

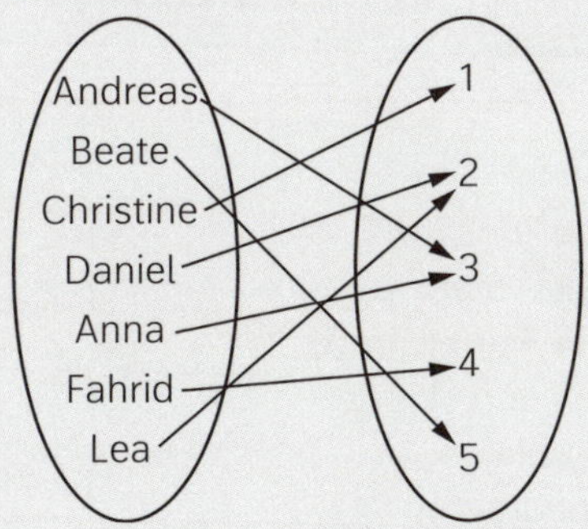

W = {1, 2, 3, 4, 5}

Koordinatensystem

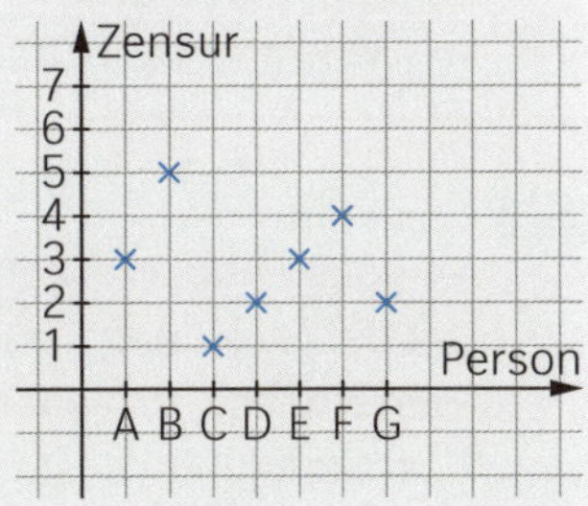

1 Die Tabelle gehört zur Funktion p(x) und ordnet Standardbriefen vorgegebener Masse das jeweilige Inlandsporto zu.

Masse des Briefes (in g)	10	20	30	40	50	60	70	80	90	100
Porto des Briefes (in €)	0,80	0,80	0,95	0,95	0,95	1,55	1,55	1,55	1,55	1,55

a) Geben Sie Definitions- und Wertemenge der Funktion p(x) an.
b) Stellen Sie p(x) im Pfeildiagramm dar.
c) Betrachten Sie die Funktion p(x) bezüglich der erweiterten Definitionsmenge, die alle möglichen Massen zwischen 0 g und 100 g umfasst: p(x) mit D = [0 g; 100 g].
Stellen Sie diese Funktion im Koordinatensystem dar.
d) Geben Sie die Wertemenge an.

!

Bei vielen Funktionen beschreibt eine **Funktionsgleichung** y = f(x), wie man einem x-Wert den Funktionswert y zuordnet, z. B. $y = \frac{1}{4}x^2$. (*) Mithilfe der Funktionsgleichung kann man eine **Wertetabelle** anlegen und den **Graphen** der Funktion zeichnen. Je kleinschrittiger die Wertetabelle angelegt wird, desto genauer gelingt das Zeichnen des Graphen.

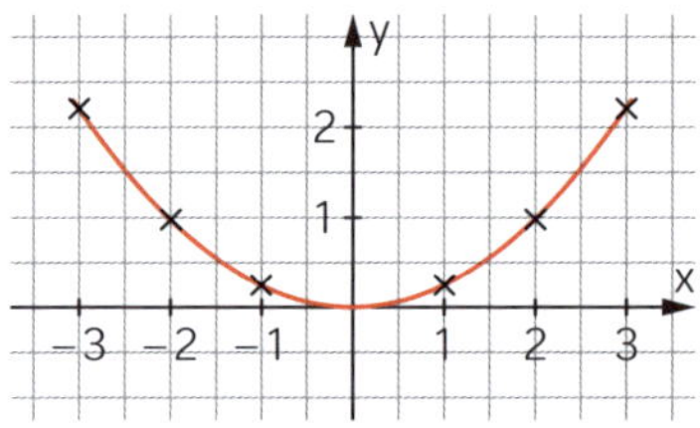

x	0	±1	±2	±3
y	0	$\frac{1}{4}$	±3	$\pm 2\frac{1}{4}$

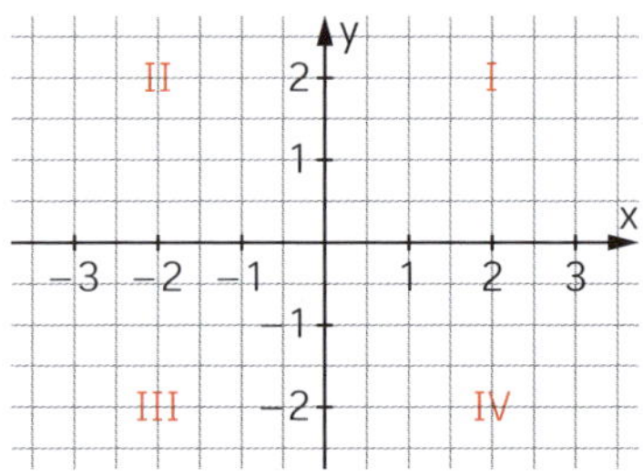

Für die Zeichnung verwendet man ein rechtwinkliges Koordinatensystem. Sind die Längeneinheiten auf beiden Achsen gleich, spricht man von einem **kartesischen Koordinatensystem**. Die beiden Achsen zerlegen die Zeichenebene in vier **Quadranten**, die man mit den Ziffern I – IV bezeichnet.

2 Löse sie.
Vervollständigen Sie für die Funktion f, mit der Gleichung $f(x) = \frac{1}{4}x^3$, die Wertetabelle, tragen Sie die Punkte in das Koordinatensystem ein und skizzieren Sie den Graphen der Funktion. Geben Sie an, welchen Quadranten der Graph der Funktion verläuft.

x	−2,5	−2	−1,5	−1	0
y					

x	1	1,5	2	2,5
y				

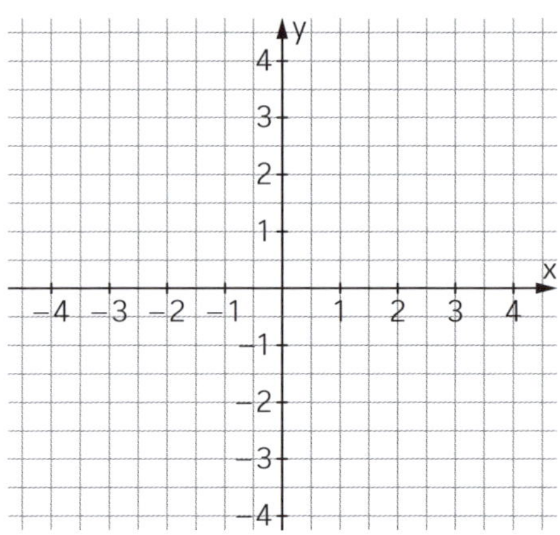

(*) Andere Darstellungsformen sind beispielsweise $f(x) = \frac{1}{4}x^2$ oder $f: x \mapsto y = \frac{1}{4}x^2$.
Verwenden Sie bitte die bei Ihnen im Unterricht gebräuchliche.

Geradengleichungen

Gleichungen von **linearen Funktionen** (Funktionen deren Graphen Geraden sind) werden auch **Geradengleichungen** genannt. Es gibt sie in vier verschiedenen Formen, die alle bei konkreten Einsetzungen in die Hauptform umgeformt werden können. In der Hauptform bezeichnet **m** die Steigung der Geraden und **b** den y-Achsenabschnitt.

Hauptform

$y = mx + b$

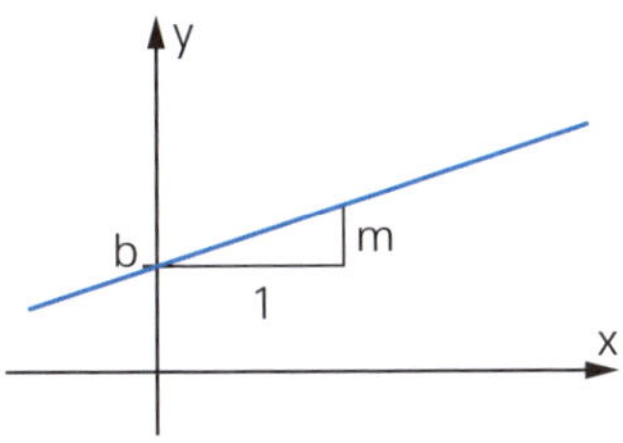

Zwei-Punkte-Form

$\frac{y - y_1}{x - x_1} = \frac{y_2 - y_1}{x_2 - x_1}$

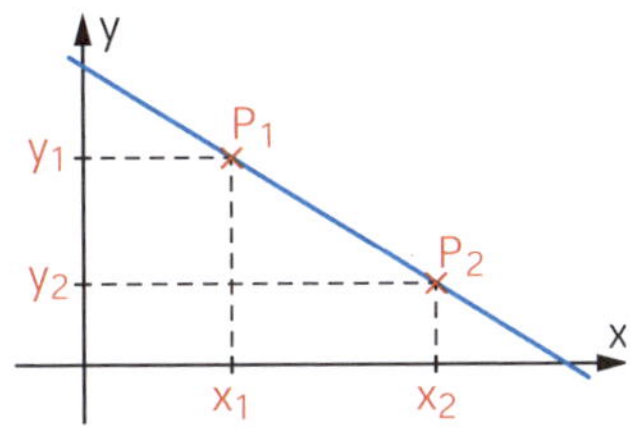

Punkt-Steigungs-Form

$\frac{y - y_1}{x - x_1} = m$

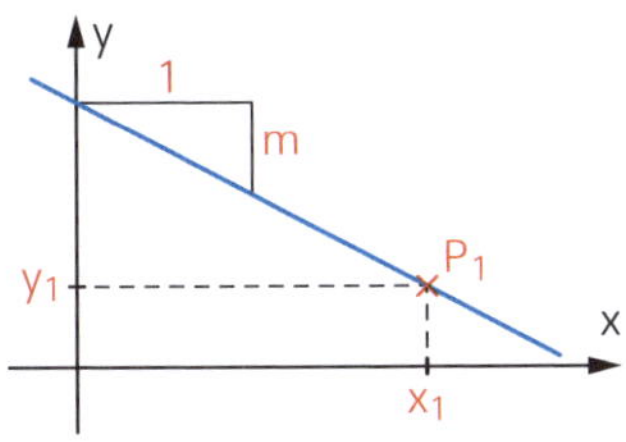

Achsenabschnittsform

$\frac{x}{a} + \frac{y}{b} = 1$

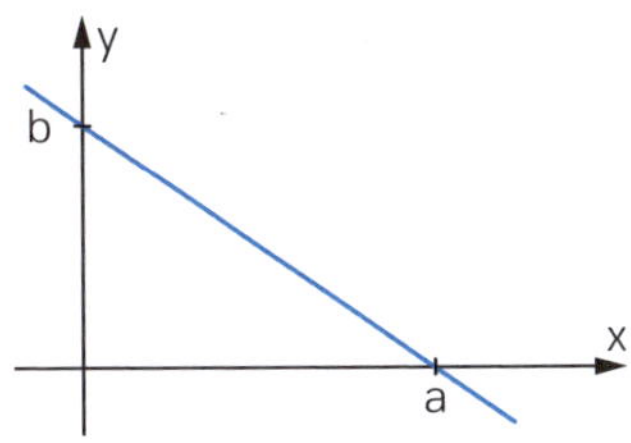

3 **Eine Gerade verläuft durch die Punkte $P_1(-1\,|-2)$ und $P_2(3\,|\,8)$.**
Wie heißt die Hauptform ihrer Geradengleichung? Vervollständigen Sie die Lösung.

$\frac{y - (-2)}{x - (-1)} = \frac{8 - (-2)}{3 - (-1)} \Leftrightarrow \frac{y + 2}{x + 1} = \frac{10}{4} \quad |\cdot(x + 1) \Leftrightarrow \ldots$

4 **Eine Gerade hat die Steigung $-\frac{3}{4}$ und verläuft durch den Punkt $P_1(6\,|-3{,}5)$.**
Bestimmen Sie den Schnittpunkt mit der y-Achse.

5 **Eine Gerade schneidet die x-Achse an der Stelle $a = -4$ und die y-Achse an der Stelle $b = 5$.**
Wie heißt die Hauptform ihrer Geradengleichung und welche Steigung hat sie? Setzen Sie die begonnene Lösung fort.

$\frac{x}{-4} + \frac{y}{5} = 1 \quad |\cdot(-20) \Leftrightarrow 5x - 4y = -20 \quad |-5x \Leftrightarrow \ldots$

6 **Eine Gerade schneidet die y-Achse an der Stelle $b = 5$ und verläuft durch den Punkt $P_1(2\,|-1)$.**
Bestimmen Sie Steigung und Geradengleichung mithilfe einer Skizze.

Die hier aufgezeigten Vorgehensweisen bezüglich Geradengleichungen unterscheiden sich eventuell von dem, was Sie in der Schule gelernt haben. Sie sollten daher die Aufgaben auch nach dem Weg lösen, der bei Ihnen im Unterricht üblich oder gewünscht ist.

!

$P_1(x_1 | y_1)$ und $P_2(x_2 | y_2)$ sind Punkte im Koordinatensystem. Für ihren Abstand d gilt nach dem Satz des Pythagoras (Seite 54):

$d = \sqrt{(x_2 - x_1)^2 + (y_2 - y_1)^2}$

Der Mittelpunkt M hat die Koordinaten

$M\left(\frac{x_1 + x_2}{2} \middle| \frac{y_1 + y_2}{2}\right)$.

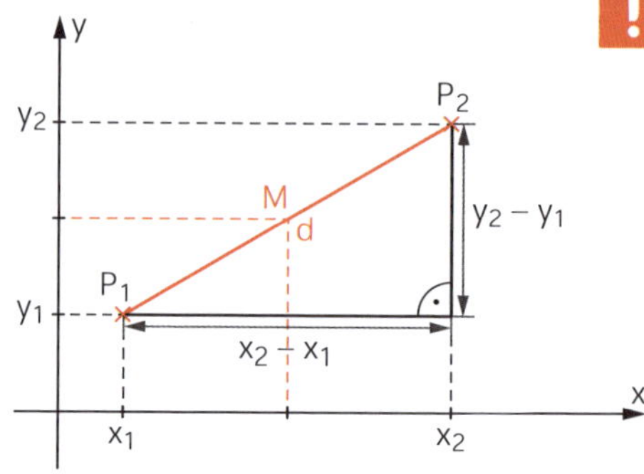

7 **Berechnen Sie die Entfernung zwischen den Punkten.**

a) $P_1(2 | 1{,}5)$ und $P_2(10 | 7{,}5)$

b) $A(-2 | -3)$ und $B(5{,}8 | -4{,}4)$

8 **Die Gerade mit der Gleichung $y = 2x - 11$ schneidet die x-Achse an der Stelle a und die y-Achse an der Stelle b.**

Wie weit sind a und b voneinander entfernt?

9 **$A(5 | 9)$ und $B(-1 | 3)$ sind Punkte im Koordinatensystem. Eine Gerade verläuft durch $P_1(-3 | -4)$ und den Mittelpunkt der Strecke $\overline{AB}$.**

Geben Sie ihre Geradengleichung in der Hauptform an.

!

- Für zwei zueinander senkrechte (orthogonale) Geraden g_1 und g_2 mit den Steigungen m_1 und m_2 gilt: $m_1 \cdot m_2 = -1$ bzw. $m_2 = -\frac{1}{m_1}$
- Gilt bei zwei Geraden g_1 und g_2 mit den Steigungen m_1 und m_2 die Gleichung $m_1 \cdot m_2 = -1$, dann sind die Geraden g_1 und g_2 senkrecht zueinander.

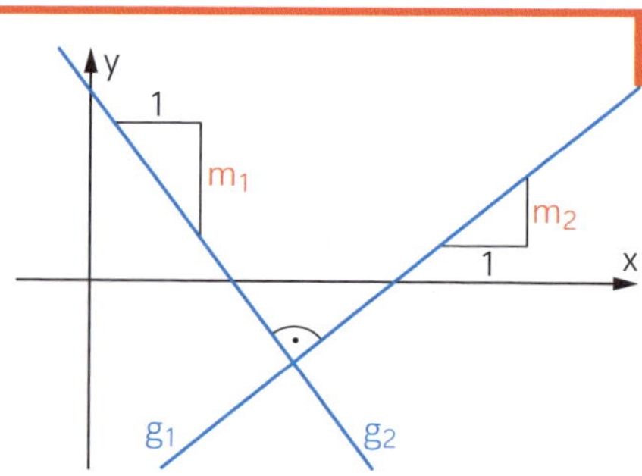

10 **Prüfen Sie, ob die beiden Geraden senkrecht zueinander sind.**

a) $y = 3x - 5$; $y = \frac{1}{3}x - 8$

b) $y = 4{,}8 - 2x$; $y = \frac{1}{2}x - 7$

c) $y = \frac{2}{3}x - 8$; $y = 9 - 1{,}5x$

d) $y = 0{,}4x - 11$; $y = 2{,}5x$

11 **Geben Sie die Gleichung der Geraden an, die zu $g: y = 0{,}5x + 6$ senkrecht ist und durch den Punkt $P(5 | 3)$ verläuft.**

Quadratische Funktionen

!

- **Quadratische Funktionen** haben eine **Funktionsgleichung**, die sich zu $y = ax^2 + bx + c$ mit $a \neq 0$ umformen lässt.
- Der zugehörige Graph ist eine **Parabel**, die bei $a > 0$ nach oben und bei $a < 0$ nach unten geöffnet ist.
- Der höchste bzw. niedrigste Punkt heißt **Scheitelpunkt**.
- Je größer der Betrag von a ist, desto steiler ist die Parabel.

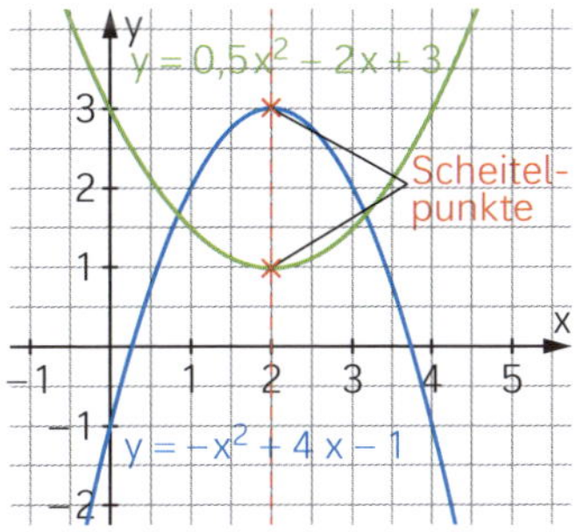

12 **Gegeben ist die quadratische Funktion mit der Funktionsgleichung $y = -2x^2 - 8x + 10$.**
Ergänzen Sie die Wertetabelle.
Zeichnen Sie den Funktionsgraphen und markieren Sie den Scheitelpunkt.
Zeichnen Sie die Symmetrieachse ein.(*)

x	−5,5	−5	−4	−3	−2
y					

x	−1	0	1	1,5
y				

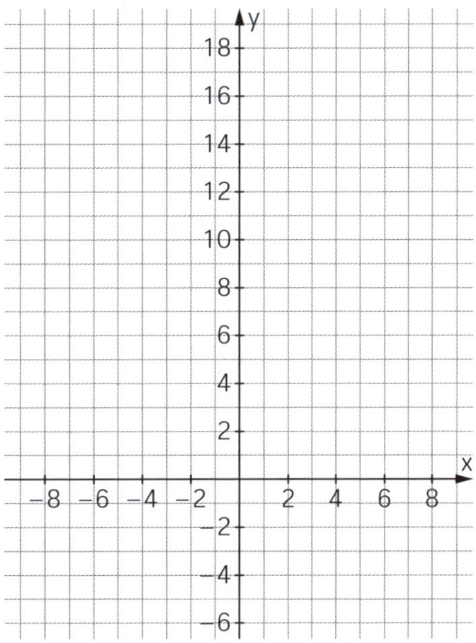

13 **Skizzieren Sie in das Koordinatensystem den Graphen der Funktion f mit der Gleichung $y = \frac{1}{4}x^2 - 5x + 4$ im Definitionsbereich $D = [0; 20]$.**

x	0	2	4	6	8
y					

x	10	12	14	16	18	20
y						

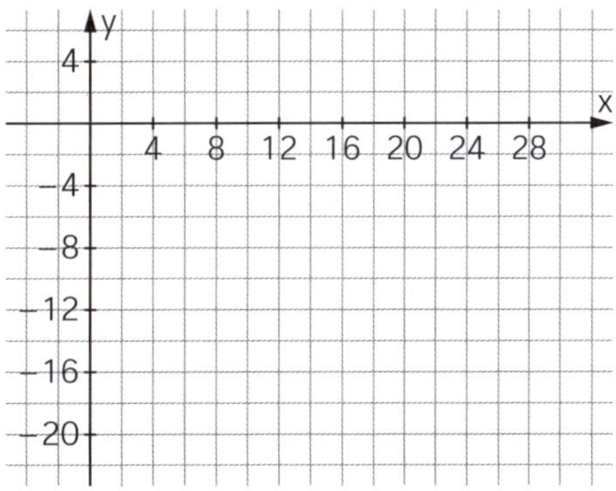

(*) Falls Sie im Unterricht einen Grafiktaschenrechner benutzen oder mit Computersystemen arbeiten (Funktionenplotter), können Sie natürlich auch damit die Wertetabellen erstellen, die Graphen zeichnen lassen und Scheitelpunkte und Symmetrieachsen anzeigen lassen. Arbeiten Sie mit diesem Buch so, wie es im Unterricht von Ihnen erwartet wird.

Normalparabel und verschobene Normalparabel

- Der Graph der Funktion mit der Gleichung $y = x^2$ heißt Normalparabel.
- Eine Funktion mit der Gleichung $y = x^2 + b$ hat als Graphen eine um **b** Einheiten **längs der y-Achse** verschobene Normalparabel.
- Eine Funktion mit der Gleichung $y = (x + a)^2$ hat als Graphen eine um **– a** Einheiten **längs der x-Achse** verschobene Normalparabel.
- Eine Funktion mit der Gleichung $y = (x + a)^2 + b$ hat als Graphen eine verschobene Normalparabel mit dem Scheitelpunkt $S(-a \mid b)$.
  Die Form $y = (x + a)^2 + b$ einer Funktionsgleichung heißt deshalb **Scheitelpunktform**.

Beispiele:

Normalparabel $y = x^2$

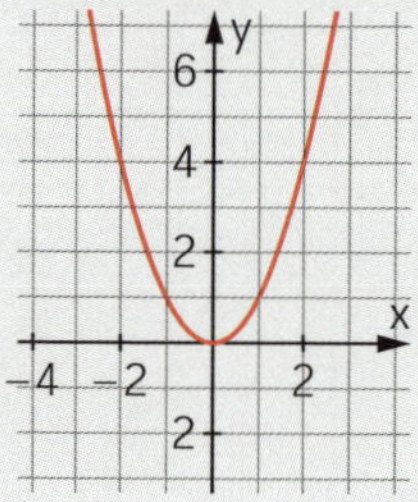

$y = x^2 - 3$

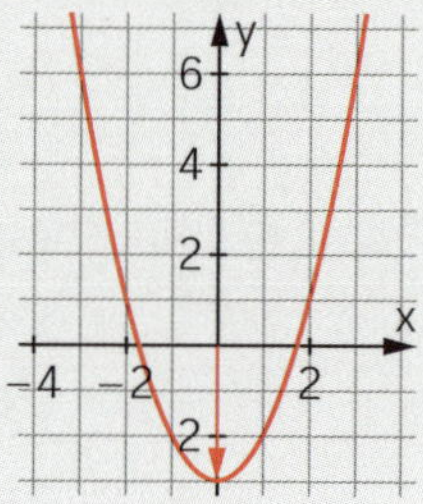

$y = (x - 4)^2$

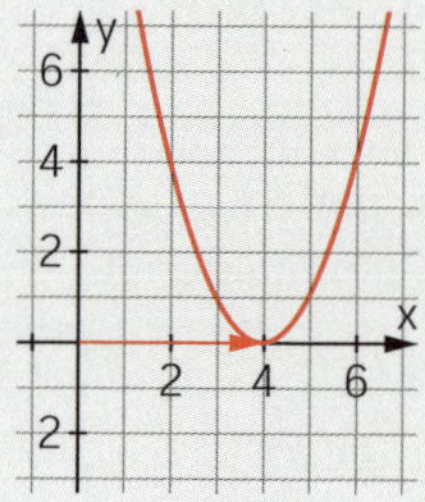

$y = (x + 1)^2 + 2$

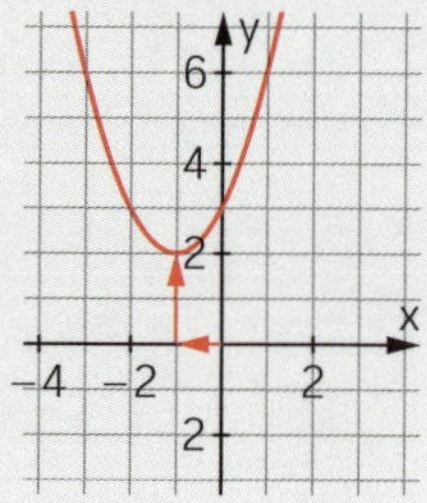

14 **Ordnen Sie der Funktionsgleichung den passenden Graphen zu.**

(A) $y = x^2 - 5$ (B) $y = (x + 4)^2 - 2$ (C) $y = (x + 3)^2$ (D) $y = (x - 3)^2 + 5$

(1)

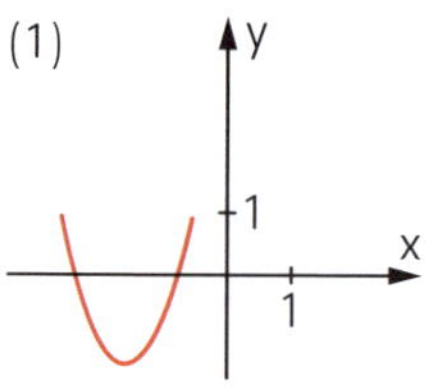

(2)

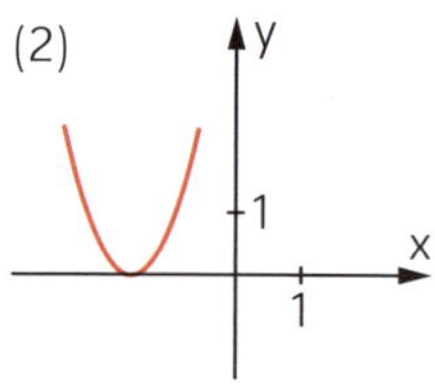

(3)

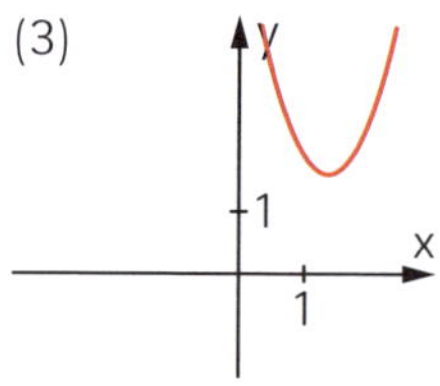

(4)

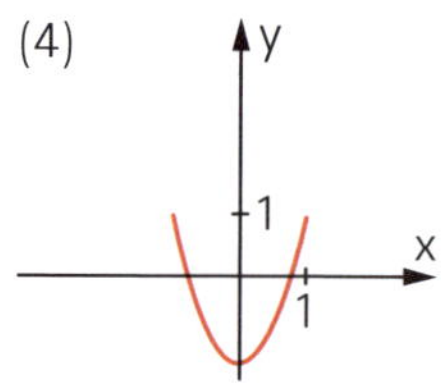

Ist eine quadratische Funktion in der Form $y = x^2 + px + q$ gegeben, so erhält man mit folgenden Schritten die **Scheitelpunktform**:

1. Quadratische Ergänzung addieren und subtrahieren:
   $y = x^2 + px + \left(\frac{p}{2}\right)^2 - \left(\frac{p}{2}\right)^2 + q$
2. Zusammenfassen der ersten drei und letzten beiden Summanden:
   $y = \left(x + \frac{p}{2}\right)^2 - \left(\frac{p}{2}\right)^2 + q$ (Scheitelpunktform) $\Rightarrow S\left(-\frac{p}{2} \,\middle|\, -\left(\frac{p}{2}\right)^2 + q\right)$

Beispiel: $y = x^2 - 6x + 7 \Leftrightarrow y = x^2 - 6x + \mathbf{9} - \mathbf{9} + 7 \Leftrightarrow y = (x - 3)^2 - 2$; $S(3 \mid -2)$

15 **Formen Sie zur Scheitelpunktform um und lesen Sie den Scheitelpunkt ab.**

a) $y = x^2 + 4x - 1$ **b)** $y = x^2 - 8x + 19$ **c)** $y = x^2 - 3x + \frac{13}{4}$

Potenzfunktionen

Für Potenzfunktionen mit der Gleichung
$f(x) = x^n$ mit $n \in \mathbb{N}^*$ und geradem n (2, 4, 6, ...) gilt:

(1) $D = \mathbb{R}$, $W = \mathbb{R}_0^+$
(2) Zu ihnen gehören stets die Punkte (0 | 0), (1 | 1) und (– 1 | 1).
(3) Im Bereich $x \in \mathbb{R}_0^-$ sind sie streng monoton fallend, im Bereich $x \in \mathbb{R}_0^+$ sind sie streng monoton steigend.
(4) Die Graphen sind achsensymmetrisch zur y-Achse.

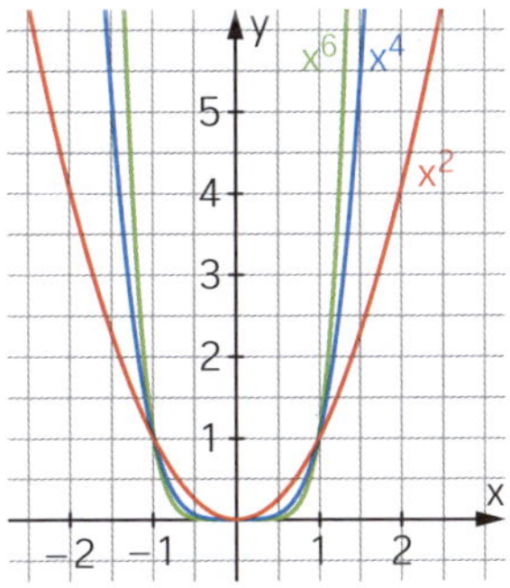

16 **Ordnen Sie die folgenden Aussagen den genannten Eigenschaften zu.**

a) Für alle $x \in \mathbb{R}$ gilt $f(-x) = f(x)$
b) Für alle $x \in \mathbb{R}_0^-$ gilt $x_1 < x_2 \Rightarrow f(x_1) > f(x_2)$
c) Für alle $x \in \mathbb{R}_0^+$ gilt $x_1 < x_2 \Rightarrow f(x_1) < f(x_2)$

17 **Oben im Regelkasten ist der Graph der Funktion $f(x) = x^4$ abgebildet.**
Beschreiben Sie mit Worten den jeweiligen Verlauf der Graphen der Funktionen $g(x) = x^4 + 3$ und $h(x) = (x + 3)^4$.

★ **18** **Gegeben sind die Funktionen f mit $f(x) = x^n + b$ und g mit $g(x) = (x + a)^n$.**
Passen Sie die Aussagen (1)–(4) im Regelkasten auf diese Funktionen an.

Für Potenzfunktionen mit der Gleichung $f(x) = x^n$ mit $n \in \mathbb{N}^*$ und ungeradem n (1, 3, 5, ...) gilt:

(1) $D = \mathbb{R}$, $W = \mathbb{R}$
(2) Zu ihnen gehören stets die Punkte (0 | 0), (1 | 1) und (– 1 | – 1).
(3) Sie sind streng monoton steigend.
(4) Die Graphen sind punktsymmetrisch zum Nullpunkt.

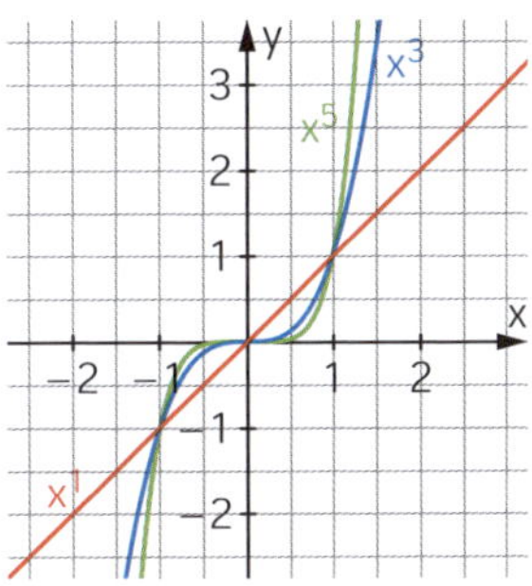

★ **19** **Notieren Sie entsprechend zu Aufgabe 16 Aussagen, die zu den Punkten (3) und (4) im Regelkasten vor dieser Aufgabe gehören.**

20 **Zu welchem Punkt verläuft der Graph der Funktion $f(x) = (x - 5)^3 + 2$ punktsymmetrisch?**

Potenzfunktionen $f(x) = x^{-n}$ mit $n \in \mathbb{N}^*$ haben Graphen der abgebildeten Form. Man nennt sie **Hyperbeln** mit jeweils zwei **Hyperbelästen**.

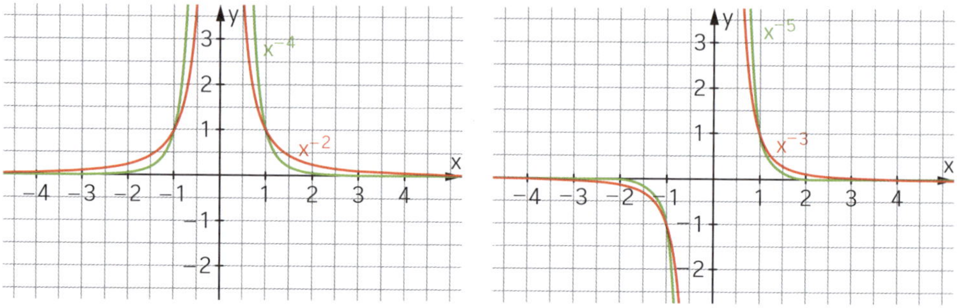

21 **Gegeben sind Potenzfunktionen $f(x) = x^{-n}$ mit geradem beziehungsweise ungeradem $n \in \mathbb{N}^*$.**

a) Geben Sie jeweils die Definitionsmenge D und Wertemenge W an.

b) Treffen Sie eine Aussage über gemeinsame Punkte der Potenzfunktionen.

c) Beschreiben Sie mit zugehörigen Aussagen das Symmetrieverhalten der Potenzfunktionen.

★ **22** **Auch die Graphen der Potenzfunktionen mit negativen ganzzahligen Exponenten zeigen in Teilbereichen strenge Monotonie.**

Schreiben Sie zutreffende Aussagen darüber auf.

23 **Skizzieren Sie den ungefähren Verlauf der Graphen folgender Funktionen und geben Sie Definitionsmenge D und Wertemenge W an.**

a) $f_1(x) = (x - 2)^{-2}$ b) $f_2(x) = x^{-3} - 2$ c) $f_3(x) = 3 + x^{-1}$

d) $f_4(x) = (x + 1)^{-4} - 2$ e) $f_5(x) = (3 + x)^{-2} + 1$

a), b), c) **d), e)**

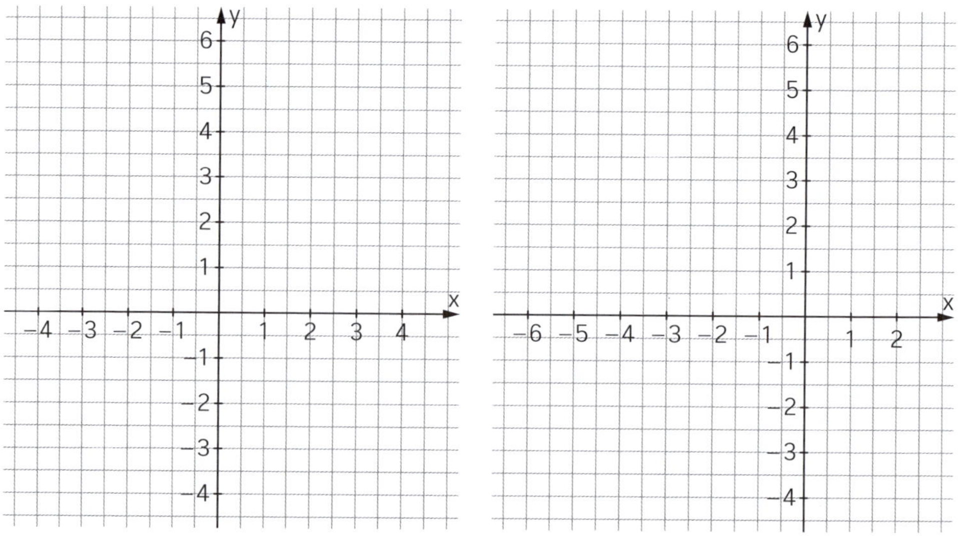

Winkelfunktionen am Einheitskreis

!

Der Scheitelpunkt des Winkels α ist der Nullpunkt, der erste Schenkel des Winkels liegt auf der x-Achse. Der zweite Schenkel des Winkels α trifft den Einheitskreis im Punkt P.
Dessen y-Koordinate wird als **Sinus von** α (sin α) und dessen x-Koordinate als **Kosinus von** α (**cos** α) bezeichnet.
Die Zuordnungen $\alpha \mapsto \sin\alpha$ und $\alpha \mapsto \cos\alpha$ sind Funktionen.

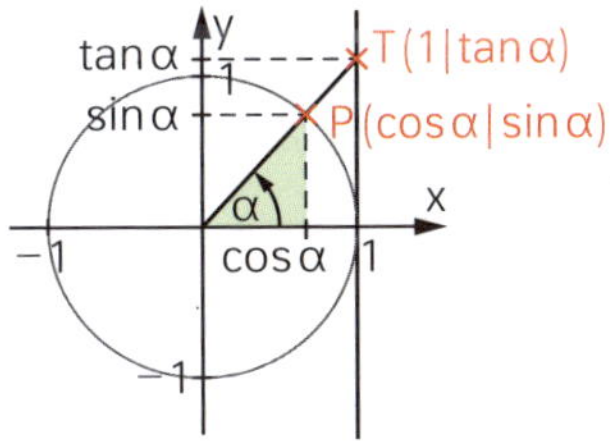

Die Trägergerade des zweiten Schenkels von α trifft die Parallele zur y-Achse durch die Stelle $x = 1$ im Punkt T. Die y-Koordinate dieses Punktes wird als **Tangens von** α (**tan** α) bezeichnet.
Die Zuordnungen $\alpha \mapsto \tan\alpha$ ist eine Funktion.

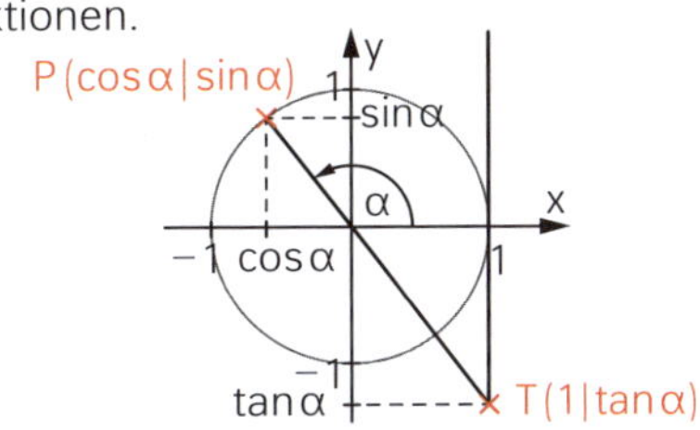

24 **Messen Sie die Winkel α, β, γ, δ, ε und ω. Lesen Sie die folgenden Funktionswerte ab und vergleichen Sie sie mit den Taschenrechner-Werten.**

a) sin α **b)** cos β **c)** tan β **d)** sin γ
e) tan δ **f)** sin δ **g)** cos ε **h)** sin ω

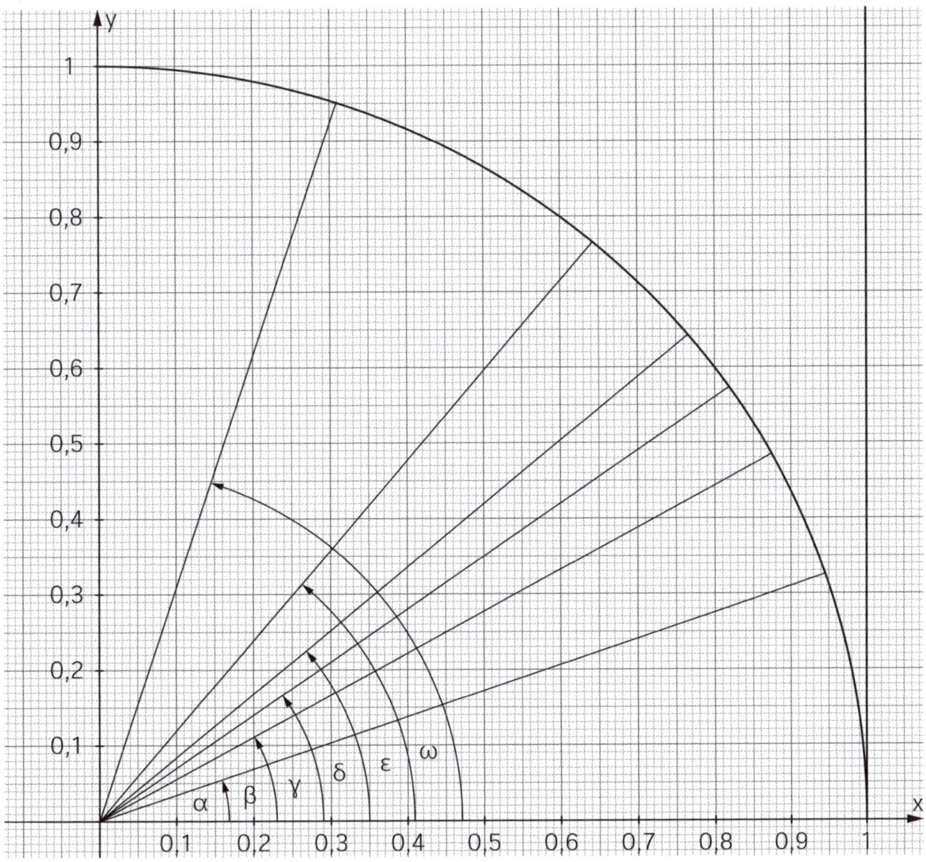

Zusammenhänge und besondere Funktionswerte

!

Für 0°, 30°, 45°, 60° und 90° gelten die folgenden Funktionswerte:

	0°	30°	45°	60°	90°
sin α	0	$\frac{1}{2}$	$\frac{1}{2}\sqrt{2}$	$\frac{1}{2}\sqrt{3}$	1
cos α	1	$\frac{1}{2}\sqrt{3}$	$\frac{1}{2}\sqrt{2}$	$\frac{1}{2}$	0

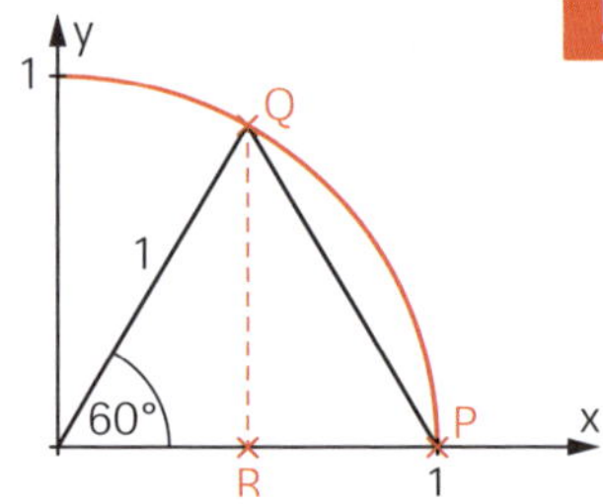

25 **Beweisen Sie anhand der Abbildung im Regelkasten, dass $\cos 60° = \frac{1}{2}$ gilt.**
Gehen Sie in folgenden Schritten vor:
- Begründen Sie, warum ΔOPQ gleichschenklig ist.
- Begründen Sie, warum ΔOPQ gleichseitig ist.
- Begründen Sie, warum R der Mittelpunkt der Strecke $\overline{OP}$ ist.

★ **26** **Führen Sie aus.**
a) Leiten Sie mit der rechten Beweisskizze her, dass gilt: $\tan\alpha = \frac{\sin\alpha}{\cos\alpha}$
b) Ergänzen Sie die Tabelle um die besonderen Funktionswerte für den Tangens.

	0°	30°	45°	60°	90°
tan α					

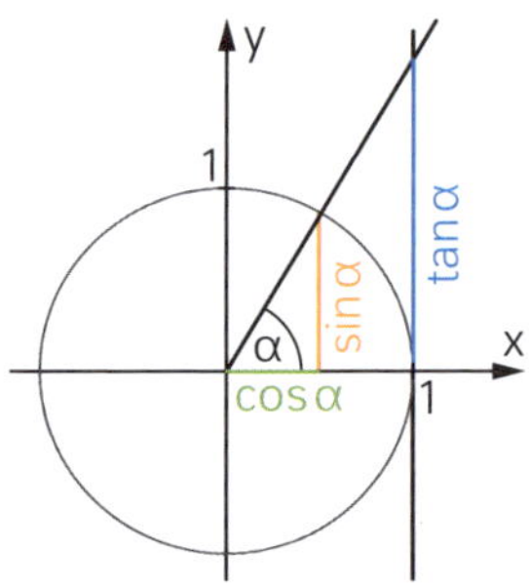

27 **Beweisen Sie mit der Skizze rechts, dass gilt:**
$(\sin\alpha)^2 + (\cos\alpha)^2 = 1$
[andere Schreibweise: $\sin^2\alpha + \cos^2\alpha = 1$]

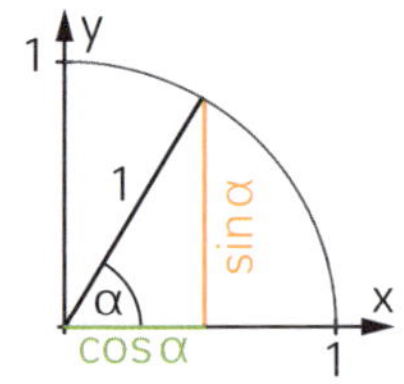

!

Der Winkel $-\alpha$ wird im Einheitskreis gegen den mathematischen Drehsinn angetragen.
Ein Schenkel liegt weiterhin auf der x-Achse.

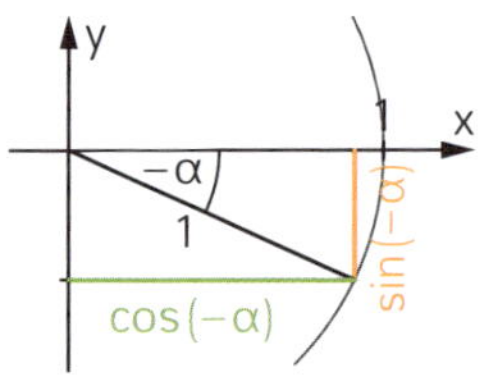

28 **Begründen Sie mit einer Skizze und Symmetriebetrachtungen die Richtigkeit der Aussagen für $0 \leq \alpha \leq 180°$.**

a) $\sin\alpha = -\sin(-\alpha)$
b) $\cos\alpha = \cos(-\alpha)$
c) $\sin(180° - \alpha) = \sin\alpha$
d) $\cos(180° - \alpha) = -\cos\alpha$

Bogenmaß und Graphen der Winkelfunktionen

Jedem Winkel α im Einheitskreis ist eindeutig ein Bogenmaß b_α zugeordnet und umgekehrt. Sei r eine reelle Zahl, so versteht man unter sin r den Funktionswert des Winkels α, dem das Bogenmaß r eindeutig zugeordnet ist.

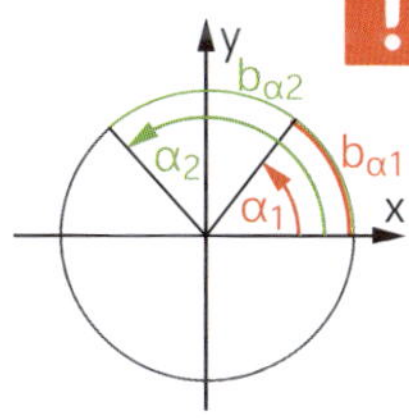

Es gilt $\alpha : 360° = b_\alpha : 2\pi$ (wegen r = 1)

$b_\alpha = \frac{2\pi \cdot \alpha}{360°} = \frac{\pi \cdot \alpha}{180°} \Rightarrow \alpha = \frac{180° \cdot b_\alpha}{\pi}$

Die meisten Taschenrechner lassen sich so umstellen, dass sie das Bogenmaß anzeigen. In der Anzeige steht dann „R" oder „RAD".

Es gilt z. B.: $\sin\pi = 0$, $\cos\pi = -1$, $\tan\frac{\pi}{4} = 1$

★ **29** **Erklären Sie mit einer Skizze die folgenden Funktionswerte für das Bogenmaß.**

(1) $\sin\frac{\pi}{2} = 1$ (2) $\cos\frac{\pi}{2} = 0$ (3) $\tan 2\pi = 0$ (4) $\sin\frac{\pi}{6} = \frac{1}{2}$

30 **Ergänzen Sie die Tabelle (Winkel ganzzahlig, Bogenmaß auf drei Stellen nach dem Komma gerundet).**

α	43°		168°	271°		
b_α		0,471			4,441	7,826

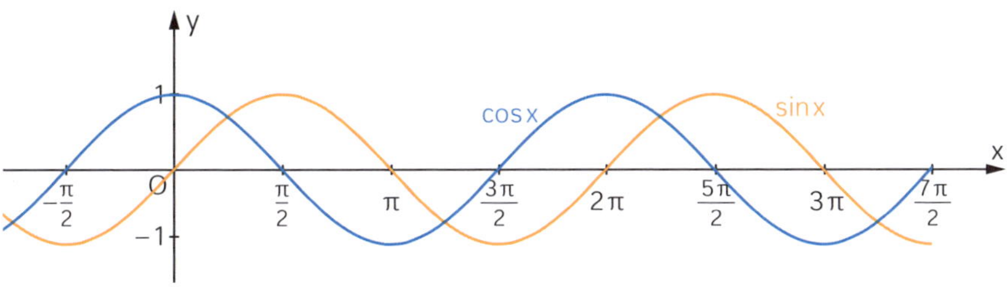

- **Sinus:** $D = \mathbb{R}$; $W = [-1; 1]$
  Der Graph ist punktsymmetrisch zu allen Punkten $(z \cdot \pi \mid 0)$ mit $z \in \mathbb{Z}$. Der Graph ist achsensymmetrisch zu allen Parallelen der y-Achse durch $x = z \cdot \pi + \frac{\pi}{2}$ mit $z \in \mathbb{Z}$. Periodenlänge 2π.
- **Kosinus:** $D = \mathbb{R}$; $W = [-1; 1]$
  Der Graph ist punktsymmetrisch zu allen Punkten $\left(z \cdot \pi + \frac{\pi}{2} \middle| 0\right)$ mit $z \in \mathbb{Z}$. Der Graph ist achsensymmetrisch zu allen Parallelen der y-Achse durch $x = z \cdot \pi$ mit $z \in \mathbb{Z}$. Periodenlänge 2π.
- **Tangens:** $D = \mathbb{R} \setminus \left\{\pm\frac{\pi}{2}, \pm\frac{3\pi}{2}, \pm\frac{5\pi}{2}, \ldots\right\}$ $W = [-1; 1]$
  Der Graph ist punktsymmetrisch zu allen Punkten $(z \cdot \pi \mid 0)$ mit $z \in \mathbb{Z}$.

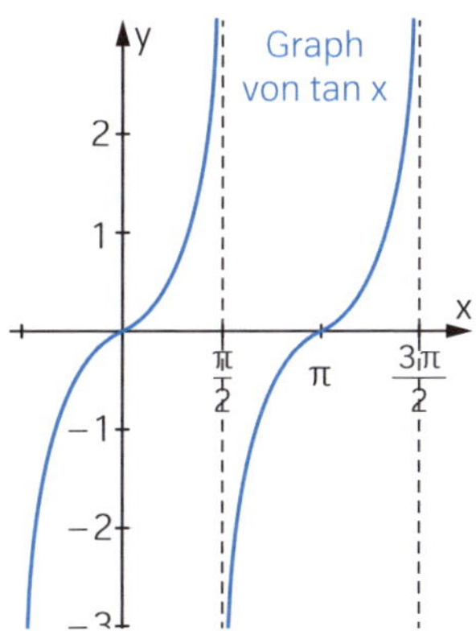

Allgemeine Sinusfunktion

!

Veränderung des Graphen durch einen Faktor a:

Sinusfunktion mit Amplitudenänderung:

Steht ein Faktor a vor $\sin x$, ändert sich der Wertebereich. Die Funktion $y = a \cdot \sin x$ hat den Wertebereich $W = [-a; a]$.

Der „Ausschlag“ bzw. die **Amplitude** wird geändert.

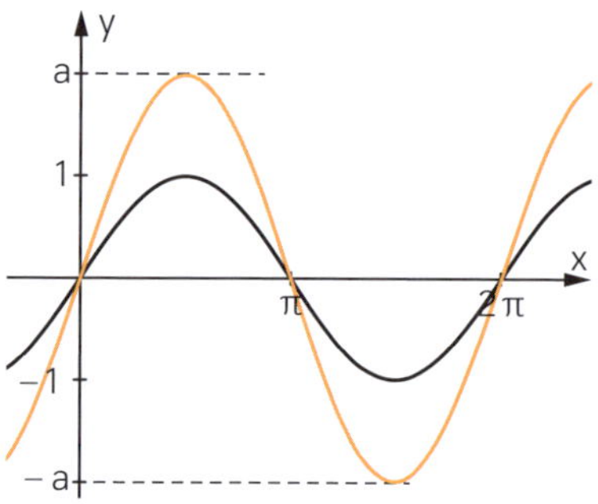

Sinusfunktion mit Frequenzänderung:

Steht ein Faktor a vor x, ändert sich die Periodenlänge.

Die Funktion $y = \sin(a \cdot x)$ hat die Periodenlänge $\frac{2\pi}{|a|}$.

Auf demselben Teilstück der x-Achse tritt die Periode häufiger oder seltener auf (**Frequenz**änderung).

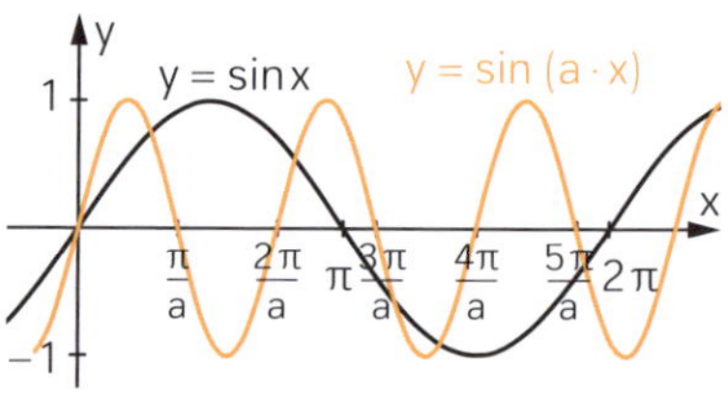

Veränderung des Graphen durch einen Summanden b bzw. c:

Sinusfunktion mit Phasenänderung:

Der Graph der Funktion $y = \sin(x - b)$ ist der um b längs der x-Achse verschobene Graph der Sinusfunktion.

Die **Phase** wird verändert.

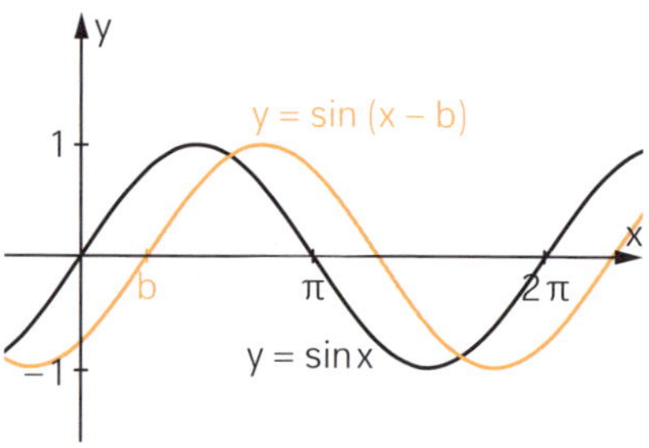

Sinusfunktion mit Höhenänderung:

Der Graph der Funktion $y = \sin x + c$ ist der um c längs der y-Achse verschobene Graph der Sinusfunktion.

Für die **Höhen**änderung gibt es keinen Fachbegriff.

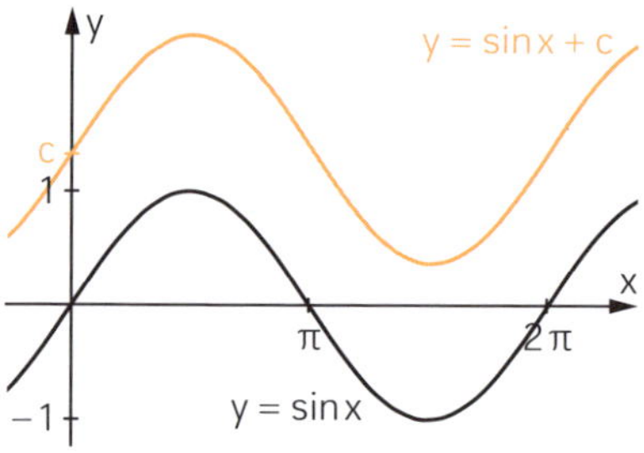

31 **Skizzieren Sie den Graphen der Funktion.**

a) $f(x) = 3 \cdot \sin x$

b) $g(x) = \sin x + 5$

c) $h(x) = \sin\left(\frac{1}{2}x\right)$

d) $k(x) = \sin\left(x + \frac{\pi}{2}\right)$

Umkehrfunktionen

Zu jeder Funktion f gibt es eine **Umkehrzuordnung** f^{-1}.
Man erhält sie, indem man die Reihenfolge in den zur Funktion gehörenden Paaren umkehrt, $(x|y) \in f \Leftrightarrow (y|x) \in f^{-1}$. Ist die Umkehrzuordnung f^{-1} einer Funktion f mit der Definitionsmenge D und der Wertemenge W eindeutig, so heißt f^{-1} **Umkehrfunktion** von f mit der Definitionsmenge W und der Wertemenge D.

32 **Gegeben ist die Funktion f mit der Gleichung $y = 2x - 7$ und der Definitionsmenge $D = \{1; 2; 3; 4; 5; 6; 7\}$.**
Notieren Sie die Umkehrzuordnung f^{-1} in Tabellenform und mit einem Pfeildiagramm und beurteilen Sie, ob f^{-1} die Umkehrfunktion von f ist.

33 **f: $y = x^2$, $D = \{-3; -2; -1; 0; 1; 2; 3\}$.**
Begründen Sie, dass die Umkehrzuordnung f^{-1} keine Funktion ist.

Eine Funktion f ist durch ihren Graphen in einem Koordinatensystem gegeben, bei dem beide Achsen den gleichen Maßstab haben.
Den Graphen der Umkehrzuordnung f^{-1} erhält man dann durch Spiegelung an der Winkelhalbierenden des I. und III. Quadranten, also an der Geraden mit der Gleichung $y = x$.
Durch diese Spiegelung werden die Koordinaten x und y vertauscht.

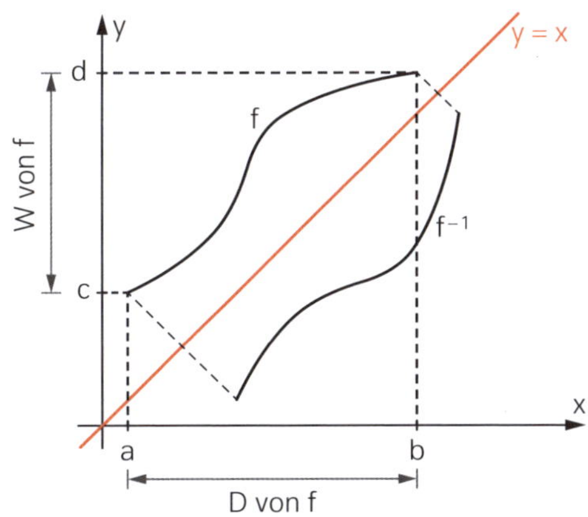

34 **Zeichnen Sie den Graphen der genannten Funktion in einem Koordinatensystem und konstruieren Sie durch Spiegelung an der Geraden mit der Gleichung $y = x$ die Umkehrzuordnung. Beurteilen Sie, ob es sich bei der Umkehrzuordnung um eine Funktion handelt.**

a) $f_1(x) = 4 - x^2$ mit $D = [-3; 3]$

b) $f_2(x) = \frac{2}{x+1}$ mit $D = [-3; 3]\backslash\{-1\}$

c) $f_3(x) = (5 - x)^2$ mit $D = [0; 5]$

d) $f_4(x) = \frac{3}{x} + 1$ mit $D = [-2; 2]\backslash\{0\}$

★ **35** **Beweisen Sie:**
Ist f bezüglich D streng monoton steigend oder fallend, dann ist die Umkehrzuordnung f^{-1} eine Funktion.

Wurzelfunktionen

- Wurzelfunktionen sind Umkehrfunktionen der Potenzfunktionen mit der Gleichung $f(x) = x^n$ für $n \in \mathbb{N}^*$ und $D = \mathbb{R}_0^+$.
- Wurzelfunktionen haben die Gleichung $f(x) = \sqrt[n]{x}$, die Definitionsmenge $\mathbb{R}_0^+$ und die Wertemenge $\mathbb{R}_0^+$.
- Die Graphen aller Wurzelfunktionen verlaufen durch die Punkte (0|0) und (1|1).

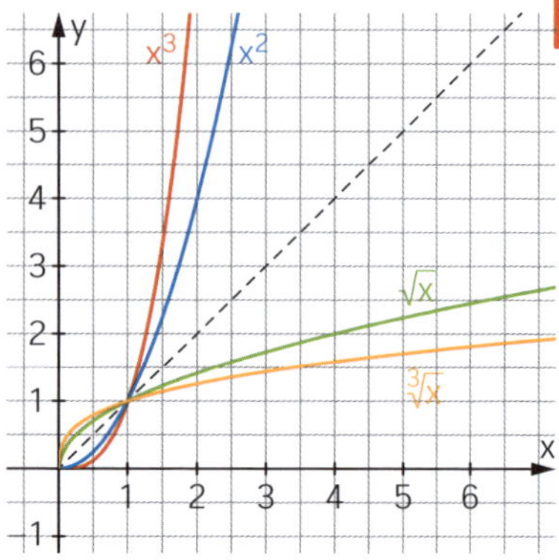

36 **Konstruieren Sie durch Spiegelung an der Winkelhalbierenden s den Graphen der Funktion $f(x) = \sqrt{x}$, lesen Sie die folgenden Funktionswerte ab und kontrollieren Sie das Ableseergebnis mit dem Taschenrechner.**

a) $\sqrt{10{,}7}$ **b)** $\sqrt{3{,}8}$ **c)** $\sqrt{8{,}5}$ **d)** $\sqrt{0{,}5}$ **e)** $\sqrt{5{,}8}$ **f)** $\sqrt{7}$

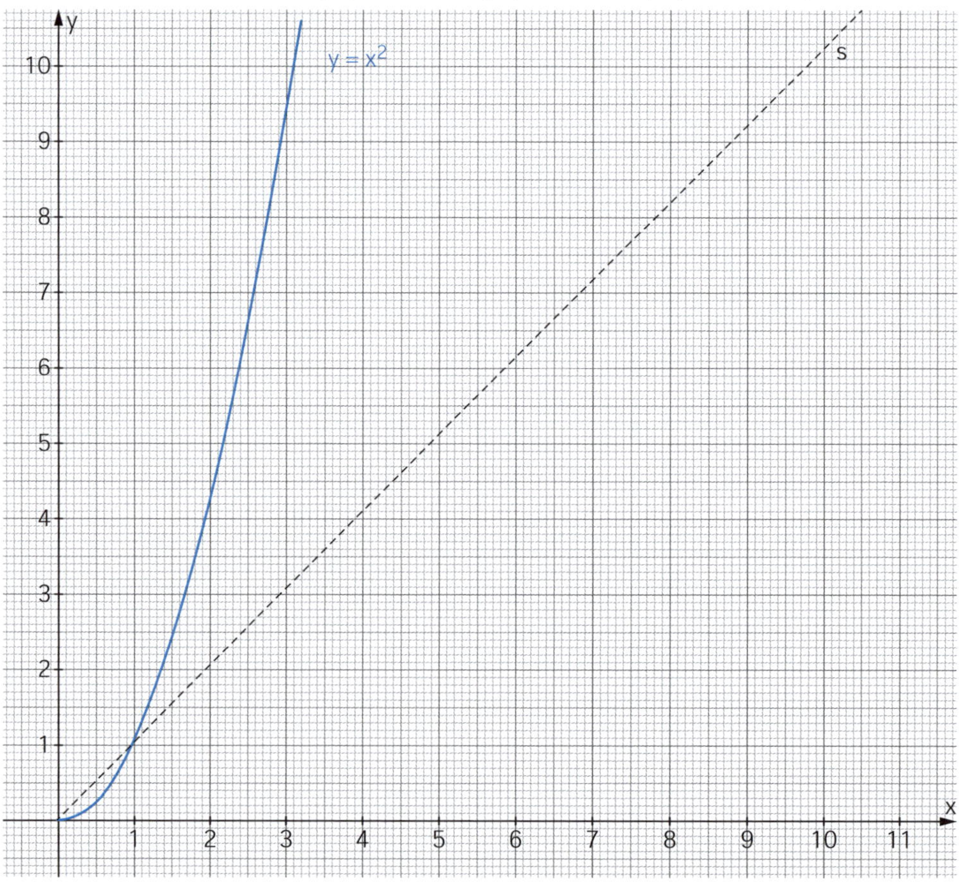

Exponentialfunktionen

Funktionen mit Gleichungen der Form $f(x) = a^x$ $(a > 0, a \neq 1)$ heißen **Exponentialfunktionen**.

Sie haben die Definitionsmenge ℝ und die Wertemenge $\mathbb{R}^+$.

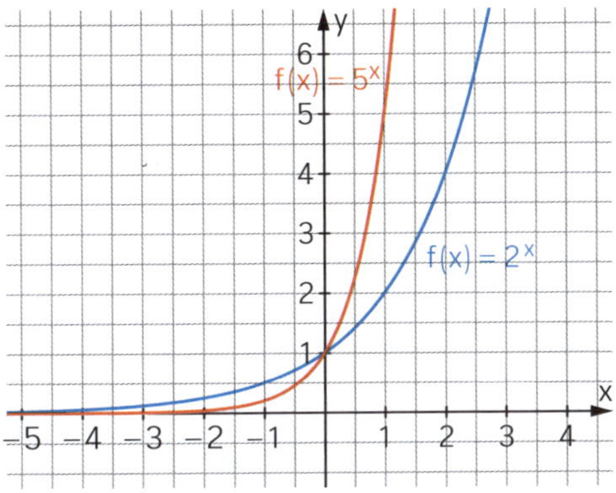

Bei $a > 1$ wachsen die Funktionen streng monoton.
Ihre Graphen verlaufen durch P(0|1).

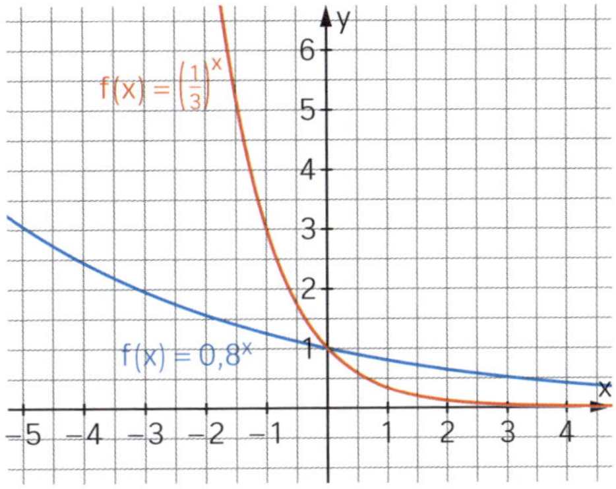

Bei $0 < a < 1$ fallen die Funktionen streng monoton.
Ihre Graphen verlaufen durch P(0|1).

37 **Skizzieren Sie den Graphen der Funktion $f(x) = 1{,}8^x$ im Intervall [–3; 3]. Lesen Sie ab:**

a) $y_1 = 1{,}8^{2,7}$ $y_1 =$ ....

b) $y_2 = 1{,}8^{-0,6}$ $y_2 =$ ....

c) $y_3 = 1{,}8^{1,9}$ $y_3 =$ ....

d) $1{,}8^{x_1} = 4{,}7$ $x_1 =$ ....

e) $1{,}8^{x_2} = 0{,}9$ $x_2 =$ ....

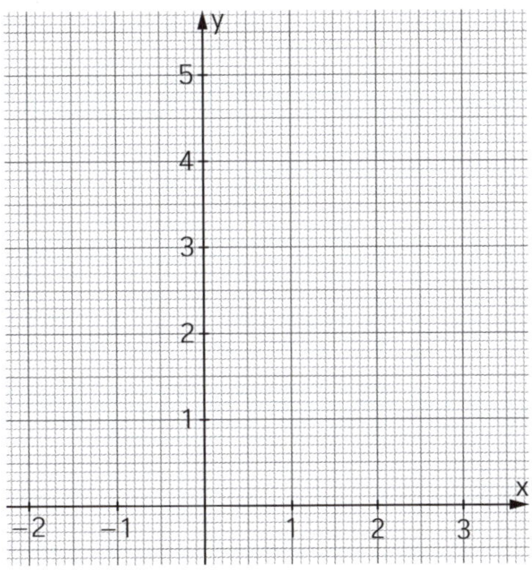

★ **38** **Satz: Die Graphen der Funktionen $f(x) = a^x$ und $g(x) = \left(\frac{1}{a}\right)^x$ verlaufen spiegelbildlich zur y-Achse.**

Beweisen Sie diesen Satz und beginnen Sie den Beweis so:
Es ist zu zeigen: Für alle x gilt
$f(x) = g(-x)$.
$f(x) = a^x = (a^1)^x = \left((a^{-1})^{-1}\right)^x$ ...

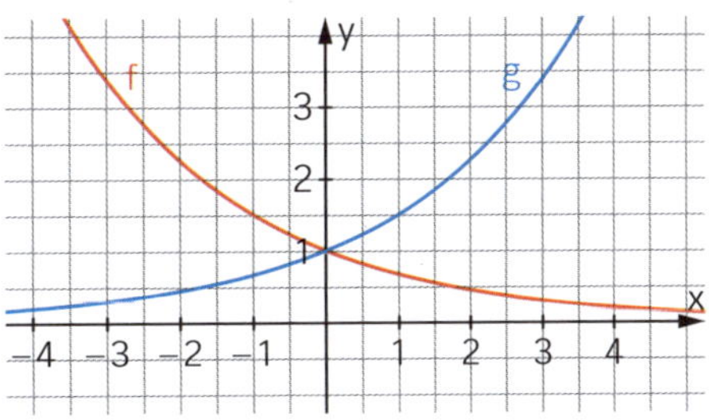

Logarithmusfunktionen

Logarithmusfunktionen $f(x) = \log_a x$ (sprich: Logarithmus der Zahl x zur Basis a) sind Umkehrfunktionen der Exponentialfunktionen $f(x) = a^x$. Sie haben die Definitionsmenge $\mathbb{R}^+$ und die Wertemenge $\mathbb{R}$.
Für $a > 1$ sind die Funktionen streng monoton wachsend, für $0 < a < 1$ streng monoton fallend. Alle Funktionen gehen durch den Punkt P(1 | 0).

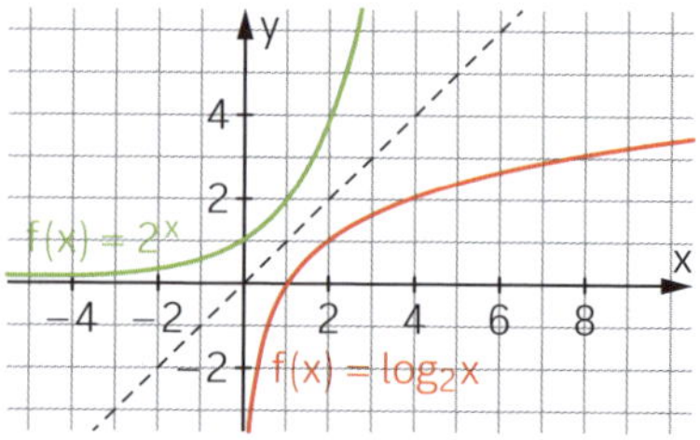

39 **Zeichnen Sie (auf Millimeterpapier oder mit einem Funktionenplotter) den Graphen der Exponentialfunktion mit der Gleichung $f_1(x) = 0{,}5^x$ und mit $D = [-2; 3]$ und konstruieren Sie durch Spiegelung an der Winkelhalbierenden den Graphen der Funktion $f_2(x) = \log_{0,5} x$. Lesen Sie ab:**

a) $\log_{0,5} 3 = a$ **b)** $\log_{0,5} 0{,}9 = b$ **c)** $\log_{0,5} c = 2{,}7$ **d)** $\log_{0,5} d = 1{,}5$

Eine bedeutende Zahl in der Mathematik ist die **Euler'sche Zahl e**.
$e = 2{,}718218...$ ist irrational.
Je größer die Zahlen sind, die man im Term $\left(1 + \frac{1}{n}\right)^n$ für n einsetzt, umso näher kommt man der Zahl e.

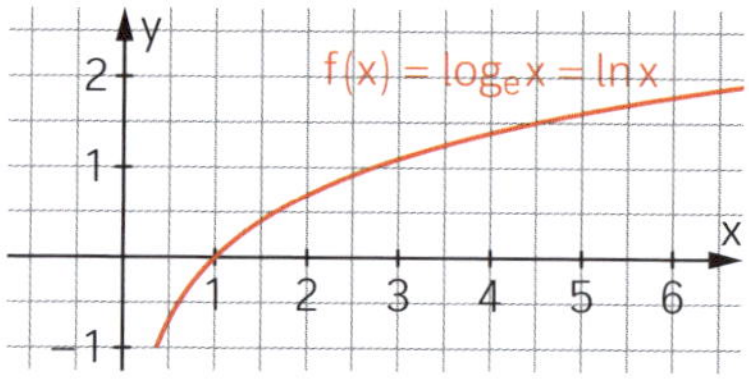

$\left(1 + \frac{1}{100}\right)^{100} \approx 2{,}7048...$ $\left(1 + \frac{1}{10000}\right)^{10000} \approx 2{,}7181...$ $\left(1 + \frac{1}{1000000}\right)^{1000000} \approx 2{,}7182...$

40 **Skizzieren Sie den Graphen der Exponentialfunktion mit der Gleichung $f(x) = e^x$ im Intervall $[-3; 3]$ und erzeugen Sie durch Spiegelung den Graphen der Logarithmusfunktion $f(x) = \ln x$ ($\ln x = \log_e x$). Lesen Sie ab:**

a) ln 1,8 **b)** ln 0,75 **c)** ln 2,5 **d)** ln 0,3

41 **Legen Sie ein DIN-A4-Blatt hochkant vor sich hin. Legen Sie ein kartesisches Koordinatensystem mit der Längeneinheit 1 cm so fest, dass der Ursprung im linken unteren Eck des Blattes liegt. Der untere Rand ist also die x-Achse und der linke Rand die y-Achse.**

a) Wie hoch wäre die Funktion $f(x) = \log_2 x$ am rechten Rand des Blattes, wenn man sie in diesem Koordinatensystem einzeichnen würde?

★ **b)** Wie viele DIN-A4-Blätter müsste man aneinanderkleben, wenn man die Funktion so lange zeichnen möchte, bis sie den oberen Rand erreicht?
(Lösen Sie die Aufgabe durch Ausprobieren, indem Sie immer größere x-Werte einsetzen).

Zwischentest

1 Welche der abgebildeten Zuordnungen beschreibt keine Funktion? /2

(A)

Zeit	6:00	12:00	18:00	24:00
Temp.	5 °C	14 °C	16,5 °C	9,5 °C

(B)

(C)

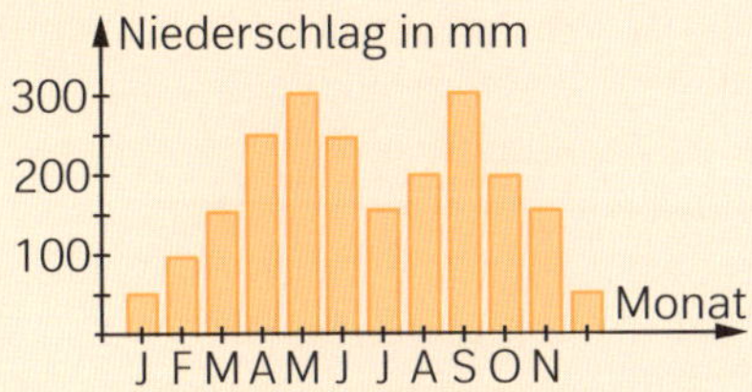

(C)

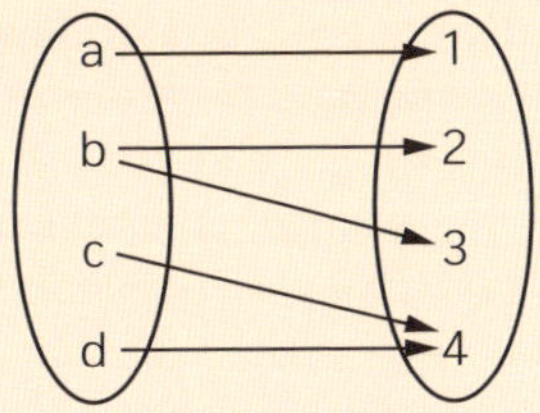

2 Die Gerade g_1 ist gegeben durch die Gleichung $y = -3x + 6$. /6
Die Gerade g_2 geht durch $A(-2|2)$ und schneidet g_1 rechtwinklig.
Die Gerade g_3 schneidet g_2 in A und geht durch den Punkt $B(2|0)$.
Geben Sie die Geradengleichungen g_2 und g_3 in der Hauptform an und zeichnen Sie die drei Geraden in ein Koordinatensystem.

3 Eine Parabel p_1 hat die Gleichung $y = x^2 - 4x + 5$. /6

a) Geben Sie den Scheitelpunkt der Parabel an.

b) Verschieben Sie die Parabel um 3 Längeneinheiten (LE) nach links und 1 LE nach unten. Notieren Sie die Normalform $(y = x^2 + px + q)$ der Parabel p_2.

4 Skizzieren Sie den Verlauf der Graphen. Geben Sie D und W an. /4

a) $f_1(x) = (x-2)^2 + 2$ **b)** $f_2(x) = (x+1{,}5)^4$

c) $f_3(x) = (x+2)^{-3} - 1$ **d)** $f_4(x) = \frac{1}{x^2+4x+4} + 3$

★ **5 Skizzieren Sie folgende Werte auf dem Graphen der Winkelfunktion und geben Sie ohne Verwendung eines Taschenrechners den Wert an.** /4

a) $\sin\pi$ **b)** $\cos\left(\frac{2}{3}\pi\right)$ **c)** $\sin\left(\frac{5}{6}\pi\right)$ **d)** $-\sin\left(\frac{5}{2}\pi\right)$

6 Zeichnen Sie den Graphen der Funktion, sowie die Umkehrzuordnung. /4
Handelt es sich bei der Umkehrzuordnung um eine Funktion? Begründen Sie.

a) $f(x) = (x+3)^2 - 2;\quad D = [-5; -1]$ **b)** $f(x) = (x-1)^{-1};\quad D = [-1; 3]\setminus\{1\}$

7 Der Graph der Exponentialfunktion $f(x) = a^x$ geht durch den Punkt $P(1|3)$. /4
Bestimmen Sie den Funktionsterm, zeichnen Sie den Graphen sowie den Graphen der Logarithmusfunktion $f^{-1}(x) = \log_a x$.

Gesamtpunktzahl /30

Kontrollieren Sie Ihre Ergebnisse mithilfe der Lösungen (S. 133/134) und addieren Sie die erreichten Punkte.

☐ 30 bis 24 Punkte: 🙂 ☐ 23 bis 15 Punkte: 😐 ☐ 14 bis 0 Punkte: 😕

Wachstumsvorgänge

Vorschau

- Lineares Wachstum, exponentielles Wachstum, beschränktes Wachstum
- Modellieren von Wachstumsvorgängen

Lineares Wachstum

!

Die Veränderung eines **Bestandes B** (*) nennt man **Wachstum**. Die Änderung pro Zeiteinheit nennt man die **Änderungsrate**. Ist die Änderungsrate konstant, d. h. gilt $B(t+1) - B(t) = d$ für alle $t \in \mathbb{N}$, spricht man von linearem Wachstum. Es gibt zwei mögliche Darstellungen, die **rekursive** („schrittweise") und die **explizite** („Funktionsgleichung"). Für lineares Wachstum gilt:

rekursiv: $B(t+1) = B(t) + d$, d ist die Änderungsrate.
explizit: $B(t) = B(0) + t \cdot d$, B(0) ist der Anfangsbestand.

Beispiel: Für einen Bestand gilt: $B(1) = 4{,}8$; $B(2) = 6{,}1$; $B(3) = 7{,}4$.
Da $7{,}4 - 6{,}1 = 1{,}3$ und $6{,}1 - 4{,}8 = 1{,}3$ liegt lineares Wachstum vor.
Es gilt $B(0) = 3{,}5$ und somit $B(t) = 3{,}5 + t \cdot 1{,}3$.

1 **Prüfen Sie, ob lineares Wachstum vorliegt.**

a)

t	0	1	2	3	4
B(t)	11	12,8	14,6	16,4	8,2

b)

t	0	1	2	3	4
B(t)	5,9	7,6	9,3	11	12,9

2 **Berechnen Sie die fehlende Größe.**

a) $B(0) = 345$; $B(5) = 427{,}5$; $d =$ ▢
b) $B(0) = 2{,}6$; $t = 6$; $d = 0{,}8$; $B(t) =$ ▢
c) $B(0) = 520$; $B(t) = 333$; $d = -11$; $t =$ ▢
d) $B(11) = 19{,}7$; $B(7) = 26{,}8$; $B(0) =$ ▢

3 **Nach der Einnahme von Alkohol steigt der Alkoholspiegel im Blut (in ‰ des Blutgewichtes). Nach ca. zwei Stunden erreicht der Alkoholspiegel seinen Höchstwert, danach wird er mit einer Änderungsrate von etwa 0,15 ‰ pro Stunde abgebaut. Bei einer Feier hat ein Gast um 23:00 Uhr einen maximalen Alkoholspiegel von 1,8 ‰.**

a) Stellen Sie den Alkoholgehalt im Blut des Mannes in den nächsten 12 Stunden grafisch dar.
b) Der Mann fühlt sich morgens um 7:00 Uhr wieder relativ fit und fährt zur Arbeit. Hätte er schon wieder fahren dürfen? (Bei Fahrern über 21 Jahren und nach der Probezeit gilt ab 0,3 ‰ die „relative Fahruntüchtigkeit", ab 0,5 ‰ ein Fahrverbot.)
c) Ein anderer Partygast baut um 00:30 Uhr einen Unfall, wird aber erst um 4:30 Uhr von der Polizei ausfindig gemacht. Er hat dann noch einen Blutalkoholspiegel von 0,7 ‰. Berechnen Sie, wie viel Alkohol er zur Unfallzeit im Blut hatte.

(*) Der Bestand kann sein: Holzbestand, Bevölkerungszahl, Kapital etc.
Wenn der Bestand abnimmt, spricht man von negativem Wachstum, Abnahme oder Zerfall.

Exponentielles Wachstum

Von **exponentiellem Wachstum** spricht man, wenn für einen Bestand B für jeden Zeitschritt gilt: $B(t+1) = a \cdot B(t)$ (rekursive Darstellung), bzw. $\frac{B(t+1)}{B(t)} = a$.

a heißt **Wachstumsfaktor** und es gilt $a = 1 \pm p$ (p ist die prozentuale Änderung des Bestandes). Für $a > 1$ wächst der Bestand, für $a < 1$ nimmt er ab.
Die explizite Darstellung des exponentiellen Wachstums lautet $B(t) = B(0) \cdot a^t$.
Die Änderungsrate ist nicht mehr konstant, sondern **proportional zum Bestand**:
$B(t+1) - B(t) = p \cdot B(t)$.

Beispiele: a) Für einen Bestand gilt: $B(0) = 1{,}8$; $B(2) = 8{,}1$; $B(3) = 36{,}45$.
Da $\frac{8{,}1}{1{,}8} = 4{,}5$ und $\frac{36{,}45}{8{,}1} = 4{,}5$ liegt exponentielles Wachstum vor.
Die explizite Darstellung (Wachstumsfunktion) lautet $B(t) = 1{,}8 \cdot 4{,}5^t$.
b) Bei einem bestimmten Neuwagentyp geht man bei einer durchschnittlichen Fahrleistung von einem jährlichen Wertverlust von 17 % aus.
Berechnen Sie, wann ein Neuwagen, der 30 250 € kostet, noch die Hälfte wert ist.

$a = 1 - \frac{17}{100} = 0{,}83 \Rightarrow B(t) = 30\,250 \cdot 0{,}83^t$.

$$
\begin{aligned}
15\,125 &= 30\,250 \cdot 0{,}83^t && |:30\,250 \\
0{,}5 &= 0{,}83^t && |\ln \\
\ln 0{,}5 &= t \cdot \ln 0{,}83 && |:\ln 0{,}83 \\
t &= \frac{\ln 0{,}5}{\ln 0{,}83} \approx 3{,}72
\end{aligned}
$$

Nach knapp vier Jahren ist der Wagen nur noch die Hälfte wert.

4 **Ein Kapital von 4500 € wird 12 Jahre lang zu 4 % p. a. (pro Jahr) verzinst. Berechnen Sie das Endkapital**

5 **Berechnen Sie, welches Kapital heute angelegt werden muss, damit es in 20 Jahren bei 3,5 % p. a. Zinsen auf 40 000 € anwächst.**

Statt der Bezeichnung B(t) bietet es sich manchmal an, andere Buchstaben zu verwenden: K(t) für Kapital; V(t) für Volumen etc.

6 **Berechnen Sie, bei welchem jährlichen Zinssatz ein Kapital in 35 Jahren von 8000 € auf 33 200 € anwächst.**

7 **Eine Bakterienkultur verdoppelt alle 50 Minuten ihren Bestand.**
Nach 10 Stunden umfasst sie 2 457 600 Bakterien.
Mit wie vielen Bakterien ist sie angelegt worden?

8 **Mit jedem Kilometer Höhe nimmt der Luftdruck um 12 % ab.**
Am Boden herrscht ein Luftdruck von 1018 hp (Hektopascal).
In welcher Höhe misst man einen Luftdruck von 250 hp?

Beschränktes Wachstum

Eine andere Form von Wachstum ist das sogenannte **beschränkte Wachstum mit der Schranke S**. Es gilt: $B(t+1) = B(t) + k \cdot (S - B(t))$.
Die Änderungsrate ist also **proportional zur Differenz $S - B(t)$ (dem „Sättigungsmanko")**.
Je größer der Proportionalitätsfaktor k ist, desto schneller nähert sich der Bestand $B(t)$ der Schranke S.

Beispiel: In einen Teich, der für 2000 Tiere Platz bietet, werden zu Beginn 150 Tiere eingesetzt. Die Fische vermehren sich so, dass jährlich 20 % der noch Platz findenden Fische hinzukommen.

a) Berechnen Sie, wie viele Fische in den ersten fünf Jahren nach dem Besatz im Teich sind.
$B(0) = 150$; $k = 0{,}2$ (20 %);
$B(1) = 150 + 0{,}2 \cdot (2000 - 150) = 520$;
$B(2) = 520 + 0{,}2 \cdot (2000 - 520) = 816$;
ebenso: $B(3) = 1053$; $B(4) = 1242$; $B(5) = 1394$

b) Stellen Sie die Entwicklung des Fischbestandes in den ersten 10 Jahren grafisch dar.

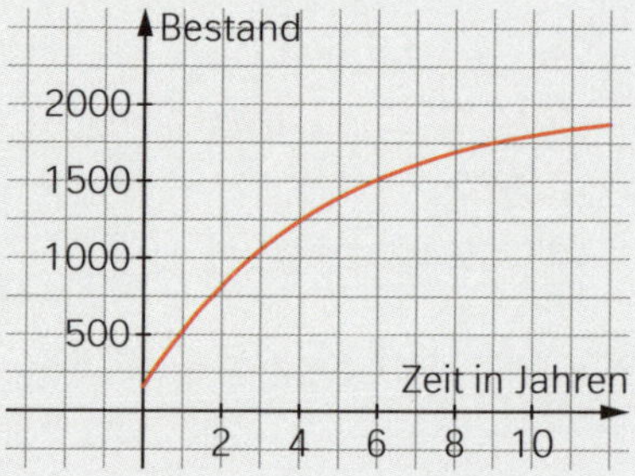

9 **In einem Rotwildgehege finden 1000 Tiere Platz. Der Besitzer des Geheges setzt 100 Tiere ein. Jährlich wächst der Bestand um 5 % des noch vorhandene Freiraumes. Vervollständigen Sie die Tabelle.**

Jahr	0	1	2	3	4
Freiraum zu Beginn des Jahres	1000	900			
Zuwachs während des Jahres	–	45			
Bestand am Ende des Jahres	100	145			

10 **Berechnen Sie den gesuchten Bestand.**

a) $B(0) = 30$; $k = 0{,}4$; $S = 150$; $B(5) = ?$

b) $B(0) = 2300$; $B(1) = 2570$; $S = 5000$; $B(4) = ?$

★ **11** **In einer Stadt kommt ein neuer Film in die Kinos, auf den durch intensive Werbung aufmerksam gemacht wurde. Es wird erwartet, dass 25 000 Besucher den Film sehen wollen.**

a) Begründen Sie, warum man behaupten kann, dass die Zahl der Besucher nach dem Gesetz des beschränkten Wachstums zunehmen wird.

b) Am ersten Tag kommen bereits 2250 Besucher. Ist es aufgrund dieser Tatsache realistisch, davon auszugehen, dass in den ersten zwei Wochen schon 19 000 Besucher den Film gesehen haben werden?

Modellieren von Wachstumsvorgängen

!

Untersucht man **reale Wachstumsvorgänge**, stellt man fest, dass sie sich selten ***exakt*** als lineares, exponentielles oder beschränktes Wachstum darstellen lassen. Man versucht dann, die reale Situation möglichst genau durch ein mathematisches Modell zu beschreiben. Dazu werden Fakten gesammelt (z. B. Messreihen), und mathematisch beschrieben und berechnet. Die Lösungen werden dann in Bezug auf die reale Situation bewertet. Dieses Vorgehen nennt man **Modellierung**.

Beispiel: Zahl der Einpersonenhaushalte in Deutschland von 1980 bis 2015:

Jahr	1980	1985	1990	1995	2000	2005	2010	2015
Einpersonenhaushalte (in Mio.)	7,49	8,86	9,95	12,34	13,20	14,17	15,72	16,46

Wie viele Einpersonenhaushalte sind für das Jahr 2020 zu erwarten? Aus den Daten geht hervor, dass ein beschränktes Wachstum ausgeschlossen werden kann.
Bleibt zu prüfen, ob lineares oder exponentielles Wachstum besser geeignet ist.
Als Vereinfachung setzt man das Jahr 1980 als den Zeitpunkt „0".
Modell „lineares Wachstum": Da es sich um 5-Jahres-Schritte handelt gilt:
$B(t+5) - B(t) = 5 \cdot d$. Als Mittelwert ergibt sich $d \approx 0{,}256$.
Das Wachstum ließe sich also beschreiben mit der Formel $B(t) = 7{,}49 + 0{,}256 \cdot d$.
Modell „exponentielles Wachstum":
Es gilt $\frac{B(t+5)}{B(t)} = a^5 \Leftrightarrow \sqrt[5]{\frac{B(t+5)}{B(t)}} = a$.
Im Mittel ergibt sich $a \approx 1{,}02$, also $B(t) = 7{,}49 \cdot 1{,}02t$
Tabellarischer Vergleich der Modelle:

Jahr	0 (1980)	5 (1985)	10 (1990)	15 (1995)	20 (2000)	25 (2005)	30 (2010)	35 (2015)
Modell „linear"	4,49	8,77	10,05	11,33	12,61	13,89	15,17	16,45
Modell „exponentiell"	7,49	8,27	9,13	10,08	11,13	12,29	13,57	14,98

Fazit: Ein Vergleich mit der realen Situation ergibt, dass das lineare Modell das bessere ist. Die sprunghafte Zunahme zwischen 1990 und 1995 ist durch die Wiedervereinigung zu erklären. Nach dem linearen Modell wäre für das Jahr 2020 zu erwarten:
$B(40) = 7{,}49 + 0{,}256 \cdot 40 \approx 17{,}73$ Millionen Einpersonenhaushalte.

12 **Entwickeln Sie ein Modell für das dargestellte Wachstum einer Tierpopulation. In welchem Fall ist es realistischer, Prognosen für die nächsten sechs Jahre aufzustellen?**

a)

Jahr	0	1	2	3	4
Anzahl	1400	1600	1855	2130	2453

b)

Jahr	0	1	2	3	4
Anzahl	2300	2790	3178	3514	3783

★ **13** **Nehmen Sie ein Glas Milch aus dem Kühlschrank, messen Sie alle zwei Minuten die Temperatur und schreiben Sie die Ergebnisse auf. Mit welchem mathematischen Modell ließe sich die Erwärmung der Milch beschreiben?**

Um Datensätze besser zu „verstehen", kann es hilfreich sein, sie grafisch darzustellen.

Zwischentest

/6

1 Entscheiden Sie, welche Art von Wachstum vorliegt.

a)

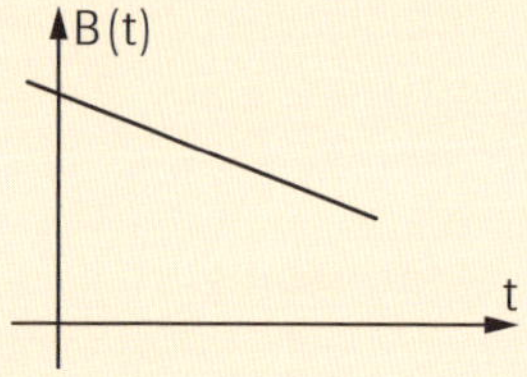

b)

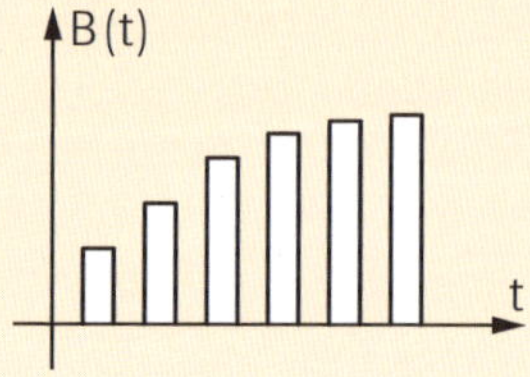

c)

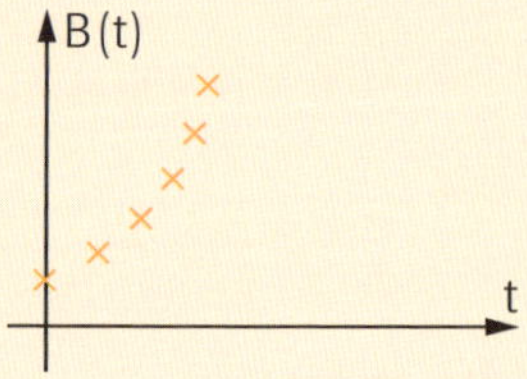

/4

2 Zeigen Sie, dass es sich um lineares Wachstum handelt und ergänzen Sie.

t	0	1	2	3	4	7	10	20
B(t)	6,45	8,75	11,05	13,35	15,65			

/6

3 Herr Maier gewinnt 60 000 € im Lotto, die er als Festgeld zu einem Zinssatz von 2,55 % anlegt.

a) Auf welchen Betrag ist das Kapital nach 10 Jahren angewachsen?
b) Wie hoch müsste der Zinssatz sein, damit er nach 10 Jahren mind. 80 000 hat?
c) Wie lange würde es bei diesem Zinssatz dauern, bis er Zinsen in Höhe von 32 395 € erhalten hätte?

/6

4 Eine Firma bringt in einer Stadt mit 50 000 Haushalten eine neue Küchenmaschine auf den Markt, für die sie in der gesamten Stadt mit einer groß angelegten Plakataktion wirbt. Man rechnet damit, dass etwa zwei Drittel aller Haushalte das neue Gerät kaufen werden.

a) Warum kann man von beschränktem Wachstum ausgehen?
b) Nach einem Monat sind 9000 Stück verkauft. Bestimmen Sie die rekursive Darstellung. Berechnen Sie die Verkaufszahlen des ersten halben Jahres.

/8

5 Das Statistische Bundesamt liefert folgende Zahlen für die Beschäftigten im sogenannten „sekundären Sektor" (produzierendes Gewerbe):

Jahr	2014	2015	2016	2017	2018	2019
Beschäftigte (in Mio.)	10,51	10,52	10,56	10,66	10,80	10,90

a) Stellen Sie die Daten grafisch dar.
b) Geben Sie ein mathematisches Modell an, mit dem man möglichst genau diese Entwicklung beschreiben kann.
c) Berechnen Sie, wie hoch die Zahl der im sekundären Sektor beschäftigten nach Ihrem Modell im Jahr 2010 gewesen sein müsste.
d) Suchen Sie im Internet nach den tatsächlichen Werten von 2010 (z. B. auf der Homepage des Statistischen Bundesamtes) und vergleichen Sie diese mit Ihren Berechnungen. Bewerten Sie nun Ihr Modell neu.

/30 **Gesamtpunktzahl**

Kontrollieren Sie Ihre Ergebnisse mithilfe der Lösungen (S. 135/136) und addieren Sie die erreichten Punkte.

☐ 30 bis 24 Punkte: 🙂 ☐ 23 bis 15 Punkte: 😐 ☐ 14 bis 0 Punkte: 🙁

Daten und Zufall

Vorschau

- Median – Mittelwert – Standardabweichung
- Permutationen, Variationen, Kombinationen
- Ereignisse, absolute und relative Häufigkeit
- Wahrscheinlichkeit, Gegenereignis, Vereinigung, Schnitt
- Vierfeldertafel, Additionssatz, Unabhängigkeit von Ereignissen

Median – Mittelwert – Standardabweichung

!

- Der **Median** (Zentralwert) steht in der Mitte einer Rangliste von Daten, die der Größe nach sortiert sind. Bei ungerader Anzahl von Daten ist der Median einer der Datenwerte, nämlich der in der Mitte stehende; bei gerader Anzahl ist er der Mittelwert der beiden Daten links und rechts der Mitte; z. B.

a_1	a_2	a_3	a_4	a_5	a_6	a_7

↑ Median: a_4

b_1	b_2	b_3	b_4	b_5	b_6	b_7	b_8

↑ Median: $\frac{b_4 + b_5}{2}$

- Den **Mittelwert $\overline{x}$** von Daten aus demselben Größenbereich berechnet man als arithmetisches Mittel: Tritt die Größe x_1 insgesamt n_1-mal, die Größe x_2 insgesamt n_2-mal, ... die Größe x_k insgesamt n_k-mal auf und gilt $n_1 + n_2 + \ldots + n_k = n$, so berechnet sich der Mittelwert mit der Formel $\overline{x} = \frac{n_1 x_1 + n_2 x_2 + \ldots + n_k x_k}{n}$.
- Die **Standardabweichung s** (auch: sigma, σ) beschreibt die Streuung der Daten um den Mittelwert. Haben die Daten $x_1, x_2, \ldots, x_n$ den Mittelwert $\overline{x}$, so berechnet sich die Standardabweichung mit folgender Formel:

$$s = \sqrt{\frac{n_1 \cdot (x_1 - \overline{x})^2 + n_2 \cdot (x_2 - \overline{x})^2 + \ldots + n_k \cdot (x_n - \overline{x})^2}{n}}$$

1 **Die Tabelle zeigt die Zensuren einer Mathematikarbeit.**

Zensur	1	2	3	4	5	6
Anzahl	2	5	8	7	4	1

a) Bestimmen Sie den Median (Zentralwert).

b) Bestimmen Sie den Mittelwert der Zensuren, der häufig auch als Notendurchschnitt bezeichnet wird.

c) Berechnen Sie die Standardabweichung s.

2 **In der Anwaltskanzlei Krause werden die in der Tabelle dargestellten Brutto-Jahresgehälter ausgezahlt.**

Herr Krause	275 400 €
Herr Adam	63 280 €
Frau Krüger	68 350 €
Frau Pomp	32 650 €
Frau Schulz	29 630 €

a) Berechnen Sie Median, Mittelwert und Standardabweichung.

b) Welche Aussagekraft haben die in Teilaufgabe a) ermittelten Daten?

Permutationen, Variationen und Kombinationen

!

- Kombiniert man Objekte, Merkmale usw. miteinander und hat man **a** Möglichkeiten, den **ersten Platz** zu besetzen, sowie **b** Möglichkeiten, den **zweiten Platz** zu besetzen, dann gibt es für **beide Plätze zusammen** $a \cdot b$ Kombinationsmöglichkeiten.
- n verschiedene Objekte, Merkmale usw. kann man in
  $n \cdot (n-1) \cdot (n-2) \cdot \ldots \cdot 3 \cdot 2 \cdot 1 = n!$
  („n Fakultät") verschiedenen Reihenfolgen anordnen:
  Für n verschiedene Dinge gibt es n! Permutationen.

3 **Berechnen Sie, wie viele verschiedene 7-stellige Zahlen man bilden kann, in denen die Ziffern 1 bis 7 jeweils genau einmal auftreten.**

4 **Einen Autotyp gibt es in 6 verschiedenen Motorstärken, 5 Farben und 8 Ausstattungsvarianten. Wie viele verschiedene Fahrzeuge des Autotyps gibt es?**

5 **Vier Ehepaare gehen gemeinsam in die Oper. Sie haben die Karten Reihe 5, Platz 14 bis 17 und Reihe 6, Platz 15 bis 18. In der 5. Reihe sollen die Damen, in der 6. Reihe die Herren sitzen. Berechnen Sie, wie viele verschiedene Möglichkeiten es gibt, die Karten zu verteilen.**

!

Die Tabelle nennt die Anzahl der Möglichkeiten, aus n Objekten k Objekte auszuwählen.

	Auswahl mit Wiederholung (Ziehung mit Zurücklegen)	**Auswahl ohne Wiederholung (Ziehung ohne Zurücklegen)**
mit Beachtung der Reihenfolge (Variationen)	n^k	$\frac{n!}{(n-k)!}$
ohne Beachtung der Reihenfolge (Kombinationen)	$\frac{(n+k-1)!}{k!(n-1)!}$	$\frac{n!}{k!(n-k)!}$

Modellvorstellung: Nacheinander werden gleichartige, bezifferte Kugeln mit verbundenen Augen aus einem Behälter gezogen (Urnenmodell).

6 **Ein Würfel wird 4-mal geworfen; das Ergebnis ist eine vierstellige Zahl aus den Ziffern 1 bis 6. Wie viele mögliche Ergebnisse gibt es?**

7 **In einem Behälter befinden sich sechs Kugeln mit den Ziffern 1 bis 6. Verena zieht nacheinander vier Kugeln aus dem Behälter und ordnet die gezogenen Ziffern in der Reihenfolge der Ziehung zu einer vierstelligen Zahl.**
Berechnen Sie, wie viele Möglichkeiten es gibt.

8 **Auf einem Lottoschein mit den Zahlen 1 bis 49 werden 6 Zahlen angekreuzt; die Reihenfolge ist unerheblich. Wie viele verschiedene Möglichkeiten gibt es?**

Ereignisse, absolute und relative Häufigkeit

!

- Zufallsversuche, z. B. das Werfen eines Würfels, haben in der Regel mehrere mögliche **Ergebnisse**, die zusammen die **Ergebnismenge S** bilden, z. B. S = {1; 2; 3; 4; 5; 6}.
- Jede Teilmenge E der Ergebnismenge heißt **Ereignis**, z. B. ist S = {1; 2; 3; 4; 5; 6} die Ergebnismenge beim Würfeln. Das Ereignis *gerade Zahl* ist die Menge E = {2; 4; 6}.
- Einelementige Ereignisse heißen auch **Elementarereignisse**.

9 **Aus einem Skatspiel* werden nacheinander zwei Karten gezogen.**

a) Berechnen Sie, wie viele Elemente die Ergebnismenge hat.

b) Schreiben Sie das Ereignis *zwei rote „Herren" werden gezogen* als Menge.

10 **Eine Münze mit W (Wappen) und Z (Zahl) wird dreimal geworfen.**

a) Schreiben Sie die Ergebnismenge auf.

b) Notieren Sie zum Ereignis *Wappen tritt höchstens einmal auf* die Teilmenge der Ergebnismenge.

11 **In einem Behälter sind fünf blaue und drei rote Kugeln, die bis auf die Farbe identisch sind.**
Frank zieht mit verbundenen Augen eine Kugel, deren Farbe notiert wird.
Die Kugel wird in den Behälter zurückgelegt; nach dem Mischen der Kugeln zieht Frank eine zweite Kugel aus dem Behälter.
Berechnen Sie, wie viele Elemente das Ereignis *beide Kugeln sind blau* hat.

!

Wiederholt man einen Zufallsversuch n-mal und tritt dabei ein bestimmtes Ereignis E m-mal auf $(m \le n)$, so heißt **m** die **absolute Häufigkeit** für das Auftreten von E und $\frac{m}{n}$ die **relative Häufigkeit** für das Auftreten von E.

Beispiel: {1; **4**; 2; **4**; 5; 6; 6; 2; 3; 5; 1; **4**}; absolute Häufigkeit für „**4**": 3;
relative Häufigkeit für „**4**": $\frac{3}{12} = \frac{1}{4}$

12 **Dies ist das Protokoll von 25 Würfen mit einer Münze (W = Wappen; Z = Zahl).**

Z	W	Z	Z	W	W	W	Z	W	W	W	W	Z	W	Z	Z	W	Z	W	W	Z	W	Z	W	Z

a) Notieren Sie die absolute Häufigkeit für die Ereignisse $E_1 = \{Z\}$ und $E_2 = \{W\}$

b) Berechnen Sie die relativen Häufigkeiten von E_1 und E_2 in Prozent.

13 **Bei einer Serie von Würfen mit einem Würfel traten ungerade Zahlen mit einer relativen Häufigkeit von 48 % auf. Absolut gab es 384-mal eine ungerade Zahl.**
Berechnen Sie, aus wie vielen Würfen die Serie bestand.

* Skatblatt (französisches): 7, 8, 9, 10, Bube, Dame, König; in Pik und Kreuz (schwarz) sowie Karo und Herz (rot)

Wahrscheinlichkeit

!

- Zufallsversuche mit gleichen Chancen für alle möglichen Ergebnisse heißen **Laplace-Versuche**.
- **Wahrscheinlichkeit P** für ein Ereignis E:

$$P(E) = \frac{\text{Anzahl der zu E gehörenden Ergebnisse}}{\text{Anzahl der möglichen Ergebnisse}} = \frac{|E|}{|S|}$$

- Die Aussage „Das Ereignis E tritt mit der Wahrscheinlichkeit P auf“ bedeutet: Wenn der Zufallsversuch sehr oft wiederholt wird, kann man damit rechnen, dass die relative Häufigkeit für das Auftreten von E dem Wert P sehr nahekommt.

14 **Wie groß ist die Wahrscheinlichkeit, mit zwei Würfeln eine Augensumme von mindestens 10 zu würfeln?**

15 **Wie groß ist die Wahrscheinlichkeit, dass bei vier Würfen mit einer Münze Zahl und Wappen jeweils zweimal auftreten?**

16 **Wie groß ist die Wahrscheinlichkeit, aus einem Skatspiel (vgl. Fußnote Seite 97) zwei Karten so zu ziehen, dass mindestens ein Bube dabei ist?**

17 **In einem Behälter liegen acht gleichartige Kugeln, drei davon sind rot, vier sind blau und eine Kugel ist weiß. Wie groß ist die Wahrscheinlichkeit, zwei Kugeln mit verbundenen Augen so zu ziehen, dass keine blaue Kugel dabei ist?**

!

Pfadregel für mehrstufige Zufallsversuche

Die Wahrscheinlichkeit für ein Ergebnis ist das Produkt der Wahrscheinlichkeiten längs des zugehörigen Pfades im Baumdiagramm. Für die Bestimmung der Wahrscheinlichkeit eines Ereignisses sind die Pfadwahrscheinlichkeiten der zugehörigen Ergebnisse zu addieren.

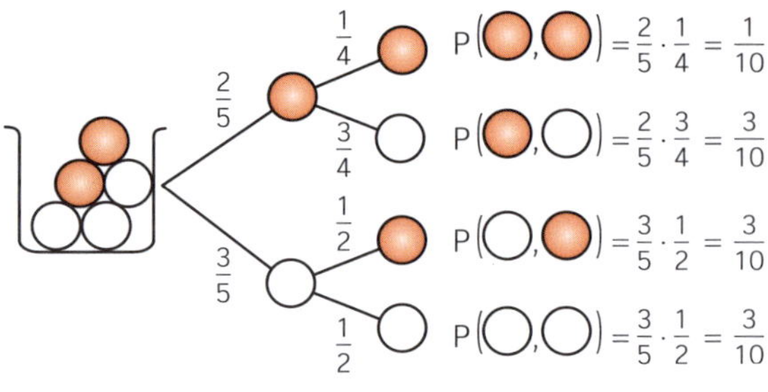

$$P(\text{gleichfarbig}) = \frac{1}{10} + \frac{3}{10} = \frac{2}{5}$$

18 **In einem Gefäß befinden sich drei blaue und fünf rote Kugeln.**
Berechnen Sie, wie groß die Wahrscheinlichkeit ist, bei zwei Ziehungen nacheinander ohne Zurücklegen wenigstens eine blaue Kugel zu ziehen.

19 **Lösen Sie die Aufgabe 17 mit der Pfadregel.**

Gegenereignis, Vereinigung, Schnitt

!

Zu jedem Ereignis E gibt es ein **Gegenereignis $\overline{E}$** (lies: E quer).
$\overline{E}$ enthält alle Ergebnisse der Ergebnismenge S, die *nicht* in E enthalten sind.
Aus $P(S) = 1$ (das sichere Ereignis, denn die Ergebnismenge tritt in jedem Fall ein) folgt $P(E) + P(\overline{E}) = 1$, bzw. $P(E) = 1 - P(\overline{E})$.
Oft ist es leichter, die Wahrscheinlichkeit eines Ereignisses über die Wahrscheinlichkeit des Gegenereignisses zu bestimmen.

Beispiel: a) Beim Würfeln mit einem Würfel gilt für die geworfene Augenzahl:
$S = \{1; 2; 3; 4; 5; 6\}$. Sei E: *Die Augenzahl ist höchstens 4.* $E = \{1; 2; 3; 4\}$.
Dann gilt für $\overline{E}$: *Die Augenzahl ist größer als 4.* $\overline{E} = \{5; 6\}$.

Die Wahrscheinlichkeiten sind: $P(E) = \frac{2}{3}$; $P(\overline{E}) = \frac{1}{3}$; $P(E) = 1 - P(\overline{E}) = 1 - \frac{2}{6} = \frac{4}{6} = \frac{2}{3}$

b) Bei der Herstellung von Sektgläsern ist mit der Wahrscheinlichkeit 0,03 ein Glas defekt. Wie groß ist die Wahrscheinlichkeit für das Ereignis A: *Mindestens ein Sektglas eines Sechser-Kartons ist defekt?* Da E sehr viele Ergebnisse enthält, rechnet man in diesem Fall mit dem Gegenereignis $\overline{E}$: *Kein Sektglas ist defekt.*
$P(\overline{E}) = 0{,}97 \cdot 0{,}97 \cdot 0{,}97 \cdot 0{,}97 \cdot 0{,}97 \cdot 0{,}97 = 0{,}97^6 \approx 0{,}833$; $P(E) \approx 1 - 0{,}833 = 0{,}167$

20 **Geben Sie für das Würfeln mit einem Würfel folgende Ereignisse in aufzählender Form $(E = \{e_1; e_2; ...\})$ und das Gegenereignis in aufzählender und beschreibender Form an.**

A: *Die Augenzahl ist mindestens 4.*
B: *Die Augenzahl ist gerade.*
C: *Die Augenzahl ist durch 3 teilbar.*
D: *Der Würfel zeigt weder 2 noch 6.*

21 **Beim Biathlon verfehlt ein Schütze eine der 5 Scheiben mit einer Wahrscheinlichkeit von 0,1. Berechnen Sie die Wahrscheinlichkeit, dass er mindestens einen Fehlschuss hat.**

!

Zwei Ereignisse A und B können zu einem neuen Ereignis verknüpft werden.
Dabei gibt es zwei Möglichkeiten: Die **Schnittmenge** $A \cap B$ (lies: A **und** B) enthält alle Ergebnisse, die sowohl in A als auch in B liegen.
Die **Vereinigungsmenge** $A \cup B$ (lies: A **oder** B) enthält alle Ergebnisse die mindestens in einem der beiden Ereignisse liegen.

Beispiel: Beim Würfeln mit einem Würfel sei A: *Die Augenzahl ist ungerade* und B: *Die Augenzahl ist größer als 3.*
$A = \{1; 3; 5\}$; $B = \{4; 5; 6\}$. $A \cap B = \{5\}$; $A \cup B = \{1; 3; 4; 5; 6\}$

22 **Eine Urne enthält zehn Kugeln mit den Zahlen 0 bis 9. Eine Kugel wird gezogen. Berechnen Sie die Wahrscheinlichkeiten folgender Ereignisse:**

A: *Die Zahl ist gerade und durch 4 teilbar.*
B: *Die Zahl ist eine Primzahl und größer als 5.*
C: *Die Zahl ist gerade oder kleiner als 6.*
D: *Die Zahl ist kleiner als 4 oder eine Quadratzahl.*

Vierfeldertafel

Bei einem Laplace-Versuch mit zwei Ereignissen A und B lässt sich die Ergebnismenge S in folgende vier Teilmengen zerlegen:

$A \cap B$, $\overline{A} \cap B$, $A \cap \overline{B}$, $\overline{A} \cap \overline{B}$ $(= \overline{A \cup B})$

Die Anzahl der Ergebnisse der einzelnen Ereignisse, ihrer Gegenereignisse sowie die der jeweiligen Schnittmengen lassen sich sehr übersichtlich in einer sogenannten **Vierfeldertafel** darstellen.

	A	$\overline{A}$	Ges.
B	$\lvert A \cap B \rvert$	$\lvert \overline{A} \cap B \rvert$	$\lvert B \rvert$
$\overline{B}$	$\lvert A \cap \overline{B} \rvert$	$\lvert \overline{A} \cap \overline{B} \rvert$	$\lvert \overline{B} \rvert$
Ges.	$\lvert A \rvert$	$\lvert \overline{A} \rvert$	$\lvert S \rvert$

Bedeutung der Symbole:
$|A|$ = Anzahl der Ergebnisse die zu A gehören.
$|A \cap B|$ = Anzahl der Ergebnisse die zu A *und* zu B gehören $|A \cup B|$ = weiß unterlegt

Beispiel: In einer Klasse mit 30 Schülerinnen und Schülern ergibt eine Umfrage, dass 16 Fleisch essen. Von den 18 Mädchen der Klasse sind zwei Drittel Vegetarier. Mit welcher Wahrscheinlichkeit ist eine zufällig gewählte Person ein Fleisch essendes Mädchen (ein sich vegetarisch ernährender Junge)?

$|S| = 30$; V: Vegetarier/Vegetarierin;
$\overline{V}$: Fleischesser/Fleischesserin; $|\overline{V}| = 16$
M: Mädchen; $|M| = 18$; $\overline{M}$: Junge
Die schwarzen Zahlen gehen direkt aus dem Text hervor, die fett gedruckten lassen sich berechnen.

	V	$\overline{V}$	Ges.
M	12	**6**	18
$\overline{M}$	**2**	**10**	**12**
Ges.	**14**	16	30

$P(M \cap \overline{V}) = \frac{6}{30} = \frac{1}{5} = 20\,\%$; $P(\overline{M} \cap V) = \frac{2}{30} = \frac{1}{15} \approx 6{,}7\,\%$.

Man wird also mit einer 20 %igen Wahrscheinlichkeit zufällig ein Fleisch essendes Mädchen und mit 6,7 %iger Wahrscheinlichkeit einen vegetarischen Jungen wählen.

23 **Eine Umfrage unter Jugendlichen zum täglichen Fernsehkonsum ergab nebenstehende (unvollständi-ge) Vierfeldertafel. J steht für „Junge“, $\overline{J}$ für „Mädchen“, M für „mehr als zwei Stunden pro Tag“ und $\overline{M}$ für „weniger als zwei Stunden pro Tag“.**

	J	$\overline{J}$	Ges.
M	350		570
$\overline{M}$			
Ges.		470	1000

a) Erklären Sie, was die eingetragene Zahl 470 bedeutet.
b) Vervollständigen Sie die Tabelle.
c) Wie viele Mädchen sehen weniger als zwei Stunden fern?
d) Berechnen Sie, wie hoch die Wahrscheinlichkeit für das Ereignis E ist: *Ein befragter Jugendlicher ist ein Junge, der weniger als zwei Stunden fernsieht?*

24 **Bei der Qualitätskontrolle von T-Shirts wurde auf die Verarbeitung und die Farbe eachtet. Von 800 kontrollierten T-Shirts wurden 70 beanstandet. Die Verarbeitung war in 50 Fällen nicht in Ordnung, 7 % wiesen farbliche Mängel auf.**

a) Berechnen Sie, mit welcher Wahrscheinlichkeit an einem T-Shirt beide Mängel festgestellt wurden.
b) Berechnen Sie, mit welcher Wahrscheinlichkeit ein T-Shirt einen Verarbeitungs- oder einen Farbfehler hatte.

Additionssatz

Für zwei Ereignisse A und B seien die Wahrscheinlichkeiten $P(A)$ und $P(B)$ bekannt. Die Wahrscheinlichkeit der Vereinigungsmenge $A \cup B$ lässt sich mit dem sogenannten **Additionssatz** berechnen:

$$P(A \cup B) = P(A) + P(B) - P(A \cap B)$$

Da die Vereinigungsmenge alle Ergebnisse enthält, die zu A oder B gehören, scheint es naheliegend, so zu rechnen:

$$P(A \cup B) = P(A) + P(B),$$

was aber nur stimmt, wenn die Schnittmenge der Ereignisse leer ist.
Haben sie eine Schnittmenge $A \cap B$, dann kommen die Ergebnisse der Schnittmenge in beiden Ereignissen vor.

Beispiel: $A = \{1; 3; 4; \mathbf{5}; \mathbf{6}\}$ $B = \{2; \mathbf{5}; \mathbf{6}; 7; 8\}$
$A \cup B = \{1; 2; 3; 4; \mathbf{5}; \mathbf{6}; 7; 8\}$ $A \cap B = \{\mathbf{5}; \mathbf{6}\}$

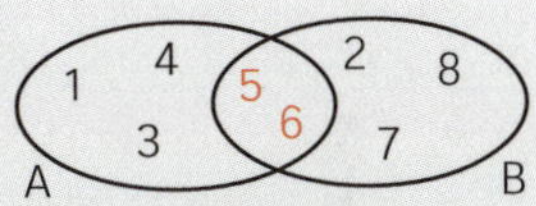

Nach der Summenregel gilt für ein Ereignis
$E = \{e_1; e_2; \dots e_n\}$ $P(E) = P(e_1) + P(e_2) + \dots + P(e_n)$.
Der Ansatz $P(A \cup B) = P(A) + P(B)$ liefert im Beispiel:

$$P(A \cup B) = \underbrace{P(1) + P(3) + P(4) + \mathbf{P(5)} + \mathbf{P(6)}}_{P(A)} + \underbrace{P(2) + \mathbf{P(5)} + \mathbf{P(6)} + P(7) + P(8)}_{P(B)}$$

Damit wären die Wahrscheinlichkeiten $P(5)$ und $P(6)$ je einmal zu viel enthalten, man muss sie einmal abziehen.
Es gilt also:

$$P(A \cup B) = P(A) + P(B) - (P(5) + P(6)) = P(A) + P(B) - P(A \cap B).$$

25 **Es wird gewürfelt. Berechnen Sie die Wahrscheinlichkeiten für die Ereignisse.**

a) *Es wird eine gerade Zahl oder mindestens eine 4 gewürfelt.*

b) *Es fällt eine ungerade Zahl oder keine Zahl unter 3.*

26 **In einer Urne befinden sich vier gelbe Kugeln mit den Ziffern 0 bis 3 und sechs blaue Kugeln mit den Ziffern 4 bis 9. Es wird eine Kugel gezogen.**
Mit welcher Wahrscheinlichkeit treten folgende Ereignisse auf?
A: *Die Kugel ist gelb oder enthält eine ungerade Zahl.*
B: *Die Zahl auf der Kugel ist durch 2 teilbar oder die Kugel ist blau.*
C: *Die Kugel ist gelb oder das Quadrat der gezogenen Zahl ist mindestens 4.*

27 **Berechnen Sie.**

a) Berechnen Sie für die Aufgabe 23 die Wahrscheinlichkeit für das Ereignis
E: *Der befragte Jugendliche ist ein Junge oder sieht mehr als zwei Stunden fern* mithilfe des Additionssatzes.

b) Berechnen Sie für die Aufgabe 24 die Wahrscheinlichkeit für das Ereignis
F: *Das kontrollierte T-Shirt hat keine Verarbeitungsfehler oder einen Farbfehler* mithilfe des Additionssatzes.

Unabhängigkeit von Ereignissen

Für den Additionssatz benötigt man die Wahrscheinlichkeit der Schnittmenge $A \cap B$. Um $P(A \cap B)$ zu berechnen gibt es zwei Möglichkeiten: Entweder man bestimmt die Anzahl der zu $A \cap B$ gehörenden Ergebnisse und berechnet die Wahrscheinlichkeit $P(A \cap B) = \frac{|A \cap B|}{|S|}$. Wenn sich die Ereignisse nicht gegenseitig beeinflussen, kann man die Wahrscheinlichkeit auch mit dem sogenannten **speziellen Multiplikationssatz** bestimmen: $\mathbf{P(A \cap B) = P(A) \cdot P(B)}$. Da dieser Satz nur gilt, wenn sich die Ereignisse nicht beeinflussen, sie also unabhängig sind, kann man mit ihm auch Ereignisse auf Unabhängigkeit überprüfen.

Beispiel: In einer Urne befinden sich vier rote und fünf blaue Kugeln. Es werden nacheinander zwei Kugeln gezogen. Seien A: *Im ersten Zug rot* und B: *Im zweiten Zug rot*. Prüfen Sie, ob die Ereignisse A und B unabhängig sind, wenn

a) mit Zurücklegen gezogen wird
Ein Baumdiagramm (vgl. Seite 98) ist hilfreich.
Mit der Pfandregel berechnet man die Wahrscheinlichkeiten für: $A = \{rr; rb\}$; $B = \{rr; br\}$ und $A \cap B = \{rr\}$.
$P(A) = \frac{4}{9} \cdot \frac{4}{9} + \frac{4}{9} \cdot \frac{5}{9} = \frac{4}{9}$; $P(B) = \frac{4}{9} \cdot \frac{4}{9} + \frac{5}{9} \cdot \frac{4}{9} = \frac{4}{9}$;
$P(A \cap B) = \frac{4}{9} \cdot \frac{4}{9} = \frac{16}{81}$. Es gilt $P(A) \cdot P(B) = \frac{4}{9} \cdot \frac{4}{9} = \frac{16}{81}$,
die Ereignisse sind unabhängig.

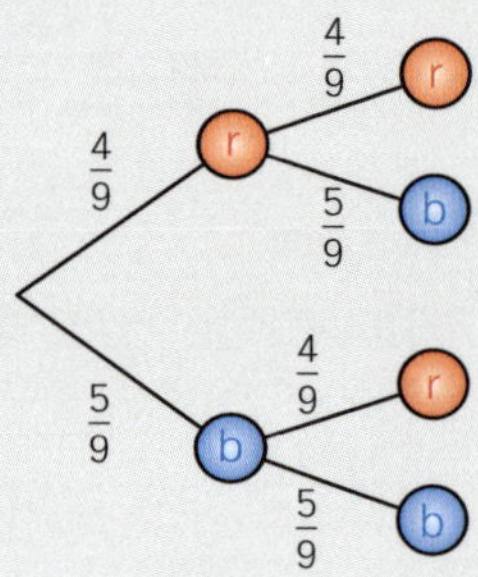

b) ohne Zurücklegen gezogen wird.
Auch hier ist ein Baumdiagramm sinnvoll.
Wieder berechnet man die Wahrscheinlichkeiten P(A), P(B) und $P(A \cap B)$ mit der Pfadregel:
$P(A) = \frac{4}{9} \cdot \frac{3}{8} + \frac{4}{9} \cdot \frac{5}{8} = \frac{4}{9}$; $P(B) = \frac{4}{9} \cdot \frac{3}{8} + \frac{5}{9} \cdot \frac{4}{8} = \frac{4}{9}$;
$P(A \cap B) = \frac{4}{9} \cdot \frac{3}{8} = \frac{1}{6} \neq \frac{4}{9} \cdot \frac{4}{9} = P(A) \cdot P(B)$.
Die Ereignisse sind abhängig.

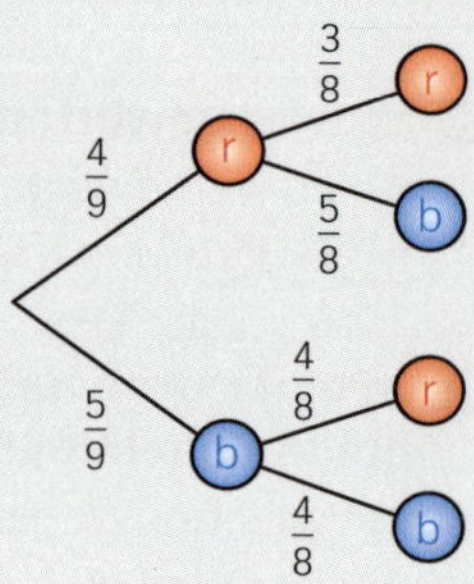

Hier war die Art des Ziehens ausschlaggebend: Da in b) ohne Zurücklegen gezogen wurde, beeinflusst die erste gezogene rote Kugel die Wahrscheinlichkeit für die zweite rote Kugel, da für den zweiten Zug eine rote Kugel weniger in der Urne ist. Die Ereignisse müssen also abhängig sein.

★ **28** **Eine Urne enthält 20 Kugeln, 10 blaue, 3 weiße und 7 rote. Es wird zweimal eine Kugel mit Zurücklegen gezogen.**
Berechnen Sie die Wahrscheinlichkeiten der Ereignisse:
A: *Die erste Kugel ist rot und die zweite Kugel ist weiß.*
B: *Die erste Kugel ist weiß und die zweite Kugel ist nicht rot.*

29 **Ein Würfel wird zweimal geworfen.**
Prüfen Sie, welche der folgenden Ereignisse unabhängig sind.
A: *Im ersten Wurf eine 3.* B: *Beide Augenzahlen sind gleich.*
C: *Die Summe der Augenzahlen ist höchstens 6.*

Zwischentest

1 **Frau Berger hat unterschiedliche monatliche Einkünfte. Berechnen Sie Median und Mittelwert; welcher der beiden Werte ist informativer?** /3

Jan.	Feb.	März	April	Mai	Juni	Juli	Aug.	Sep.	Okt.	Nov.	Dez.
2160	1970	2258	2975	2861	3144	3212	2476	2351	2477	1561	2748

2 **Lösen Sie.**

a) Dennis hat aus Versehen eine auf einen Zettel geschriebene Telefonnummer zerschnitten. Er hat nur noch die einzelnen Ziffern 7; 4; 6; 3; 1; 8. Wie viele Nummern müsste er im schlimmsten Fall ausprobieren? /4

b) In der Fußballbundesliga (18 Mannschaften) berechtigen die ersten drei Plätze zur direkten Teilnahme an der Champions League. Wie viele Tippscheine müsste man abgeben, wenn man die Reihenfolge der ersten drei Mannschaften hundertprozentig richtig tippen möchte?

3 **Von einer Klasse mit 32 Schülerinnen und Schüler sind ein Viertel Mitglied in einem Sportverein.** Von denen, die nicht in einem Verein sind, betreiben 75 % gelegentlich Sport, der Rest bezeichnet sich selbst als „Sportmuffel". /6

a) Geben Sie die absolute und die relative Häufigkeit der „Sportmuffel" an.

b) Es werden drei Schüler der Klasse zufällig ausgewählt. Mit welcher Wahrscheinlichkeit sind darunter zwei „Sportmuffel"?

c) Mit welcher Wahrscheinlichkeit ist von sieben zufällig ausgewählten Personen mindestens eine in einem Sportverein?

4 **Ein Fahrrad kann bei einer Verkehrskontrolle beanstandet werden, wenn es eine defekte Bremse (B) oder eine fehlerhafte Lichtanlage (L) hat.** /6

Erklären Sie, was die Ereignisse bedeuten.

a) $L \cap B$ b) $L \cup B$ c) $L \cap \overline{B}$ d) $\overline{L} \cap B$ e) $\overline{L} \cup \overline{B}$ f) $\overline{L \cap B}$

5 **An einem Gymnasium arbeiten 85 Lehrerinnen und Lehrer. Davon sind 25 jünger als 45 Jahre, 15 davon sind Frauen; 40 % des Kollegiums sind Männer.** /6

a) Erstellen Sie eine Vierfeldertafel.

b) Wie viel Prozent des Kollegiums sind Männer unter 45 Jahren?

c) Mit welcher Wahrscheinlichkeit ist eine zufällig ausgewählte Lehrkraft eine Frau oder nicht älter als 45 Jahre?

★ **6** **Eine Karte wird zufällig aus einem Skatblatt (vgl. Fußnote Seite 97) gezogen.** /5

a) Mit welcher Wahrscheinlichkeit ist es A: *Ein König oder ein As*; B: *Ein Bube oder eine Karokarte*; C: *Keine Dame oder keine Pikkarte*?

b) Es werden nun zwei Karten ohne Zurücklegen gezogen. Sind die Ereignisse E: *Die 1. Karte ist eine Karokarte* und F: *Die 2. Karte ist kein As* unabhängig?

Gesamtpunktzahl /30

Kontrollieren Sie Ihre Ergebnisse mithilfe der Lösungen (S. 138/139) und addieren Sie die erreichten Punkte.

☐ 30 bis 24 Punkte: 🙂 ☐ 23 bis 15 Punkte: 😐 ☐ 14 bis 0 Punkte: 😕

Abschlusstest

A Rationale Zahlen, Rechengesetze, Prozente und Zinsen

/4

1 Geben Sie zwei Zahlen an, von denen die eine *nur in der größeren* und die andere *in beiden* angegebenen Zahlenmengen liegt.

a) in $\mathbb{Q}^+$ und $\mathbb{N}$ b) in $\mathbb{Q}_0^-$ und $\mathbb{R}$

/4

2 Schreiben Sie folgende Brüche als Dezimalbruch.
Lösen Sie ohne Verwendung eines Taschenrechners.

a) $\frac{4}{5} =$ .... b) $\frac{2}{3} =$ .... c) $3\frac{2}{50} =$ .... d) $-\frac{3}{250} =$ ....

/4

3 Schreiben Sie als Bruch. Kürzen Sie das Ergebnis, wenn möglich.
Lösen Sie ohne Verwendung eines Taschenrechners.

a) $-1{,}5 =$ .... b) $3{,}2 =$ .... c) $-2{,}01 =$ .... d) $\frac{17}{125} =$ ....

/4

4 Lösen Sie zunächst die Klammer auf und rechnen Sie dann weiter.
Rechnen Sie ohne Taschenrechner.

a) $(-3{,}9 + 0{,}52) : (-1{,}3)$ b) $\left(-2\frac{1}{2} - 1\frac{1}{4}\right) \cdot \frac{4}{5}$

/4

5 Berechnen Sie ohne Taschenrechner.

a) $\left(1\frac{2}{5} + 5\frac{1}{4}\right) - \left(4\frac{2}{7} - \frac{2}{3}\right)$ b) $6\frac{1}{3} - \frac{2}{5} : \left(\frac{9}{14} + 1\frac{1}{2}\right)$

/6

6 Berechnen Sie die fehlende Größe möglichst im Kopf.

	a)	b)	c)	d)	e)	f)
p	10		20		7,5	0,5
W		0,3	0,8	12,5	225	
G	2600	1,2		5		14

/4

7 Berechnen Sie die zeitanteiligen Zinsen, wenn 2850 € …

a) für 4 Monate zu 2,6 % angelegt werden.
b) von Anfang Mai bis zum 18. September desselben Jahres zu 2,1 % angelegt werden.

/30 **Gesamtpunktzahl Aufgaben 1 bis 7**

Kontrollieren Sie Ihre Ergebnisse mithilfe der Lösungen (S. 139) und addieren Sie die erreichten Punkte.

Teilbereich A: ☐ 30 bis 24 Punkte: ☺ ☐ 23 bis 15 Punkte: 😐 ☐ 14 bis 0 Punkte: 😕

Abschlusstest

B Terme und Gleichungen

8 **Lösen Sie die Gleichung und führen Sie die Probe durch.** /3
$5x - 3 \cdot (x^2 + 2x - 4) = (x - 5) \cdot (2 - 3x) - 86$

9 **Ergänzen Sie die fehlenden Terme in der Gleichung. Links steht der Produktterm, rechts der Summenterm gemäß einer binomischen Formel.** /4

a) $(7a^2b - 5b)^2 = \ldots\ldots - \ldots\ldots + \ldots\ldots$

b) $(4 - \ldots\ldots)^2 = \ldots\ldots - \ldots\ldots + 49a^4$

c) $(\ldots\ldots + \ldots\ldots) \cdot (\ldots\ldots - 9b) = 49a^2 - \ldots\ldots$

d) $(\ldots\ldots - \ldots\ldots)^2 = 25a^2 - 30ab + \ldots\ldots$

10 **Geben Sie die Definitions- und die Lösungsmenge der Bruchgleichung $\frac{8x - 9}{3x^2 - 12} = \frac{5}{x + 2}$ an und führen Sie die Probe durch.** /6

11 **Lösen Sie die Formel nach der gesuchten Variablen auf.** /4

a) $A = \frac{a + c}{2} \cdot h$, gesucht ist a.
b) $u = a + c + 2 \cdot b$, gesucht ist b.
c) $O = 4 \cdot \pi \cdot r^2$, gesucht ist r.
d) $O = \pi \cdot r^2 + \pi \cdot r \cdot s$, gesucht ist s.

12 **Lösen Sie das Gleichungssystem nach dem von Ihnen bevorzugten Verfahren rechnerisch.** /4

a) $\left| \begin{array}{ll} \boxed{1} & 3a + b = 2 \\ \boxed{2} & 2a - 2b = 20 \end{array} \right|$

b) $\left| \begin{array}{ll} \boxed{1} & 5 \cdot (x - 4) + 3y = 2x + 19 \\ \boxed{2} & 6 \cdot (y - x) - 4y = -6 \end{array} \right|$

★ **13** **Ein Schüler soll im Chemieunterricht aus destilliertem Wasser (0 % Salzgehalt) und 4 ℓ einer 30 %igen Salzlösung eine Lösung mischen, die einen Salzgehalt von 20 % hat.** /4

a) Stellen Sie ein lineares Gleichungssystem auf.
b) Berechnen Sie, wie viel destilliertes Wasser er verwenden muss.

14 **Prüfen Sie, welches Zahlenpaar die Gleichung $y^2 + 2y - 35 = 0$ löst.** /2

(1) $y_1 = -2;\ y_2 = 35$
(2) $y_1 = 10;\ y_2 = -3{,}5$
(3) $y_1 = 5;\ y_2 = -7$
(4) $y_1 = -18{,}5;\ y_2 = -16{,}5$

15 **Lösen Sie die Ungleichung $-\frac{2}{5} \cdot \left(x - \frac{20}{4}\right) \leq x^2 - \left(x + \frac{1}{2}\right)^2$; $G = \mathbb{R}$ und stellen Sie das Ergebnis auf einem Zahlenstrahl dar.** /3

Gesamtpunktzahl Aufgaben 8 bis 15 /30

Kontrollieren Sie Ihre Ergebnisse mithilfe der Lösungen (S. 139/140) und addieren Sie die erreichten Punkte.

Teilbereich B: ☐ 30 bis 24 Punkte: 🙂 ☐ 23 bis 15 Punkte: 😐 ☐ 14 bis 0 Punkte: 😕

Abschlusstest

C Potenzen, Wurzeln, Logarithmen

/2

16 Schreiben Sie in normierter Exponentialform.

a) 4 156 000 000 b) 0,000 000 000 004 192

/4

17 Ermitteln Sie das Ergebnis ohne Taschenrechner in normierter Exponentialform.

a) $\frac{15^{14} \cdot 8^5}{6^6 \cdot 9^4}$ b) $\frac{10^{-4} \cdot 7^{15}}{49^7 \cdot 10^{-5}}$

/4

18 Vereinfachen Sie den Term so weit wie möglich.

a) $a^{2p-11} \cdot a^{12-3p}$ b) $\frac{25x^{a-8}}{5^3 x^{a-7}}$ c) $(b^{2m+1})^3 \cdot b^{5-7m}$ d) $\frac{(24x^2y)^{-3}}{(12xy^2)^{-3}}$

/3

19 Berechnen Sie das Ergebnis ohne Taschenrechner.

a) $\sqrt[3]{10} \cdot \sqrt[3]{12{,}5}$ b) $\frac{\sqrt[4]{48}}{\sqrt[4]{3}}$ c) $\sqrt[20]{81^5}$

/3

20 Berechnen Sie das Ergebnis ohne Taschenrechner.

a) $\left(5^{\frac{1}{5}}\right)^{10}$ b) $\sqrt[3]{2} \cdot \sqrt[3]{10} \cdot 50^{\frac{1}{3}}$ c) $\sqrt[4]{9^3} \cdot 9^{0,25}$

/2

21 Lösen Sie die Potenzgleichung $2x \cdot (x^3 - x) - 2 \cdot (-x^2 + 1) = 3 - (x^2 - 2) \cdot (x^2 + 2)$.

/6

22 Berechnen Sie x ohne Taschenrechner.

a) $\log_{\sqrt{2}} 2 = x$ b) $\log_7 1 = x$ c) $\log_2 x = -3$

d) $\log_3 x = 5$ e) $\log_x 64 = -2$ f) $\log_x \frac{1}{\sqrt{a^5}} = -2{,}5$

/6

★ **23 Lösen Sie die folgenden Exponentialgleichungen ohne Taschenrechner.**

a) 3x + 2 · 3x+1 = 189

b) 24x − 1 · 42x + 2 = 8x

c) $2^x \cdot (4^x - 5 \cdot 2^{-x}) = -(2^{1,5x} + 3) \cdot (2^{1,5x} - 3)$

/28 **Gesamtpunktzahl Aufgaben 16 bis 23**

Kontrollieren Sie Ihre Ergebnisse mithilfe der Lösungen (S. 140) und addieren Sie die erreichten Punkte.

Teilbereich C: ☐ 30 bis 24 Punkte: 🙂 ☐ 23 bis 15 Punkte: 😐 ☐ 14 bis 0 Punkte: 😕

Abschlusstest

D Geometrie

24 **Wie lang ist** /6

a) die Strecke x? $(g \parallel h)$

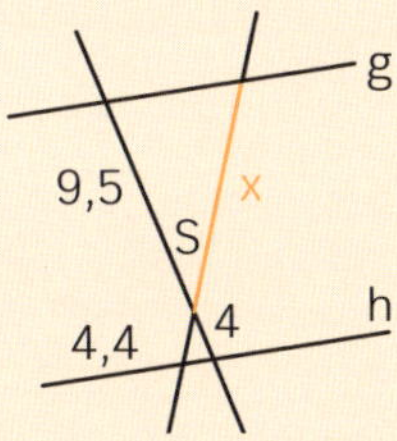

b) die Strecke y? $(a \parallel b)$

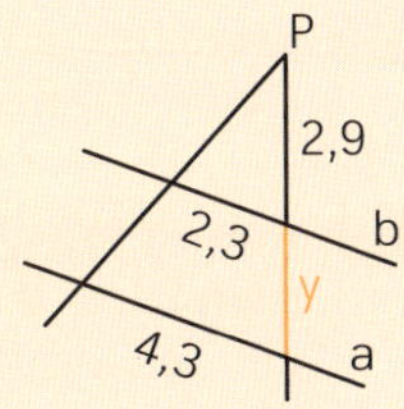

25 **Abgebildet ist eine Pyramide mit den Maßen $h_s = 11{,}7\,\text{cm}$ und $h = 10{,}9\,\text{cm}$.** /6

a) Wie lang ist die Grundkante a?

b) Wie lang ist die Bodendiagonale d?

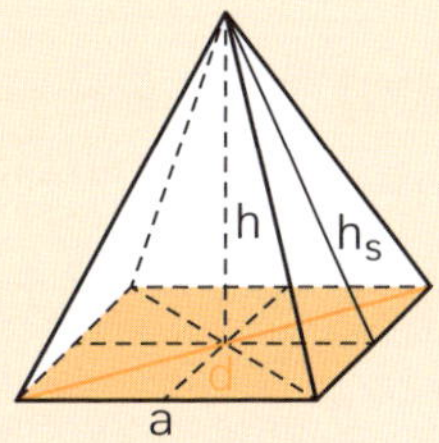

26 **Ein Flugzeug hebt am Ende S der Startbahn ab. Nach 15 km Flugstrecke über ebenem Land überfliegt es in 5,8 km Höhe die Kirche K. Wie weit sind S und K in der Ebene voneinander entfernt?** /4

27 **Für ein gleichschenklig-rechtwinkliges Dreieck (siehe rechts) mit den Kathetenlängen a gilt: $c = \sqrt{a^2 + a^2} = \sqrt{2a^2} = a\sqrt{2}$.** /8

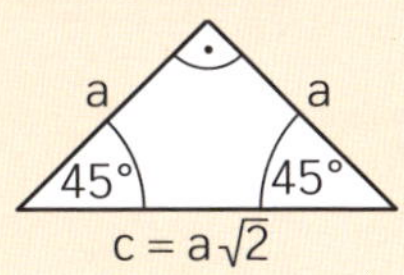

Daraus folgt $\sin 45° = \frac{\not a}{\not a\sqrt{2}} = \frac{1}{\sqrt{2}} = \frac{1 \cdot \sqrt{2}}{\sqrt{2} \cdot \sqrt{2}} = \frac{1}{2}\sqrt{2}$;

$\cos 45° = \frac{a}{a\sqrt{2}} = \frac{1}{2}\sqrt{2}$; $\tan 45° = \frac{\not a^{\,1}}{\not a_{\,1}} = 1$

Erweitern Sie die begonnene Tabelle für besondere Winkelwerte nach dem gleichen Prinzip. Gehen Sie von nebenstehender Skizze aus.

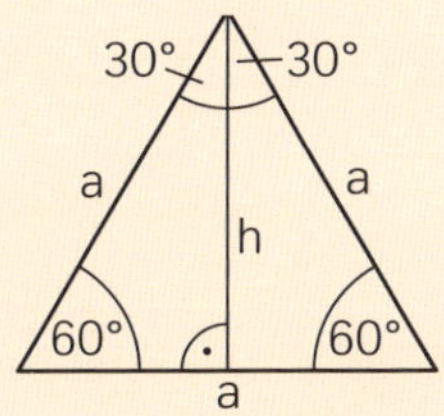

	30°	**45°**	**60°**
sin		$\frac{1}{2}\sqrt{2}$	
cos		$\frac{1}{2}\sqrt{2}$	
tan		1	

28 **Berechnen Sie das gesuchte Maß, das als Variable notiert ist.** /6

a)

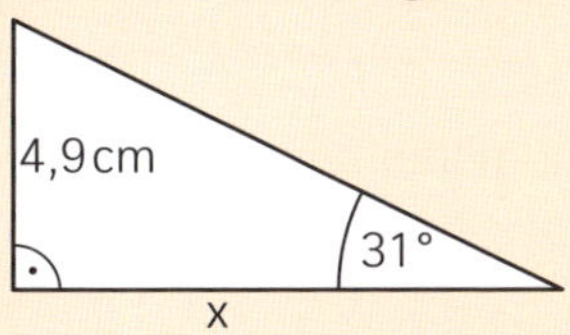

b)

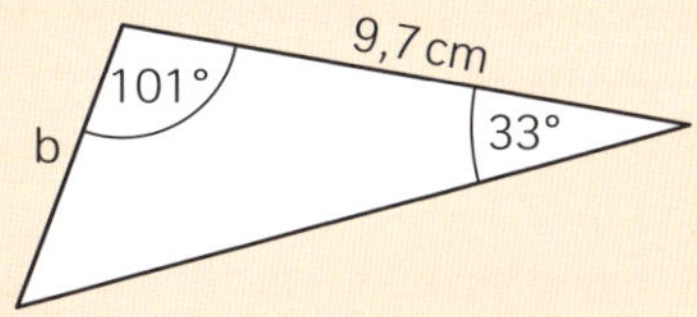

Gesamtpunktzahl Aufgaben 24 bis 28 /30

Kontrollieren Sie Ihre Ergebnisse mithilfe der Lösungen (S. 140) und addieren Sie die erreichten Punkte.

Teilbereich D: ☐ 30 bis 24 Punkte: 🙂 ☐ 23 bis 15 Punkte: 😐 ☐ 14 bis 0 Punkte: 🙁

Abschlusstest

E Flächen und Körper

29 **Berechnen Sie den Flächeninhalt der**
/3 **weiß unterlegten Fläche.**

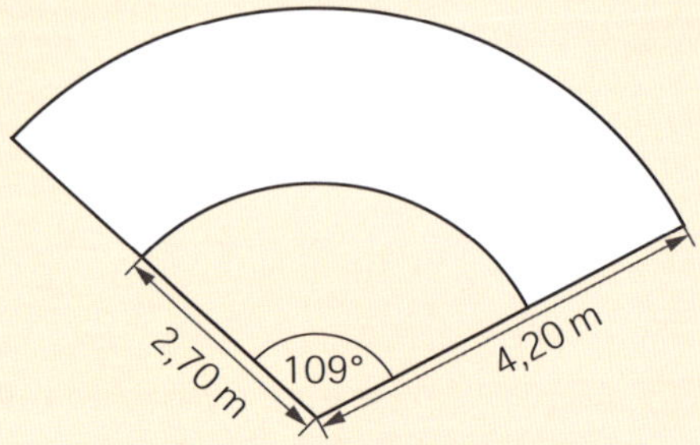

30 **Aus einem Quadrat der Kantenlänge**
/3 **6 cm wird der größtmögliche Kreis ausgeschnitten.**
Wie viel Prozent Abfall bleiben übrig?

31 **Ein Würfel hat ein Volumen von 359 cm³.**
/2 Berechnen Sie seinen Oberflächeninhalt.

32 **Ein kreisförmiges Beet mit 5,30 m Durchmesser soll mit Blumen eingefasst**
/3 **werden, die im Abstand von 25 cm gepflanzt werden.**
Berechnen Sie, wie viele Blumen benötigt werden.

33 **Berechnen Sie für den rechts skizzierten Körper**
/4 a) das Volumen,
b) den Oberflächeninhalt.

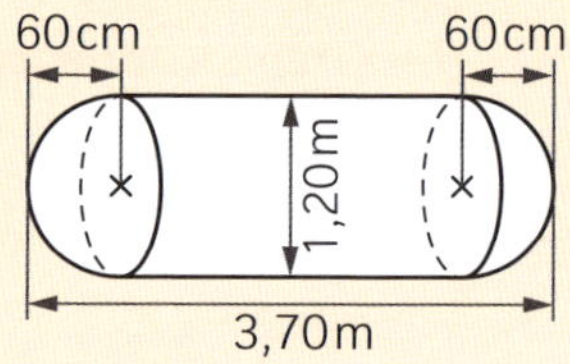

34 **Berechnen Sie das Volumen des abgebildeten Körpers in Litern.**
/4 a)

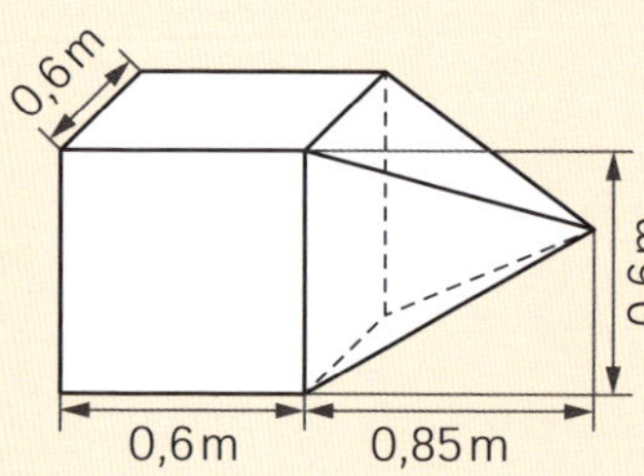

b)

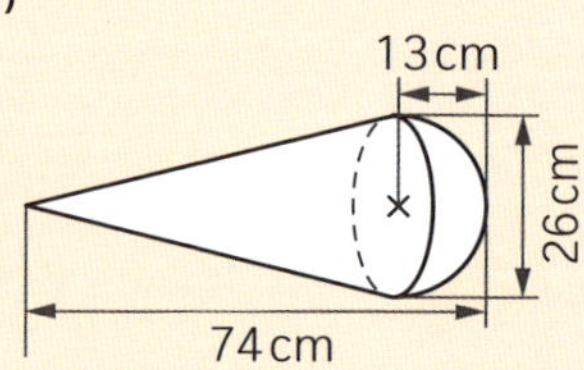

35 **Eine Kugel hat ein Volumen von 1460 cm³.**
/2 Welchen Oberflächeninhalt hat sie?

36 **Ein Würfel und eine Kugel haben jeweils einen Oberflächeninhalt von 1 m².**
/4 **Berechnen Sie die Volumina der beiden Körper.**

★ **37** **Ein Zylinder ist dreimal so hoch wie breit. Sein Oberflächeninhalt beträgt**
/5 **875 cm².**
Berechnen Sie, wie groß sein Volumen ist.

/30 **Gesamtpunktzahl Aufgaben 29 bis 37**

Kontrollieren Sie Ihre Ergebnisse mithilfe der Lösungen (S. 141) und addieren Sie die erreichten Punkte.

Teilbereich E: ☐ 30 bis 24 Punkte: 🙂 ☐ 23 bis 15 Punkte: 😐 ☐ 14 bis 0 Punkte: 😕

Abschlusstest

F Funktionen und Wachstumsvorgänge

38 Bestimmen Sie die Gleichung der linearen Funktion. /8

a) Der Graph schneidet die x-Achse an der Stelle – 4 und die y-Achse an der Stelle 6.
b) Der Graph schneidet die y-Achse an der Stelle – 3 und hat die Steigung 1,5.
c) Der Graph schneidet die x-Achse an der Stelle 5 und verläuft durch den Punkt (2 | 12).
d) Der Graph verläuft durch die Punkte A (– 2 | – 3) und B (3 | 5).

39 Eine quadratische Funktion hat die Gleichung $f(x) = x^2 - 4x + 7$. /6

a) Formen Sie die Gleichung in die Scheitelpunktsform um und zeichnen Sie den zugehörigen Funktionsgraphen.
b) Notieren Sie die Koordinaten des Scheitelpunktes.
c) Geben Sie die Nullstellen der Funktion an.

40 Ordnen Sie den Funktionsgleichungen die entsprechenden Graphen zu. /4

(A) $f(x) = x^3$ (B) $g(x) = x^{-2}$ (C) $h(x) = 2^x$ (D) $k(x) = \log_3 x$.

(1)
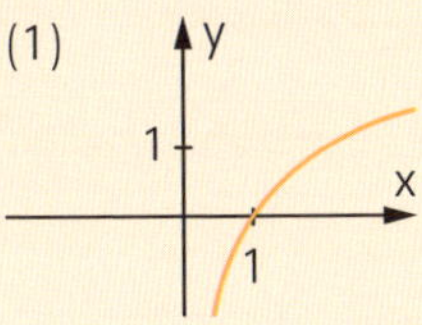

(2)
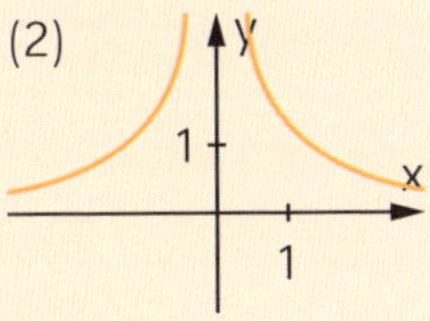

(3)
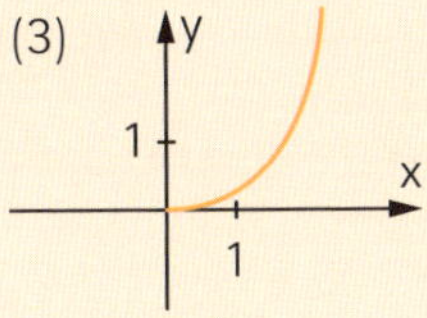

(4)
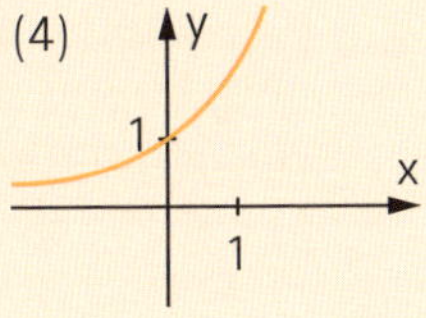

41 Lösen Sie die Textaufgabe. /2

Felix behauptet: „Da ich für das Geld auf meinem Sparkonto 1,2 % Zinsen pro Jahr bekomme, bekomme ich jedes Jahr das Gleiche und mein Kontostand wächst also linear." Samuel erwidert: „Das stimmt doch nicht, du bekommst doch jedes Jahr 1,2 % von deinem aktuellen Kapital. Dein Kontostand wächst also proportional zum Kapital und damit exponentiell!". Wer hat recht?

42 Kairo ist mit rund 20 Mio. Einwohnern die größte Stadt auf dem afrikanischen Kontinent. In der eigentlichen Stadt leben heute rund 9,5 Mio. Menschen. Die Tabelle zeigt die Entwicklung der Einwohnerzahlen von 1976 bis 2017. /10

Jahr	1976	1986	1996	2006	2017
Einwohner	5 084 463	6 052 836	6 789 479	7 786 640	9 153 135

a) Entwickeln Sie ein mathematisches Modell, das die Veränderung der Einwohnerzahlen Kairos von 1966 bis 2006 beschreibt.
b) Wenden Sie das Modell auf den gesamten Zeitraum an.
c) Beurteilen Sie anhand Ihrer Ergebnisse aus b), wie gut das Modell geeignet ist.

Gesamtpunktzahl Aufgaben 38 bis 42 /30

Kontrollieren Sie Ihre Ergebnisse mithilfe der Lösungen (S. 141) und addieren Sie die erreichten Punkte.

Teilbereich F: ☐ 30 bis 24 Punkte: 🙂 ☐ 23 bis 15 Punkte: 😐 ☐ 14 bis 0 Punkte: 😕

Abschlusstest

G Daten und Zufall

/4 **43 Abgebildet ist der Notenspiegel einer Mathematikarbeit.**

a) Berechnen Sie den Notendurchschnitt auf zwei Stellen gerundet.

b) Berechnen Sie die Standardabweichung auf zwei Stellen nach dem Komma gerundet.

Note	1	2	3	4	5	6
Anzahl	1	4	9	10	6	0

/4 **44 Auf neun verdeckt liegenden Zetteln stehen die Ziffern 1 bis 9.**

Eine Glücksfee zieht die Zahlen nacheinander mit verbundenen Augen und ermittelt so eine neunstellige Zahl.

Auf diese Zahl konnte man wetten. Ist es fair, wenn bei einem Einsatz von 0,50 € für die richtige Vorhersage ein Gewinn von 100 000 € ausgezahlt wird?

/4 **45 Ergänzen Sie die Tabelle.**

Ereignis e_i	e_1	e_2	e_3	e_4
absolute Häufigkeit	7		13	
relative Häufigkeit		$\frac{9}{40}$		
Wahrscheinlichkeit in %	17,5 %			

/6 **46 Zwei Würfel werden gleichzeitig geworfen und die Augenzahlen werden notiert. Die Reihenfolge spielt keine Rolle.**

a) Geben Sie folgende Ereignisse in aufzählender Form an.

A: *Man würfelt einen Pasch.* (beide Augenzahlen gleich)

B: *Die Summe der Augenzahlen ist durch 3 teilbar.*

C: *Das Produkt der Augenzahlen ist 18.*

D: *Das Produkt der Augenzahlen ist größer als 20.*

b) Wie heißen die Gegenereignisse von A und D?

/5 ★ **47 Frau Meier fährt mit dem Auto zur Schule. Dabei muss sie eine Fußgängerampel und einen Bahnübergang passieren. Die Wahrscheinlichkeit, die Strecke ohne Halt zurückzulegen, beträgt 46 %. Die Bahnschranke ist mit einer Wahrscheinlichkeit von 11 % geschlossen, die Fußgängerampel ist bei jedem 2. Mal rot.**

a) Erstellen Sie eine Vierfeldertafel mit den Wahrscheinlichkeiten.

b) Wie hoch ist die Wahrscheinlichkeit, dass Frau Meier an der Fußgängerampel und am Bahnübergang warten muss?

c) Frau Meier behauptet: „Von den 5 Tagen in der Woche habe ich zu 99,9 % mindestens einmal freie Fahrt." Stimmt das? (Sie fährt die Strecke zweimal pro Tag!)

/4 **48 Berechnen Sie mithilfe des Additionssatzes für die Aufgabe 46 die Wahrscheinlichkeiten** **a)** $P(A \cup B)$ **b)** $P(C \cup D)$ **c)** $P(B \cup \overline{D})$ **d)** $P(\overline{A} \cup C)$

/3 **49 Welche der Ereignisse A, B und D aus Aufgabe 46 sind unabhängig?**

/30 **Gesamtpunktzahl Aufgaben 43 bis 49**

Kontrollieren Sie Ihre Ergebnisse mithilfe der Lösungen (S. 141/142) und addieren Sie die erreichten Punkte.

Teilbereich G: ☐ 30 bis 24 Punkte: ☐ 23 bis 15 Punkte: ☐ 14 bis 0 Punkte:

Lösungen

Zur Bewertung der Tests:

- Falls nicht in der Lösung anders angegeben, vergeben Sie pro Teilaufgabe oder Teilschritt einen Punkt – bzw. ziehen Sie pro Fehler einen Punkt ab. Sind Beispiellösungen angegeben, so bewerten Sie sich selbstkritisch.
- Seien Sie vor allem beim Einstufungstest streng in der Bewertung: Er soll schließlich Aufschluss darüber geben, wo sinnvollerweise bevorzugt geübt werden soll.

Einstufungstest, Seite 7 bis 13

1 a) b) c) d)

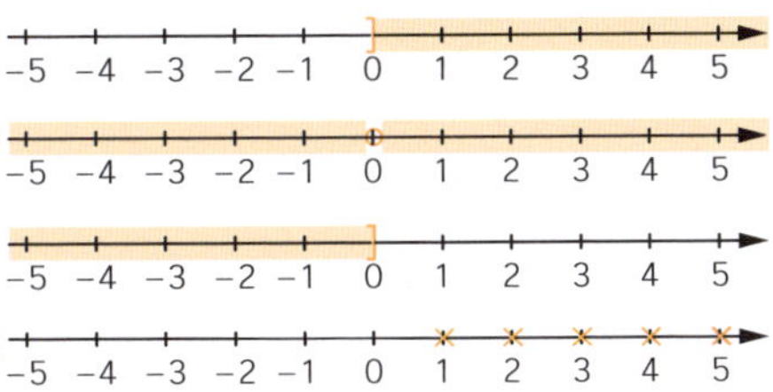

2 a) $\frac{3}{10} = \mathbf{0{,}3}$ b) $\frac{12}{100} = \mathbf{0{,}12}$
c) $\frac{3}{5} = \mathbf{\frac{6}{10}} = \mathbf{0{,}6}$ d) $3\frac{3}{4} = \mathbf{3\frac{75}{100}} = \mathbf{3{,}75}$

3 a) $0{,}8 = \mathbf{\frac{8}{10}} = \mathbf{\frac{4}{5}}$ b) $0{,}375 = \mathbf{\frac{375}{1000}} = \mathbf{\frac{3}{8}}$
c) $0{,}004 = \mathbf{\frac{4}{1000}} = \mathbf{\frac{1}{250}}$ d) $2{,}09 = \mathbf{2\frac{9}{100}}$

4 a) $2\cdot\big((4+5) - (3^2 - 1) + 33 - 10\big)$
$= 2\cdot\big(9 - (9-1) + 33 - 10\big)$
$= 2\cdot(9 - 8 + 33 - 10)$
$= 2\cdot 24 = 48$ (2 P.)

b) $15 + 3\cdot\big(17 + 3\cdot(8 + 5\cdot 2{,}5) - 9\big)$
$= 15 + 3\cdot\big(17 + 3\cdot(8 + 12{,}5) - 9\big)$
$= 15 + 3\cdot(17 + 3\cdot 20{,}5 - 9)$
$= 15 + 3\cdot(17 + 61{,}5 - 9)$
$= 15 + 3\cdot 69{,}5$
$= 15 + 208{,}5 = 223{,}5$ (2 P.)

5 a) $\left(\frac{3}{4} + \frac{7}{12}\right)\cdot\frac{3}{8} = \frac{16}{12}\cdot\frac{3}{8} = \frac{1}{2}$ (2 P.)

b) $\left(\frac{17}{6} - 3 + \frac{5}{12}\right) : \frac{7}{24} = \left(-\frac{1}{6} + \frac{5}{12}\right) : \frac{7}{24}$
$= \frac{3}{12} : \frac{7}{24} = \frac{3}{12}\cdot\frac{24}{7} = \frac{6}{7}$ (2 P.)

c) $(-6{,}4 + 0{,}48) : (-1{,}6)$
$= (-6{,}4) : (-1{,}6) + 0{,}48 : (-1{,}6)$ (Distributivg.)
$= 4 - 0{,}3 = 3{,}7$ (2 P.)

d) $-0{,}28\cdot 2{,}9 - 2{,}9\cdot 2{,}42$
$= (-0{,}28 - 2{,}42)\cdot 2{,}9$ (Distributivgesetz)
$= -2{,}7\cdot 2{,}9 = -7{,}83$ (2 P.)

6 a) $G = 0{,}4\,t = 400\,kg$; $W = 216\,kg$
$p\,\% = \frac{W}{G} = \frac{216}{400} = 54\,\%$ (*)

b) $W = 3{,}25\,€$; $p\,\% = 42{,}6\,\%$
$G = W\cdot\frac{100}{p} = 3{,}25\cdot\frac{100}{42{,}6} \approx 7{,}63$
$G \approx 7{,}63\,€$ (*)

c) $p\,\% = 138\,\%$; $G = 50\,min$
$W = G\cdot p\,\% = 50\cdot\frac{138}{100} = 69$
$W = 69\,min = 1\,h\;9\,min$

d) $W = 615\,cm^3 = 0{,}615\,l$; $G = 3{,}2\,l$
$p\,\% = \frac{W}{G} = \frac{0{,}615}{3{,}2} \approx 19{,}2\,\%$

7 $Z(56) = 6480\,€\cdot\frac{2{,}3}{100}\cdot\frac{56}{100} \approx 23{,}18\,€$ (2 P.)

8 a) $(3ab + 5b^2)^2 = \mathbf{9a^2b^2 + 30ab^3 + 25b^4}$
b) $(3{,}5x - \mathbf{6xy})^2 = \mathbf{12{,}25x^2} - \mathbf{42x^2y} + \mathbf{36x^2y^2}$
c) $(-3x - \mathbf{5a})\cdot(\mathbf{3x} - \mathbf{5a}) = 25a^2 - 9x^2$
d) $(\mathbf{8x} + \mathbf{7})^2 = 64x^2 + 112x + \mathbf{49}$

9 $y = 13$ (2 P.); Probe: links 84, rechts 84 (1 P.)

10 $D = \mathbb{R}\setminus\{-3; +3\}$ (1 P.); $L = \{8\}$ (2 P.)
Probe: $\frac{3}{5} = \frac{33}{55} = \frac{3}{5}$ (1 P.)

11 a) $g = \frac{2\cdot A}{h}$
b) $b = \frac{u - 2\cdot a}{2}$ $\left(b = \frac{u}{2} - a\right)$
c) $r = \sqrt[3]{\frac{3\cdot V}{4\cdot\pi}}$
d) $h = \frac{O - 2\cdot\pi\cdot r^2}{2\cdot\pi\cdot r}$ $\left(h = \frac{O}{2\cdot\pi\cdot r} - r\right)$

12 a) Lösungspaar $(9\,|\,-2)$ (3 P.)
b) Lösungspaar $(-5\,|\,7)$ (3 P.)

(*) Bitte achten Sie darauf, dass Sie die Einheiten im Ergebnis nennen, wenn Sie ohne Einheiten rechnen (wie hier). Falls Sie im Unterricht die Einheiten auch bei der Rechnung dazuschreiben sollen, tun Sie das bitte auch hier!

13 $x_1 = 3,\ x_2 = 4$ (2 P.)
Probe 1: $1 - 21 + 16 = -4$ linke Seite,
$3 - 7 = -4$ rechte Seite
Probe 2: $9 - 28 + 16 = -3$ linke Seite,
$4 - 7 = -3$ rechte Seite (1 P.)

14 Es gilt $-9 \cdot 2 = -18$, also $x_1 \cdot x_2 = q$
aber $-9 + 2 = -7$, also $x_1 + x_2 \neq -p$ (2 P.)

15 **a)** $-5x + 15 < 4 - 4x) \quad | +4x - 15$
$-x < -11 \quad | \cdot(-1)$
$x > 11$
$\Rightarrow L = \{x \mid x \in \mathbb{R};\ x > 11\}$ (2 P.)

b) $9 - 3x > 5x \quad | +3x$
$9 > 8x$
$8x < 9 \quad | :8$
$x < \frac{9}{8}$
$\Rightarrow L = \{0;\ 1\}$ (2 P.)

16 **a)** $3{,}7468 \cdot 10^7$ **b)** $8{,}13 \cdot 10^{-8}$

17 **a)** $3{,}2 \cdot 10^7$ (2 P.) **b)** $3 \cdot 10^{-9}$ (2 P.)

18 **a)** x^{2-n} **b)** $2y)$ **c)** a^{2-n} **d)** $\left(\frac{a}{2}\right)^{n-1}$

19 **a)** 2 **b)** 3 **c)** 5

20 **a)** 7 **b)** 64 **c)** 16

21 **a)** $4x^4 - 3 \cdot (x^4 - 1) = 628$
$x^4 = 625$
$\Rightarrow x_1 = \sqrt[4]{625} = 5;\ x_2 = -\sqrt[4]{625} = -5$
$\Rightarrow L = \{-5;\ 5\}$ (2 P.)

b) Für gerade n gilt: Es gibt zwei Lösungen für $a > 0$, eine $(x = 0)$ für $a = 0$ und keine für $a < 0$.
Für ungerade n gilt: Es gibt eine Lösung für $a \in \mathbb{R}$. (2 P.)

22 **a)** $\log_5 25 = 2$ $\log_6 216 = 3$
$\log_2 \frac{1}{8} = -3$ $\log_7 \frac{1}{\sqrt[3]{49}} = -\frac{2}{3}$

b) $\log_3 7{,}8 \approx 1{,}8697$ $\log 123 \approx 2{,}0899$
$\ln 16{,}5 \approx 2{,}8033$ $\ln 0{,}25 \approx -1{,}3862$

23 $12{,}5 - 4 \cdot 3^{x+3} = -38{,}7 \quad | -12{,}5$
$-4 \cdot 3^{x+3} = -51{,}2 \quad | :(-4)$
$3^{x+3} = 12{,}8 \quad | \ln$
$(x+3) \cdot \ln 3 = \ln 12{,}8 \quad | :\ln 3$
$x + 3 = \frac{\ln 12{,}8}{\ln 3} \quad | -3$
$x = \frac{\ln 12{,}8}{\ln 3} - 3 \approx -0{,}68$ (2 P.)

24 Behauptung: $\overline{DE} = \overline{DB}$.
Beweis: $\alpha + \beta = 90°;\ \gamma + \beta = 90° \Rightarrow \alpha = \gamma$
Da $\overline{AD} = \overline{BC}$ sind die Dreiecke ADE und DBC nach sww kongruent.

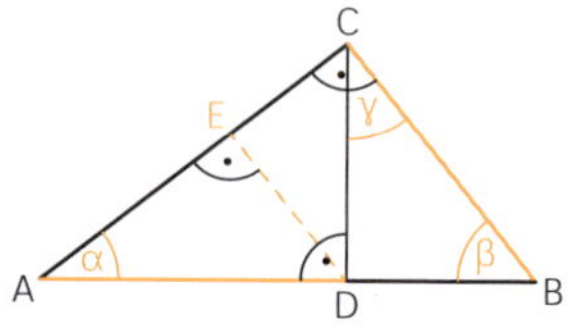

Daraus folgt die Behauptung. (4 P.)

25 **a)** $\frac{5}{x} = \frac{12}{8},\ x = \frac{10}{3}\left(= 3,\overline{3}\right)$ (3 P.)
b) $\frac{4{,}4}{y + 4{,}4} = \frac{7{,}5}{11{,}2},\ y \approx 2{,}17$ (3 P.)

26 **a)** $d = \sqrt{15^2 + 5^2},\ d \approx 15{,}8\,cm$ (2 P.)
b) $e^2 = 250 + 49,\ e \approx 17{,}3\,cm$ (2 P.)

27 $5{,}8^2 = 3{,}1^2 + x^2,\ x \approx 4{,}9$ (2 P.)
Die Leiter lehnt in einer Höhe von ca. 4,9 m an der Wand.

28 **a)** $\sin\alpha = \frac{a}{b} = \frac{f}{c};\ \cos\gamma = \frac{a}{b} = \frac{d}{a};\ \tan\alpha = \frac{a}{c} = \frac{f}{e}$
(je 0,5 P. = 3 P.)
b) $\frac{d}{a} = \cos\gamma$ (1 P.) $\frac{c}{a} = \tan\gamma$ (1 P.)
$\frac{c}{b} = \cos\alpha$ (1 P.) $\frac{f}{d} = \tan\gamma;\ \frac{f}{e} = \tan\alpha$ (2 P.)

29 **a)** $x \approx 9{,}64\,cm$ (3 P.) **b)** $\alpha \approx 101°$ (3 P.)

30 $a = 7\,cm$ (1 P.), $V = 343\,cm^3$ (1 P.)

31 $r = 6\,cm$ (1 P.), $A \approx 113{,}1\,cm^2$ (1 P.)

32 $b \approx 5{,}94\,m$ (1 P.), $A \approx 12{,}47\,cm^2$ (2 P.), $u \approx 14{,}34\,m$ (1 P.)

33 $u = \pi \cdot 0{,}6 \approx 1{,}885$ (2 P.)
$24\,526\,000 : 1{,}885 \approx 13\,000\,000$
Die Reifen haben sich ca. 13 000 000-mal gedreht. (2 P.)

34 Zylinderhöhe: 1,45 m
a) $V_Z = \pi \cdot 0{,}35^2 \cdot 1{,}45;\ V_Z \approx 0{,}558\,m^3$
$V_{Hk} = \frac{2}{3} \cdot \pi \cdot 0{,}35^3;\ V_{Hk} \approx 0{,}0898\,m^3$
$V_{Ges} \approx 0{,}6478\,m^3$ (2 P.)
b) $O = O_{Hk} + M_z + G_z$
$= 0{,}77\,m^2 + 3{,}189\,m^2 + 0{,}385\,m^2$
$\approx 4{,}344\,m^2$ (2 P.)

35 **a)** $V = \pi \cdot 3^2 \cdot 3 + \frac{1}{3} \cdot \pi \cdot 3^2 \cdot 9;\ V \approx 169{,}6\,l$ (2 P.)
b) Um auf Liter zu kommen, ist es am einfachsten mit dm zu rechnen, da $1\,dm^3 = 1\,l$
$V = \left[\frac{1}{3} \cdot \pi \cdot 2^2 \cdot 8{,}5\right] \cdot 2;\ V \approx 71{,}2\,l$ (2 P.)

36 $r = \sqrt{\frac{O}{4\pi}}$, $r \approx 8{,}224\,\text{cm}$ (1 P.), $V \approx 2330\,\text{cm}^3$ (1 P.)

37 $8\,l = 8000\,\text{cm}^3$; $r_{\text{Kugel}} \approx 12{,}4\,\text{cm}$ (1 P.);
$O_K \approx 1934{,}4\,\text{cm}^2$ (1 P.)
$a_{\text{Würfel}} = 20\,\text{cm}$ (1 P.); $O_W = 2400\,\text{cm}^2$ (1 P.)

38 **a)** $O = \pi \cdot r^2 + \pi \cdot r \cdot s \Leftrightarrow \pi \cdot r^2 + \pi \cdot r \cdot s - O = 0$
$\Leftrightarrow r^2 + r \cdot s - \frac{O}{\pi} = 0$; $r \approx 5\,\text{cm}$ (2 P.)
b) $h^2 + r^2 = s^2 \Rightarrow h = \sqrt{s^2 - r^2} \approx 10{,}9\,\text{cm}$
$V = \frac{1}{3} \cdot \pi \cdot r^2 \cdot h \approx 285{,}36\,\text{cm}^3$ (2 P.)

39 **a)** $y = 3x + 4{,}5$ (1 P.) **b)** $y = 2x - 3$ (2 P.)
c) $y = -3x + 1$ (2 P.) **d)** $y = 1{,}6x - 8$ (2 P.)

40 **a)** $f(x) = (x-3)^2 - 4$ (2 P.)

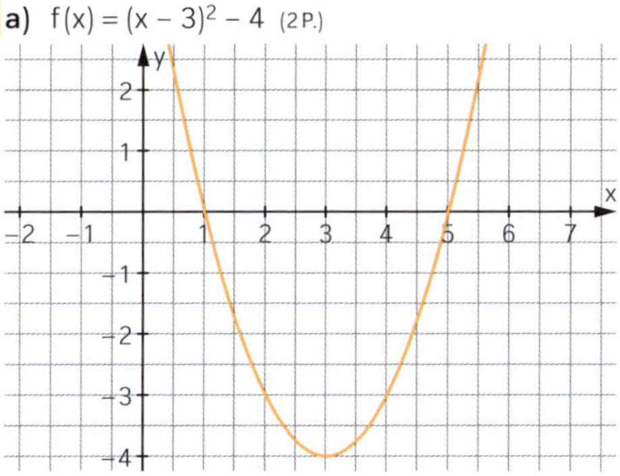

b) $S(3|-4)$ (1 P.) **c)** $N_1(1|0)$, $N_2(5|0)$ (2 P.)

41 (A) zu (3) (B) zu (1) (C) zu (2) (D) zu (4)

42 **a)** beispielhafte Lösung: (3 P.)

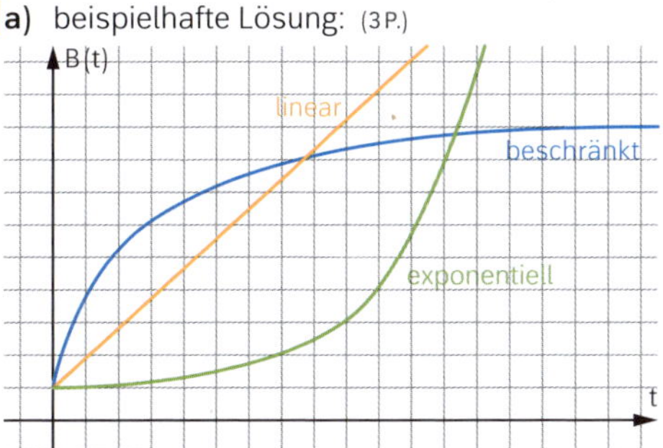

b) Änderungsrate konstant:
lineares Wachstum (0,5 P.)
Änderungsrate proportional zum Sättigungsmanko (der Kapazität):
beschränktes Wachstum. (0,5 P.)
c) $B(3) = B(0) + 3 \cdot d$
$\Leftrightarrow 11{,}8 = 4 + 3 \cdot d$
$\Leftrightarrow d = 2{,}6$ (1 P.)
rekursiv: $B(t+1) = B(t) + 2{,}6$ (1 P.)
explizit: $B(t) = 4 + t \cdot 2{,}6$ (1 P.)

43 **a)** $B(t+1) = B(t) + 0{,}12 \cdot [\,21° - B(t)\,]$ (2 P.)
t in 15-s-Schritten; $B(0) = 65°$
$B(1) = 65° + 0{,}12 \cdot (21° - 65°) \approx 59{,}7\,°\text{C}$ (1 P.)
ebenso: $B(3) \approx 51\,°\text{C}$ (nach 45 s) (1 P.)
$B(6) \approx 41{,}4\,°\text{C}$ (nach 1:30 min) (1 P.)
b) durch Probieren: $B(9) \approx 34{,}9°$ (nach 2:15 min fällt die Temperatur unter 35 °C). (2 P.)

44 Der Durchschnitt beträgt 7,9 Punkte. (3 P.)

45 Sie müssten 720-mal (6!) auf den Sessellift steigen. (3 P.)

46 $P(\text{mind. eine gelb}) = \frac{10}{12} \cdot \frac{2}{11} + \frac{2}{12} \cdot \frac{10}{11} + \frac{2}{12} \cdot \frac{1}{11}$
$P(\text{mind. eine gelb}) = \frac{42}{132} \left(= \frac{7}{22} \approx 31{,}8\,\%\right)$ (4 P.)

47 **a)** $P(A) = 0{,}65$ **b)** $P(B) = 0{,}84$
c) $P(C) = 0{,}35$ **d)** $P(\overline{A}) = 0{,}35$
e) $P(A \cup B) = 1$ **f)** $P(A \cap C) = 0$
g) $P(\overline{A} \cap B) = 0{,}35$ **h)** $P(\overline{A \cup C}) = 0$

48 **a)** (2 P.)

	M	$\overline{M}$	Ges.
E	3	4	7
$\overline{E}$	5	22	27
Ges.	8	26	34

b) 5 Schüler hatten schon Mathematik-, aber noch keine Englischnachhilfe. (2 P.)
c) $P(E \cap M) = \frac{3}{34} \approx 8{,}8\,\%$ (2 P.)

49 **a)** A: „durch 3 teilbar“; B: „durch 7 teilbar“
$P(A \cup B) = P(A) + P(B) - P(A \cap B)$
$= \frac{8}{25} + \frac{3}{25} - \frac{1}{25} = \frac{10}{25} = 40\,\%$ (2 P.)
b) A: „gerade Zahl“; B: „Quadratzahl“
$P(A \cup B) = P(A) + P(B) - P(A \cap B)$
$= \frac{12}{25} + \frac{4}{25} - \frac{2}{25} = \frac{14}{25} = 56\,\%$ (2 P.)
Langfristig würde man als Betreiber eines solchen Glückspiels nur mit der Version a Gewinn erzielen, da dort die Gewinnwahrscheinlichkeit für den Spieler kleiner als 50 % ist. (2 P.)

Rationale Zahlen, Rechengesetze, Prozente und Zinsen, Seite 14 bis 17

1 a) $\mathbb{Z}^- = \{\dots -3; -2; -1\}$
b) $\mathbb{N}^* = \{1; 2; 3; \dots\}$

2 $\frac{9}{2} = 4{,}5 = \frac{45}{10}$;
$\frac{8}{2} = \sqrt{16} = 4 = (-2)^2$;
$\frac{3}{5} = \frac{15}{25} = 0{,}6 = \frac{51}{85}$

3 a) $\frac{27}{100} = 0{,}27$ b) $\frac{250}{2000} = \frac{125}{1000} = 0{,}125$
c) $0{,}45 = \frac{45}{100} = \frac{9}{20}$ d) $0{,}089 = \frac{89}{1000}$

4 a) $27 - 0{,}5 \cdot ((4{,}3 - 1{,}8) + 1{,}5^2)$
$= 27 - 0{,}5 \cdot (2{,}5 + 2{,}25)$
$= 27 - 0{,}5 \cdot 4{,}75$
$= 27 - 2{,}375 = 24{,}625$
b) $2^3 \cdot (-4 \cdot (7 - 9)) \cdot \frac{1}{64}$
$= 2^3 \cdot (-4 \cdot (-2)) \cdot \frac{1}{64}$
$= 2^3 \cdot 8 \cdot \frac{1}{64}$
$= 8 \cdot 8 \cdot \frac{1}{64} = 1$

5 a) $55 + 26 + 5 + 14$
$= (55 + 5) + (26 + 14) = 60 + 40 = 100$
b) $(30 + 5) + 46$
$= (30 + 46) + 5 = 76 + 5 = 81$
c) $(50 - 7) \cdot 6$
$= 50 \cdot 6 - 7 \cdot 6 = 300 - 42 = 258$
d) $45 \cdot 21 + 45 \cdot 29$
$= (21 + 29) \cdot 45 = 50 \cdot 45 = 2250$

6 a) $\frac{26}{35}$ b) $\frac{14}{39}$
c) $\frac{ad + cb}{bd}$ d) $\frac{3xy + 2xz}{zy}$

7 a) $\frac{5}{56}$ b) 1
c) $-4v$ d) $-\frac{32}{121}x$

8 a) $-4{,}5 + (-12) = -(4{,}5 + 12) = -16{,}5$
b) $6{,}5 - (-7{,}5) = 6{,}5 + 7{,}5 = 14$
c) $22 - (+25) - (-14) - 8$
$= 22 + (-25) + 14 - 8$
$= -3 + 6 = 3$

9 a) 100 b) -60 c) $-6{,}25$

10 a) $G = 1500$; $p\,\% = 70\,\%$; $W = 1050$
b) $G = 80\,€$; $p\,\% = 75\,\%$ (reduziert um 25 % bedeutet 100 % − 25 %); $W = 60\,€$.

11 a) Gegeben: $G = 15\,€$; $p\,\% = 30\,\%$;
gesucht: W
$W = G \cdot p\,\% = 15 \cdot \frac{30}{100} = 4{,}5$
Die Ersparnis beträgt 4,50 €.
b) Gegeben: $G = 25\,km$; $W = 15\,km$;
gesucht: p %
$p\,\% = \frac{W}{G} = \frac{15}{25} = \frac{60}{100} = 60\,\%$
Jenny hat 60 % ihrer Route zurückgelegt.

12 Gegeben: $K = 7200\,€$, $p\,\% = 3{,}25\,\%$,
$25 + 7 \cdot 30 + 20 = 255$ Tage;
gesucht: Z (255)
$Z(255) = 7200\,€ \cdot \frac{3{,}25}{100} \cdot \frac{255}{360} = 165{,}75\,€$

Zwischentest, Seite 18

1 a) $-4 \in \mathbb{Z}, \mathbb{Q}, \mathbb{R}$ (0,5 P.)
b) $\frac{24}{6} = 4 \in \mathbb{N}, \mathbb{Z}, \mathbb{Q}, \mathbb{R}$ (0,5 P.)
c) $-\frac{12}{4} = -3 \in \mathbb{Z}, \mathbb{Q}, \mathbb{R}$ (0,5 P.)
d) $-6{,}9 \in \mathbb{Q}, \mathbb{R}$ (0,5 P.)
e) $3{,}00 = 3 \in \mathbb{N}, \mathbb{Z}, \mathbb{Q}, \mathbb{R}$ (0,5 P.)
f) $-\frac{11}{3} \in \mathbb{Q}, \mathbb{R}$ (0,5 P.)
g) $4\frac{3}{5} \in \mathbb{Q}, \mathbb{R}$ (0,5 P.)
h) $\sqrt{3} \in \mathbb{R}$ (0,5 P.)

2

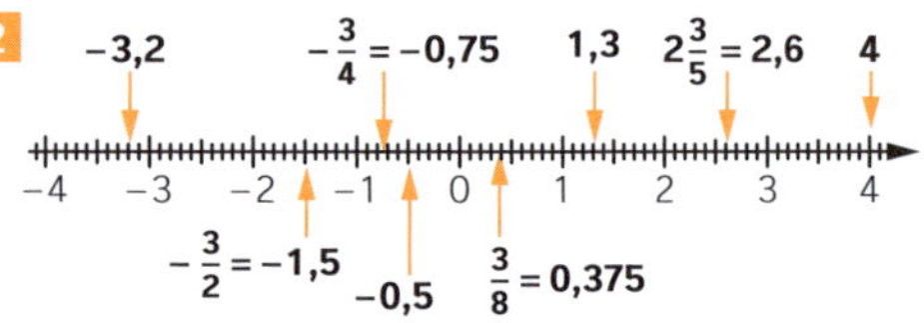

(Pro richtig eingetragener Zahl 0,5 P.)

3 a) $0{,}7 = \frac{7}{10}$
b) $-0{,}675 = -\frac{675}{1000} = -\frac{5}{8}$
c) $0{,}012 = \frac{12}{1000} = \frac{3}{250}$
d) $4{,}08 = 4\frac{8}{100} = 4\frac{2}{25}$

4 a)

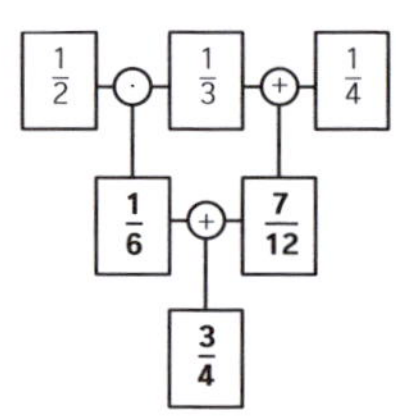

b)

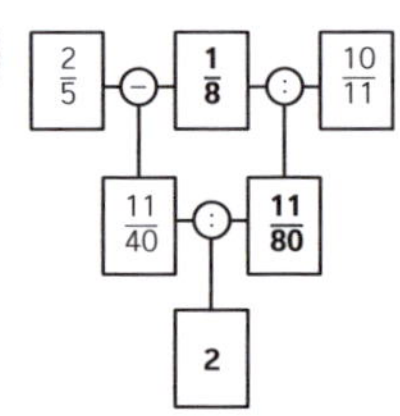

5 a) $8{,}4 + (3{,}9 + 2{,}6) = (8{,}4 + 2{,}6) + 3{,}9$
(Assoziativ- und Kommutativgesetz) (1 P.)
$= 11 + 3{,}9 = 14{,}9$ (1 P.)
b) $7{,}6 + (8{,}2 - 2{,}6) = (7{,}6 - 2{,}6) + 8{,}2$
(Assoziativ- und Kommutativgesetz) (1 P.)
$= 5 + 8{,}2 = 13{,}2$ (1 P.)

6 **a)** Gegeben: $G = 8\,425\,000$; $p\,\% = 15{,}8\,\%$; gesucht: W

$W = 8425000 \cdot \frac{15{,}8}{100} = 1\,331\,150$

1 331 150 Fluggäste litten unter Flugangst. (2 P.)

b) Gegeben: $K = 4230{,}65\,€$; $Z = 4374{,}49\,€ - 4230{,}65\,€ = 143{,}84\,€$; gesucht: p %

$p\,\% = \frac{Z}{K} = \frac{143{,}84}{4230{,}65} \approx 3{,}4\,\%$ (2 P.)

c) Gegeben: $K = 3750\,€$, $p\,\% = 3{,}4\,\%$, $m = 2$ Monate; gesucht: Z (2)

$Z(2) = 3750\,€ \cdot \frac{3{,}4}{100} \cdot \frac{2}{12} = 21{,}25\,€$. (2 P.)

d) Gegeben: $G = 25\,000$;

$p\,\% = \frac{68}{100} \cdot \frac{56}{100} = 38{,}08\,\%$; gesucht: W

$W = 25\,000 \cdot \frac{38{,}08}{100} = 9520$; 9520 Stimmen entfielen auf die Gewinnerin. (2 P.)

Terme und Gleichungen, Seite 19 bis 32

1

x; y	$x = -1$; $y = 3$	$x = \frac{1}{2}$; $y = -2$	$x = \sqrt{2}$; $y = -8$
$4x^2 - 3y$	-5	7	32

2 **a)** Summenterm **b)** Produktterm
c) Summenterm **d)** Quotiententerm

3 **a)** $u = y - 6 + x + 2y + 1{,}5 + 3x - 2$
$u = 4x + 3y - 6{,}5$
$u = 4 \cdot 5{,}5 + 3 \cdot 9 - 6{,}5$
$u = 42{,}5\,\text{LE}$

b) $u = 2a + 2a - 0{,}5 + a + 2a - 0{,}1$
$u = 7a - 0{,}6$
$u = 7 \cdot 1{,}3 - 0{,}6$
$u = 8{,}5\,\text{LE}$

c) $u = 2x - 1{,}2 + y + y + 2{,}5 + 3x$
$u = 5x + 2y + 1{,}3$
$u = 5 \cdot 2{,}6 + 2 \cdot 1{,}8 + 1{,}3$
$u = 17{,}9\,\text{LE}$

4 **a)** $-6x^2y^2z$ **b)** $3ac$

5 **a)** $42y^2 - 6y^4$
b) $24a^2 - 10ab + 28a$
c) $-14{,}72ax^2y + 17{,}28bxy^2$

6 **a)** $12 - 3 \cdot (2x + 1) + 4 \cdot (x - 5) - (7 - x) - 3$
$= 12 - 6x - 3 + 4x - 20 - 7 + x - 3$
$= -21 - x$

b) $-5 \cdot (u - 2v) - 0{,}5 \cdot (-8u + 12v) + (2v + 3) - 3 \cdot [1 - 2 \cdot (3u + 4v)]$
$= -5u + 10v + 4u - 6v + 2v + 3 - 3 \cdot [1 - 6u - 8v]$
$= -5u + 10v + 4u - 6v + 2v + 3 - 3 + 18u + 24v$
$= 17u + 30v$

7 **a)** $(x + 7) \cdot (5 + y)$
$= 5x + xy + 35 + 7y$
$= 5x + 7y + xy + 35$

b) $(4x + 9) \cdot (-3 + 2x)$
$= -12x + 8x^2 - 27 + 18x$
$= 8x^2 + 6x - 27$

c) $(2x + y) \cdot (4 + 3x) - 6x + 9$
$= 8x + 6x^2 + 4y + 3xy - 6x + 9$
$= 6x^2 + 2x + 4y + 3xy + 9$

d) $3a - 6 + (2a - 4) \cdot (3a + 5) + 2b$
$= 3a - 6 + 6a^2 + 10a - 12a - 20 + 2b$
$= 6a^2 + a + 2b - 26$

e) $(4b - 2a) \cdot (5 + b) + 3 \cdot (2b + 4a)$
$= 20b + 4b^2 - 10a - 2ab + 6b + 12a$
$= 4b^2 + 2a + 26b - 2ab$

f) $2x + 4 \cdot (x - 10) + 4 + (5x - 8) \cdot (1 + x)$
$= 2x + 4x - 40 + 4 + 5x + 5x^2 - 8 - 8x$
$= 5x^2 + 3x - 44$

8 **a)** $25x^2 + 100x + 100$
b) $-16a^2 + 49$
c) $4x^2 - 12x + 9$
d) $0{,}25x^2 + 0{,}3x + 0{,}09$
e) $49x^2 - 168x + 144$
f) $64z^2 - 36$
g) $81x^2 + 270x + 225$
h) $0{,}04x^2 - 0{,}04x + 0{,}01$

9 **a)** $(2b + 3)^2$
b) $(0{,}5x + 1{,}5) \cdot (0{,}5x - 1{,}5)$
c) $(3y - 8)^2$
d) $(a + 4y)^2$

10 **a)** $x^2 + 4x + \mathbf{4} = (x + \mathbf{2})^2$
b) $x^2 - 16x + \mathbf{64} = (x - \mathbf{8})^2$
c) $25x^2 + 20x + \mathbf{4} = (\mathbf{5}x + \mathbf{2})^2$

11 **a)**

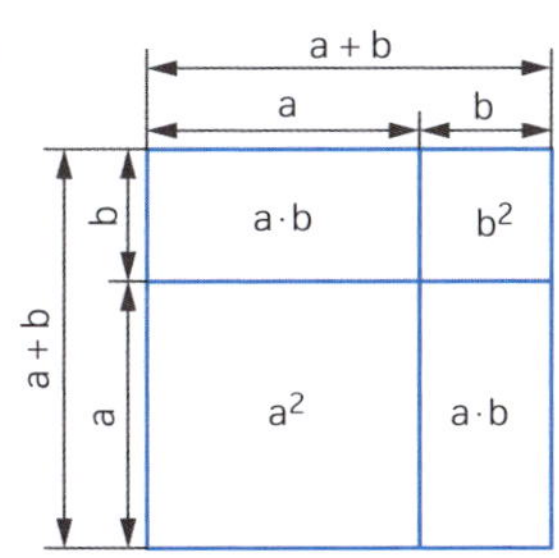

$(a + b)^2 = a^2 + 2ab + b^2$

b)

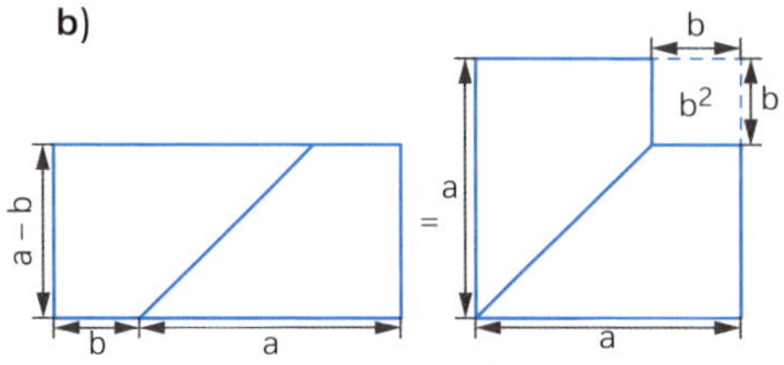

$(a+b)\cdot(a-b)=a^2-b^2$

12 **a)** $D=\mathbb{R}\setminus\{0\}$ **b)** $D=\mathbb{R}\setminus\{-5\}$

c) $D=\mathbb{R}\setminus\{5\}$ **d)** $D=\mathbb{R}\setminus\{2{,}5\}$

e) wegen $y\cdot(y-9)$: $D=\mathbb{R}\setminus\{0;\,9\}$

f) wegen $(x+2)^2$: $D=\mathbb{R}\setminus\{-2\}$

13 **a)** $\frac{a}{2b^2}$ **b)** $4xy$

c) $\frac{\cancel{8}\cdot(2x+5)}{\cancel{8}x}=\frac{2x+5}{x}$ **d)** $\frac{3\cdot\cancel{(x-4)}}{(x-4)\cdot\cancel{(x-4)}}=\frac{3}{x-4}$

e) $\frac{3\cdot\cancel{(x+5)}}{(x+5)\cdot\cancel{(x+5)}}=\frac{3}{x+5}$

14 **a)** $\frac{4}{cy}$ **b)** $\frac{2\cdot(x-3)}{3}$

c) Hn: $9x$; $\frac{12}{9x}+\frac{5x}{9x}=\frac{12+5x}{9x}$

d) Hn: $5\cdot(a+2)$;

$\frac{15}{5\cdot(a+2)}-\frac{2a\cdot(a+2)}{5\cdot(a+2)}=\frac{15-2a^2-4a}{5\cdot(a+2)}$

15 **a)** Hn: $4\cdot(x+2)$;

$\frac{3x}{4\cdot(x+2)}+\frac{5x\cdot4}{4\cdot(x+2)}=\frac{23x}{4\cdot(x+2)}$

b) $\frac{3y}{y^2+4y+4}\cdot\frac{y^2-2^2}{4y}$

$=\frac{3y\cdot(y+2)\cdot(y-2)}{(y+2)\cdot(y+2)\cdot4y}$

$=\frac{3\cdot(y-2)}{4\cdot(y+2)}$

c) Hn: $15\cdot(2x+1)$;

$\frac{(4x+6)\cdot3}{15\cdot(2x+1)}-\frac{(3x+2)\cdot5}{15\cdot(2x+1)}=\frac{-3x+8}{15\cdot(2x+1)}$

16 **a)** $L=\{-2\}$ **b)** $L=\{10\}$

17 **a)** $8x+5=2^3(x-2)$

$8x+5=8x-16$

$5=-16\ \Rightarrow\ L=\{\ \}$

b) $12(x-5)=2\cdot(6x-30)$

$12x-60=12x-60$

$0=0\ \Rightarrow\ L=\mathbb{R}$

18 **a)** $5\cdot(2x+3)=8x-6$

$10x+15=8x-6$

$2x=-21$

$x=-10{,}5$

b) $2\cdot(3x+4)=8\cdot(2x-4)$

$6x+8=16x-32$

$-10x=-40$

$x=4$

c) $-4\cdot(x-7)=2x+4$

$-4x+28=2x+4$

$-6x=-24$

$x=4$

19

$4x\cdot(2x-9)-10x=(x-7)\cdot(8x-4)-2\cdot(x+4)$

$\mathbf{8x^2}-36x\mathbf{-10x}=\mathbf{8x^2-4x-56x}+28\mathbf{-2x}-8$

$-46x=-62x\mathbf{+20}\qquad|+62x$

$\mathbf{16x=20}\qquad|:16$

$x=\mathbf{\frac{20}{16}}=\frac{10}{8}=\mathbf{\frac{5}{4}=1{,}25}$

20 **a)** $5x-(2x+4)^2=17-4x^2$

$5x-4x^2-16x-16=17-4x^2$

$-11x=33$

$x=-3$

b) $(x+5)^2-(x-3)^2=12\cdot(x+4)$

$x^2+10x+25-x^2+6x-9=12x+48$

$16x+16=12x+48$

$4x=32$

$x=8$

c) $(3y-2)\cdot(5-8y)=21-24y^2$

$15y-24y^2-10+16y=21-24y^2$

$31y-10=21$

$31y=31$

$y=1$

d) $(3x+4)\cdot(4x+3)=(2x+6)\cdot(6x+2)$

$12x^2+9x+16x+12=12x^2+4x+36x+12$

$25x+12=40x+12$

$-15x=0$

$x=0$

21 **a)** $(x-6)\cdot5=3x$

$5x-30=3x$

$2x=30;$

$x=15\ \Rightarrow\ L=\{15\}$

b) Alter vor 5 Jahren:
Herr Bauer: $3x$; Sohn: x
Alter heute:
Herr Bauer $3x+5$; Sohn: $x+5$
Gleichung:

$3x+5+x+5=98$

$4x+10=98$

$x=22$

Herr Bauer ist heute 71 Jahre alt, sein Sohn 27.

22 **a)** $D=\mathbb{R}\setminus\{0\}$

$4\cdot(a-3)=6a$

$4a-12=6a$

$-2a=12$

$a=-6$

b) $D=\mathbb{R}\setminus\left\{-\frac{4}{3}\right\}$

$28=3x+4$

$24=3x$

$x=8$

c) $D = \mathbb{R}\setminus\{0; 2\}$
$12x = 15x - 30$
$-3x = -30$
$x = 10$

d) $D = \mathbb{R}\setminus\{-4; 2\}$
$x = 14$

e) $D = \mathbb{R}\setminus\{-3; -4\}$
$x = -8$

f) $D = \mathbb{R}\setminus\left\{0{,}5; \frac{7}{8}\right\}$
$x = 3$

23 a) Hn: x; $D = \mathbb{R}\setminus\{0\}$
$\frac{8x}{x} + \frac{7x}{x} = 5x \Leftrightarrow 15 = 5x \Leftrightarrow x = 3$

b) Hn: $12x$; $D = \mathbb{R}\setminus\{0\}$
$\frac{12x}{2x} + \frac{12x}{3x} = \frac{12x}{4} \Leftrightarrow 6 + 4 = 3x$
$\Leftrightarrow 10 = 3x \Leftrightarrow x = \frac{10}{3} = 3\frac{1}{3}$

c) Hn: $6x$; $D = \mathbb{R}\setminus\{0\}$
$\frac{8 \cdot 6x}{3x} - \frac{2 \cdot 6x}{6x} = \frac{4 \cdot 6x}{x} + \frac{5 \cdot 6x}{6}$
$\Leftrightarrow 16 - 2 = 24 + 5x \Leftrightarrow x = -2$

24 a) Hn: $4 \cdot (3x - 1) \cdot (2x + 1)$; $D = \mathbb{R}\setminus\left\{-\frac{1}{2}; \frac{1}{3}\right\}$
$(6x + 8) \cdot (2x + 1) = (2x + 6) \cdot (6x - 2)$
$x = 2$

b) Hn: $4 \cdot (2x - 1)$; $D = \mathbb{R}\setminus\left\{\frac{1}{2}\right\}$
$(2x + 1) \cdot 2 = 6x - 1$
$x = \frac{3}{2}$

c) Hn: $(x + 2) \cdot (x - 2)$; $D = \mathbb{R}\setminus\{\pm 2\}$
$5 \cdot (x + 2) = 2x \Leftrightarrow x = -3\frac{1}{3}$

25 a) $a = \frac{u}{4}$
b) $r_1 = \frac{u}{2\pi} - r_2$
c) $a = \sqrt{\frac{3 \cdot V}{h}}$
d) $h = \left(\frac{O}{3a} - a \cdot \sqrt{3}\right) \cdot \frac{1}{2}$

26 a) $c = \frac{V}{ab}$; $c = 1{,}4\,\text{cm}$
b) $G = \frac{W \cdot 100}{p}$; $G = 600\,€$

27 a) $m = \varrho \cdot V$; $V = \frac{m}{\varrho}$
b) $s = v \cdot t$; $t = \frac{s}{v}$
c) $a = \frac{2A}{h} - c$; $c = \frac{2A}{h} - a$; $h = \frac{2A}{a + c}$

28 a) $f = \frac{g \cdot b}{b + g}$
b) $b = \frac{f \cdot g}{g - f}$

29 a)
$$\left| \begin{array}{ll} [1] & x + y = 10 \\ [2] & 0{,}05x + 0{,}4y = 0{,}2 \cdot 10 \end{array} \right|$$
x: Menge 5 %ige, y: Menge 40 %ige Säure

b)
$$\left| \begin{array}{ll} [1] & 7x + 5y = 13{,}90 \\ [2] & 3x + 4y = 8 \end{array} \right|$$
x: Preis pro Tafel Zartbitter,
y: Preis pro Tafel Vollmilch

30 a) $L = \{(3|9)\}$
b) $L = \{(9|-4)\}$
c) $L = \{(-1|9)\}$

31 a) $L = \{(4|8)\}$
b) $L = \{(8|-3)\}$
c) $L = ((-3|-2))$
d) $L = \{(1|4)\}$

32 a) $L = \{(1|-3)\}$
b) $L = \{(0{,}5|3)\}$
c) $L = \{(-1|2)\}$

33 a) Der Laborant benötigt 5,7 l 5 %ige und 4,3 l 40 %ige Schwefelsäure.
b) Eine Tafel Zartbitter kostet 1,20 €, eine Tafel Vollmilch 1,10 €.

34 a) $L = \{(0{,}5|-3)\}$
b) $L = \{(5|-2)\}$
c) $L = \{(-2|-3)\}$
d) $L = \{(3|5)\}$

35 a) $x^2 - 8x - 6 = 0$
$p = -8$; $q = -6$

b) $x^2 - 3{,}5x + 10{,}5 = 0$
$p = -3{,}5$; $q = 10{,}5$

c) $x^2 + 2x + 6 = 0$
$p = 2$; $q = 6$

d) $x^2 - 5x + 13\frac{1}{3} = 0$
$p = -5$; $q = 13\frac{1}{3}$

36 a) $x_1 = -12$; $x_2 = 12$
b) $x_1 = -\sqrt{7}$; $x_2 = \sqrt{7}$
c) $x_1 = -\frac{4}{5}$; $x_2 = \frac{4}{5}$
d) $x_1 = -1{,}5$; $x_2 = 1{,}5$

37 a) $x \cdot (x - 12) = 0$
$x_1 = 0$; $x_2 = 12$

b) $x \cdot (x + 5{,}6) = 0$
$x_1 = 0$; $x_2 = -5{,}6$

c) $x \cdot \left(x - \frac{2}{3}\right) = 0$
$x_1 = 0$; $x_2 = \frac{2}{3}$

d) $2x \cdot (x - 4) = 0$
$x_1 = 0$; $x_2 = 4$

38 a)
$$\begin{aligned} x^2 + 2x + 1 - 1 - 15 &= 0 \\ (x + 1)^2 - 4^2 &= 0 \\ (x + 1 + 4) \cdot (x + 1 - 4) &= 0 \\ (x + 5) \cdot (x - 3) &= 0 \end{aligned}$$
$x_1 = -5$; $x_2 = 3$

b)
$$\begin{aligned} x^2 - 4x + 4 - 4 - 21 &= 0 \\ (x - 2)^2 - 5^2 &= 0 \\ (x - 2 + 5) \cdot (x - 2 - 5) &= 0 \\ (x + 3) \cdot (x - 7) &= 0 \end{aligned}$$
$x_1 = -3$; $x_2 = 7$

c)
$$\begin{aligned} x^2 - 4x - 32 &= 0 \\ x^2 - 4x + 4 - 4 - 32 &= 0 \\ (x - 2)^2 - 6^2 &= 0 \\ (x - 2 + 6) \cdot (x - 2 - 6) &= 0 \end{aligned}$$
$x_1 = -4$; $x_2 = 8$

d)
$$\begin{aligned} x^2 + 2x - 48 &= 0 \\ x^2 + 2x + 1 - 1 - 48 &= 0 \\ (x + 1)^2 - 7^2 &= 0 \\ (x + 1 + 7) \cdot (x + 1 - 7) &= 0 \end{aligned}$$
$x_1 = -8$; $x_2 = 6$

39 a) $p = -4$; $q = -77$
$x_{1/2} = 2 \pm \sqrt{4 + 77} = 2 \pm 9$
$x_1 = 11$; $x_2 = -7$

b) $p = 8$; $q = 16$
$x_{1/2} = -4 \pm \sqrt{16 - 16}$; $x = -4$

c) $p = 4{,}5$; $q = -17{,}5$
$x_{1/2} = -2{,}25 \pm \sqrt{2{,}25^2 + 17{,}5}$
$x_{1/2} = -2{,}25 \pm 4{,}75$; $x_1 = 2{,}5$; $x_2 = -7$

d) $p = -0{,}5$; $q = -22{,}5$
$x_{1/2} = 0{,}25 \pm \sqrt{0{,}25^2 + 22{,}5}$
$x_{1/2} = 0{,}25 \pm 4{,}75$; $x_1 = 5$; $x_2 = -4{,}5$

40 a) nein: $7 \cdot (-18) \neq -336$
b) x_1 und x_2 sind Lösungen
c) nein: $4{,}5 - 4 \neq -0{,}5$
d) nein: $\frac{1}{5} \cdot \frac{1}{3} \neq -\frac{1}{15}$

41 a) $2x^2 + 2{,}4x - 6{,}5 = 0$; $a = 2$, $b = 2{,}4$; $c = -6{,}5$
$x_{1,2} = \frac{-2{,}4 \pm \sqrt{2{,}4^2 - 4 \cdot 2 \cdot (-6{,}5)}}{2 \cdot 2} = \frac{-2{,}4 \pm \sqrt{57{,}76}}{4}$;
also $x_1 = 1{,}3$; $x_2 = -2{,}5$
b) $2x^2 - 16x + 30 = 0$; $a = 2$; $b = -16$; $c = 30$
$x_{1,2} = \frac{16 \pm \sqrt{(-16)^2 - 4 \cdot 2 \cdot 30}}{2 \cdot 2} = \frac{16 \pm \sqrt{16}}{4}$;
also $x_1 = 5$; $x_2 = 3$
c) $10x^2 - 7x + 1 = 0$; $a = 10$; $b = -7$; $c = 1$
$x_{1,2} = \frac{7 \pm \sqrt{(-7)^2 - 4 \cdot 10 \cdot 1}}{2 \cdot 10} = \frac{7 \pm \sqrt{9}}{20}$;
also $x_1 = \frac{1}{2}$; $x_2 = \frac{1}{5}$
d) $6x^2 - 49x + 49 = 0$; $a = 6$; $b = -49$; $c = 49$
$x_{1,2} = \frac{49 \pm \sqrt{(-49)^2 - 4 \cdot 6 \cdot 49}}{2 \cdot 6} = \frac{49 \pm \sqrt{1225}}{12}$;
also $x_1 = 7$; $x_2 = \frac{7}{6}$

42 a) $z^2 - 25z + 144 = 0$; $\Rightarrow z_1 = 9$; $z_2 = 16$
$\Rightarrow x_{1,2} = \pm 3$; $x_{3,4} = \pm 4$
b) $z^2 + 3z - 40 = 0$; $\Rightarrow z_1 = 5$; $z_2 = -8$;
$\Rightarrow x_{1,2} = \pm\sqrt{5}$; keine weiteren Lösungen
c) $2z^2 - 10z + 8 = 0$; $\Rightarrow z_1 = 4$; $z_2 = 1$;
$\Rightarrow x_{1,2} = \pm 2$; $x_{3,4} = \pm 1$
d) $4z^2 - 5z - 9 = 0$; $\Rightarrow z_1 = \frac{9}{4}$; $z_2 = -1$;
$\Rightarrow x_{1,2} = \pm\frac{3}{2}$; keine weiteren Lösungen

43 Gleichung: $3x + 10 = x^2 \Rightarrow x_1 = 5$; $x_2 = -2$

44 a) $L = \{x \mid x > 14\}$ b) $L = \{x \mid x \leq 3\}$
c) $L = \{x \mid x > 8\}$ d) $L = \{x \mid x \leq -2\}$

45 a) $L = \{x \mid x \leq 3\}$
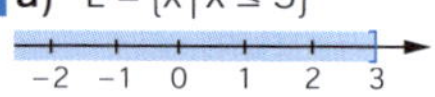
b) $L = \{x \mid x < 1\}$
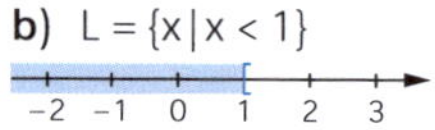
c) $L = \left\{x \mid x > \frac{3}{2}\right\}$
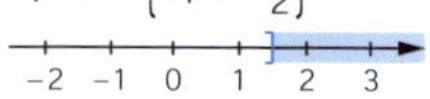
d) $L = \{x \mid x \geq -1\}$
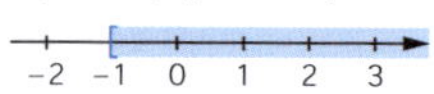

46 a) $x > -2$ $L = \{-1; 0; 1; 2; \ldots\}$
b) $x < 4$ $L = \{0; 1; 2; 3\}$
c) $x < -2{,}5$ $L = \{\ \}$

Zwischentest, Seite 33

1 a) $u = 3x + 4y + 1$ (1 P.)
$u = 3 \cdot 4{,}4 + 4 \cdot 2{,}7 + 1 = 25$ (1 P.)
b) $u = 4b + 4a$ (1 P.)
$u = 4 \cdot 0{,}9 + 4 \cdot 3 = 15{,}6$ (1 P.)

2 a) $x^2 - 5x$ b) $-2a - b$

3 a) $16 - 24a + 9a^2$ b) $4y^2 - 49z^2$
c) $(2a - \mathbf{3b})^2 = 4a^2 - 12ab + \mathbf{9b^2}$
d) $25r^4 + 20r^2y^2 + \mathbf{4y^2} = (\mathbf{5r^2} + 2\mathbf{y^2})^2$

4 a) $D = \mathbb{R}\setminus\{3\}$; Hn: $3 \cdot (x - 3)$; $\frac{2x^2 - 6x + 15}{3 \cdot (x - 3)}$
b) $D = \mathbb{R}\setminus\{\pm 2\}$; Hn: $(x - 2) \cdot (x + 2)$; $\frac{2x^2 + x + 6}{x^2 - 4}$
c) $D = \mathbb{R}\setminus\{-2\}$; Hn: $2 \cdot (2y + 4^2$;
$\frac{-4y - 2}{2 \cdot (2y + 4)^2} = \frac{2 \cdot (-2y - 1)}{2 \cdot (2y + 4)^2} = \frac{-2y - 1}{(2y + 4)^2}$
(je 1 Punkt für Umformung, 1/2 Punkt für D und Hn)

5 a) $x = 1$
b) $z_1 = -5$; $z_2 = 3 \Rightarrow x_{1,2} = \pm\sqrt{3}$
c) $x_1 = 3$; $x_2 = 4$
d) $D = \mathbb{R}\setminus\{0; 2\}$; $x = -3$

6 a) $L = \{(-7 \mid 5)\}$ (2 P.)
b) $\left| \begin{array}{l} \boxed{1}\ 2x + 3y = 33{,}97 \\ \boxed{2}\ 3x + 2y = 38{,}48 \end{array} \right|$ (1 P.)
T-Shirt: 9,50 €; Boxershorts: 4,99 € (1 P.)

7 a) $x > 1$ (1 P.)

(1 P.)
b) $x \leq 3$ (1 P.)

(1 P.)
c) $x < \frac{22}{5} = 4{,}4$ (1 P.)
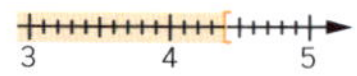
(1 P.)

Potenzen, Wurzeln, Logarithmen, Seite 34 bis 45

1 a) $(3x + 4) \cdot (3x + 4) \cdot (3x + 4) \cdot (3x + 4)$
b) $3x + 4 \cdot 4 \cdot 4 \cdot 4$
c) $3 \cdot (x + 4) \cdot (x + 4) \cdot (x + 4) \cdot (x + 4)$
d) $\frac{4y \cdot 4y \cdot 4y}{3}$ e) $\frac{4 \cdot y \cdot y \cdot y}{3}$
f) $\left(\frac{4y}{3}\right)\left(\frac{4y}{3}\right)\left(\frac{4y}{3}\right)$ g) aaabbbb
h) 3a3a3abbbb) i) $-3 \cdot 3 \cdot 3 \cdot 2 \cdot aaa$
j) xxxx + yyyy) k) 2aaab2aaab
l) $(-4) \cdot (-4) \cdot (-4) - x \cdot x$

2 a) $(-2)^4 > -2^4$ b) $3^2 > 2^3$
c) $2^5 > 2 \cdot 5$ d) $10^2 < 2^{10}$

3 a) $x^4 - 3^5$ b) $a^3 + (-2)^2$
c) $4^3 \cdot 5^2$ d) $x^3 \cdot (-3)^2$

4 a) 32 b) -7 c) 64
d) 2 e) $\frac{1}{8}$ f) 3

5 a) $60x^7y^3$ b) $\frac{5a^7}{2b^2}$
c) $3s^7t^4$ d) $\frac{1}{4y^4}$

6 a) $\frac{1}{4^3} = \frac{1}{64}$ b) $\frac{1}{2^6} = \frac{1}{64}$
c) $\frac{1}{10^3} = \frac{1}{1000}$ d) $\frac{1}{(-5)^2} = \frac{1}{25}$
e) $\left(\frac{2}{3}\right)^{-3} = \frac{1}{\left(\frac{2}{3}\right)^3} = \frac{1}{\frac{8}{27}} = \frac{27}{8}$
f) $\left(\frac{4}{10}\right)^{-2} = \frac{1}{\left(\frac{4}{10}\right)^2} = \frac{1}{\frac{16}{100}} = \frac{100}{16}$

7

	0	−1	−2	−3	−4
1	1	1	1	1	1
2	1	0,5	0,25	0,125	0,0625
10	1	0,1	0,01	0,001	0,0001
−1	1	−1	1	−1	1
−2	1	−0,5	0,25	−0,125	0,0625

8 a) $2ab^2$ b) v^3z^{-2} c) a^6b^{-2} d) $u^4v^3w^{-3}$

9 a) $\frac{m}{s}$ b) $\frac{m}{s^2}$ c) $\frac{kg \cdot m^2}{s^2}$ d) $\frac{g}{cm^3}$ e) $\frac{kg \cdot m}{s^2}$

10 a) 6^{10} b) 2^{-7} c) 10^3 d) $\left(\frac{1}{2}\right)^7$

11 a) $8\ (= 8^1)$ b) 4^{-7} c) 10^{-2} d) $0{,}2^{14}$

12 a) $4^{-4} = \frac{1}{4^4}$ b) $3^{-6} = \frac{1}{3^6}$ c) $10^{-4} = \frac{1}{10^4}$ d) $0{,}5^{-2} = \frac{1}{0{,}5^2}$

13 a) x^{3n-1} b) y^{z-3} c) m^{4x-8}

14

Termvereinfachung	x	Wert	x	Wert
10^{5x-1}	6	10^{29}	4	10^{19}
2^{3x+1}	4	2^{13}	2	2^7

15 a) $x^{-n} \cdot y^{2m-n}$ b) $a^{-x-4} \cdot b^{-3y-3}$ c) $x^{-4} \cdot y^6$

16 a) $1^6 = 1$ b) $1^{-9} = 1$ c) $2^4 = 16$ d) $\left(\frac{1}{2}\right)^3 = \frac{1}{8}$

17 a) $5^3 = 125$ b) $2^{-5} = \frac{1}{32}$ c) $10^{-6} = \frac{1}{1\,000\,000}$ d) $100^2 = 10\,000$

18 a) m^{n+1} b) $\left(\frac{1}{2}\right)^5 = \frac{1}{32}$ c) $(2ab^2)^{-7}$ d) $\left(\frac{u}{2}\right)^{-2}$

19 a) 3^{20} b) 6^{-24} c) 10^{30} d) 3^{-4}

20 a) $(b^{\mathbf{4}})^3 = b^{12}$ b) $(a^{-5})^{\mathbf{-2}} = a^{10}$ c) $(x^{-4})^{\mathbf{2x-1}} = b^{-8x+4}$

21 a) x^{8n-12} b) y^{6z^2+3z} c) m^{2y^2-y-6}

22 a) $a^{6n-4} \cdot a^{12-4n} = a^{2n+8}$
b) $b^{6u-9v} \cdot b^{-20v-5u} = b^{u-29v}$
c) $\frac{m^{8+12n} \cdot m^{4n-1}}{m^{-3n+3}} = \frac{m^{16n+7}}{m^{-3n+3}} = m^{19n+4}$
d) x^{-2t-30}
e) $y^{mn+3m} \cdot y^{-4m+2mn} = y^{3mn-m}$
f) $a^{-nm+3n} \cdot a^{-2m+nm} = a^{3n-2m}$

23 a) $1 \cdot 10^2$ b) $1 \cdot 10^6$ c) $1 \cdot 10^4$ d) $1 \cdot 10^{12}$ e) $1 \cdot 10^9$ f) $1 \cdot 10^1$ g) $3{,}6 \cdot 10^5$ h) $8{,}002 \cdot 10^8$ i) $6 \cdot 10^8$ j) $3{,}8 \cdot 10^{10}$ k) $5 \cdot 10^5$ l) $7{,}084 \cdot 10^8$

24 a) 51 300 000 b) 1 926 000 c) 208 000 d) 470 200 000

25 a) $3 \cdot 10^5 \frac{km}{s}$ b) $3 \cdot 10^8 \frac{m}{s}$

26 a) $1 \cdot 10^{-2}$ b) $1 \cdot 10^{-6}$ c) $1 \cdot 10^{-4}$ d) $1 \cdot 10^{-9}$ e) $3{,}6 \cdot 10^{-3}$ f) $2{,}07 \cdot 10^{-4}$ g) $5 \cdot 10^{-9}$ h) $2 \cdot 10^{-10}$ i) $3{,}8 \cdot 10^{-10}$

27 a) $2{,}265 \cdot 10^{16}$ b) $1{,}998 \cdot 10^{25}$ c) $1{,}575 \cdot 10^{13}$

28 Die mittlere Entfernung Sonne – Neptun beträgt $4{,}488 \cdot 10^9$ km.

29 a) $9{,}5 \cdot 10^4$ b) $1{,}6 \cdot 10^{11}$ c) $5 \cdot 10^7$

30 Die Masse der Sonne ist ca. $3{,}3 \cdot 10^5$-mal so groß.

31 a) $2{,}132 \cdot 10^{-13}$ b) $1{,}66 \cdot 10^{-7}$ c) $6{,}4 \cdot 10^5$

32 a) $7{,}5 \cdot 10^{-6}$ b) $1{,}25 \cdot 10^{13}$ c) $1 \cdot 10^{-15}$

33 Es sind ca. $5{,}98 \cdot 10^{23}$ ($\approx 6 \cdot 10^{23}$) Atome enthalten.

34 a) $60 \cdot 60 \cdot 24 \cdot 365 = 3{,}1536 \cdot 10^7$
Das Jahr hat $3{,}1536 \cdot 10^7$ Sekunden.
b) $3{,}1536 \cdot 10^7 \cdot 3 \cdot 10^5 = 9{,}4608 \cdot 10^{12}$
Es sind rund $9{,}5 \cdot 10^{12}$ km.

35 Atomdurchmesser: ca. 10^{-7} mm
$1\,\text{mm} : (1 \cdot 10^{-7}\,\text{mm}) = 1 \cdot 10^7$
Es sind ca. 10^7 Atome.

36 a) 12 b) 7 c) 0,4 d) $\frac{4}{6} = \frac{2}{3}$

37 a) $\sqrt[2]{289} = 17$ b) $\sqrt[4]{0{,}0081} = 0{,}3$ c) $\sqrt[8]{256} = 2$ d) $\sqrt[4]{\frac{81}{625}} = \frac{3}{5}$

38 a) 1,414 b) 2,154 c) 1,495 d) 0,866

39 a) 2,646 m b) 2,191 m c) 3,536 m d) 31,62 m

40 a) 1,26 cm b) 1,77 m c) 5,85 dm d) 4,64 mm

41 a) $\sqrt{81} = 9$ b) $\sqrt{144} = 12$ c) $\sqrt[3]{1000} = 10$ d) $\sqrt[3]{216} = 6$

42 a) $\sqrt{36} = 6$ b) $\sqrt[5]{243} = 3$ c) $\sqrt[3]{8} = 2$ d) $\sqrt[3]{343} = 7$

43 a) $\sqrt[6]{25} \approx 1{,}71$ b) $\sqrt[12]{100} \approx 1{,}47$ c) $\sqrt[9]{91} \approx 1{,}65$ d) $\sqrt[10]{0{,}4} \approx 0{,}91$

44 a) $\sqrt{4} \cdot \sqrt{3} = 2 \cdot \sqrt{3}$ b) $\sqrt[3]{8} \cdot \sqrt[3]{2} = 2 \cdot \sqrt[3]{2}$ c) $\sqrt{25} \cdot \sqrt{5} = 5 \cdot \sqrt{5}$ d) $\frac{\sqrt{3}}{4}$

45 a) $\sqrt[5]{(8^3)^5} = 8^3$ b) $\sqrt[4]{(7^2)^4} = 7^2 = 49$
c) $\left(\left(\sqrt[4]{5}\right)^4\right)^3 = 5^3 = 125$ d) $\left(\left(\sqrt[3]{7}\right)^3\right)^6 = 7^6$

46 a) $a \cdot \sqrt{5}$ b) $3x$
c) $a \cdot b^2 \cdot \sqrt{5}$ d) $2 \cdot \sqrt{2}\, a^3 b$
e) a^3 f) a^5
g) $(ab)^5$ h) $(xy)^4$
i) $\frac{a^2 \cdot \sqrt{2}}{b^3}$ j) $\frac{\sqrt{a}}{7}$
k) $\frac{3a^2}{b\sqrt{b}}$ l) $\frac{3a^2 \cdot \sqrt{3}}{b} \cdot \frac{b^3}{\sqrt{3} \cdot a} = 3ab^2$

47 a) $\sqrt[5]{10^4}$ b) $\sqrt{3}$ c) $\sqrt{7^5}$ d) $\sqrt[6]{0{,}5^7}$

48 a) $8^{\frac{7}{5}}$ b) $7^{\frac{8}{3}}$ c) $5^{\frac{11}{5}}$ d) $7^{\frac{2}{3}}$

49 a) $2^{\frac{12}{4}} = 2^3 = 8$ b) $10^{-\frac{8}{4}} = 10^{-2} = 0{,}01$
c) $3^{\frac{12}{4}} = 3^3 = 27$ d) $7^{-\frac{6}{3}} = 7^{-2} = \frac{1}{49}$

50 a) 81 b) 3 c) $\frac{1}{9}$ d) 1
e) 27 f) $\frac{1}{27}$ g) $\frac{1}{3}$ h) $\frac{1}{81}$

51 a) $8{,}27^{\frac{1}{4}} = \sqrt[4]{8{,}27}$
b) $26{,}8^{\frac{16}{10}} = 26{,}8^{\frac{8}{5}} = \sqrt[5]{26{,}8^8}$
c) $2{,}713^{\frac{375}{100}} = 2{,}713^{\frac{15}{4}} = \sqrt[4]{2{,}713^{15}}$
d) $19{,}4^{\frac{216}{100}} = 19{,}4^{\frac{54}{25}} = \sqrt[25]{19{,}4^{54}}$
e) $3{,}8^{\frac{85}{1000}} = 3{,}8^{\frac{17}{200}} = \sqrt[200]{3{,}8^{17}}$

52 a) $a^{1{,}8} = a^{\frac{18}{10}} = a^{\frac{9}{5}} = \left(\sqrt[5]{a}\right)^9$
b) $x^{0{,}4} = x^{\frac{2}{5}} = \left(\sqrt[5]{x}\right)^2$
c) $4^{\frac{2}{3}} = \left(\sqrt[3]{4}\right)^2$
d) $y^{2{,}5} = y^{\frac{5}{2}} = \left(\sqrt{y}\right)^5$

53 a) $a^{\frac{5}{4}} = \left(\sqrt[4]{a}\right)^5$ b) $a^{\frac{1}{6}} = \sqrt[6]{a}$
c) $p^{\frac{1}{3}} = \sqrt[3]{p}$ d) $\left(\left(\frac{a}{b}\right)^{\frac{4}{7}}\right)^{\frac{7}{2}} = \left(\frac{a}{b}\right)^2$

54 a) $a^{\frac{12}{4}} \cdot a^{\frac{1}{6}} = a^{\left(3 + \frac{1}{6}\right)} = a^{\frac{19}{6}}$ b) $b^{\left(\frac{3}{4} - \frac{3}{5}\right)} = b^{0{,}15}$
c) $3^{\frac{7}{4} \cdot \frac{1}{2}} = 3^{\frac{7}{8}} = 3^{0{,}875}$ d) $x^{\left(\frac{3}{4} + \frac{5}{4}\right)} = x^2$

55 a) $x = \sqrt[4]{20} \approx 2{,}11$ b) $x = \sqrt[6]{6} \approx 1{,}35$
c) $x = -\sqrt[3]{6} \approx -1{,}82$ d) $x = -\sqrt[5]{18} \approx -1{,}78$

56 a) $2x^4 = 162$ $x = 3$
b) $\frac{1}{2}x^5 = 512$ $x = 4$
c) $4a^3 = 6912\,\text{cm}^3$ $a = 12\,\text{cm}$

57 a) $x = \sqrt[3]{8^4}$ $x = 16$ b) $x = \sqrt{25^3}$ $x = 125$
c) $x = \sqrt[3]{27^2}$ $x = 9$ d) $x = \sqrt[3]{\left(\frac{1}{8}\right)^5}$ $x = \frac{1}{32}$

58 a) 5 b) -3
c) 0 d) 3
e) 4 f) $\frac{2}{3}$ $\left(8^{\frac{2}{3}} = \left(\sqrt[3]{8}\right)^2 = 4\right)$
g) $\frac{1}{2}$ $\left(9^{\frac{1}{2}} = \sqrt{9} = 3\right)$ h) $\frac{3}{4}$ $\left(\left(\sqrt[4]{625}\right)^3 = 125\right)$
i) 15 $(7^{15} = 7^{15})$
j) -3 $\left(0{,}5^{-3} = \frac{1}{0{,}5^3} = 8\right)$

59 a) $a = 4$ b) $a = 2$ c) $a = 7$
d) $a = \frac{1}{5}$ $\left(\left(\frac{1}{5}\right)^{-3} = \frac{1}{\frac{1}{125}} = 125\right)$
e) $b = 16$ f) $b = \frac{1}{27}$ g) $b = 2$
h) $b = \sqrt[5]{7^2} = \sqrt[5]{49}$

60 a) $\approx 2{,}30263$ b) $\approx -7{,}77343$
c) $\approx 4{,}02293$

61 a)
$$2{,}53^{2x+1} = 50674$$
$$(2x+1) \cdot \ln 2{,}53 = \ln 50674$$
$$2x + 1 = \frac{\ln 50674}{\ln 2{,}53}$$
$$x = \frac{1}{2}\left(\frac{\ln 50674}{\ln 2{,}53} - 1\right) \approx 5{,}335$$
b)
$$(2y - 5) \cdot \ln 17 = y \cdot \ln 21$$
$$2y \cdot \ln 17 - 5 \cdot \ln 17 = y \cdot \ln 21$$
$$2y \cdot \ln 17 - y \cdot \ln 21 = 5 \cdot \ln 17$$
$$y \cdot (2 \cdot \ln 17 - \ln 21) = 5 \cdot \ln 17$$
$$y = \frac{5 \cdot \ln 17}{2 \cdot \ln 17 - \ln 21} \approx 5{,}403$$

62 a)
$$328 = 1020 \cdot 0{,}88^x$$
$$\frac{328}{1020} = 0{,}88^x \quad |\log$$
$$\log 328 - \log 1020 = x \cdot \log 0{,}88$$
$$x = \frac{\log 328 - \log 1020}{\log 0{,}88} \approx 8{,}9$$
Die Flughöhe beträgt ungefähr 8,9 km.

b)
$$80000 = 5000 \cdot 1{,}03^t$$
$$t = \frac{\log 80000 - \log 5000}{\log 1{,}03} \approx 93{,}8$$
Es dauert knapp 94 Jahre.

c) $3000000 = 750 \cdot 3^x$
$$x = \frac{\log 3000000 - \log 750}{\log 3} \approx 7{,}55$$
Die Einheit der linearen Größe ist „8 Stunden": $7{,}55 \cdot 8 = 60{,}4$. Nach etwa $60\frac{1}{2}$ Stunden ist eine Bakterienzahl von 3 000 000 erreicht.

Zwischentest, Seite 46

1 a) $\frac{8}{27}$ b) $\frac{1}{32}$ c) $2^6 = 64$ d) 2

2 a) $2{,}57 \cdot 10^6$ b) $4{,}8563 \cdot 10^{10}$ c) $8 \cdot 10^9$

3 a) 30 480 000 b) 384 400 000 m
c) 149 600 000 000 m

4 a) $a^2 b$ b) $3x\sqrt[4]{x}$ c) 2 d) $a^2 b \sqrt[3]{b^2}$

5 a) $x_1 = \sqrt[4]{12}$; $x_2 = -\sqrt[4]{12}$ b) $x = -\sqrt[3]{4}$

6 a) 5 b) -2 c) $\frac{1}{2}$ d) $-\frac{1}{3}$

7 a) $1{,}3 \cdot 5^x = 162{,}5 \quad |:1{,}3$

$5^x = 125 \quad |\log_5$

$x = 3$ (2 P.)

b) $-4 \cdot 3^{4x+5} = -176 \quad |:(-4)$

$3^{4x+5} = 44 \quad |\ln$

$(4x+5) \cdot \ln 3 = \ln 44 \quad |:\ln 3$

$4x + 5 = \frac{\ln 44}{\ln 3} \quad |-5$

$4x = \frac{\ln 44}{\ln 3} - 5 \quad |:4$

$x = \frac{1}{4} \cdot \left(\frac{\ln 44}{\ln 3} - 5\right) \approx -0{,}39$ (2 P.)

8 „Berechnen Sie, wie lange es dauert, bis sich 27,2 Tonnen Algen im Teich befinden." (2 P.)

$27{,}2 = 0{,}85 \cdot 2^t \quad |:0{,}85$

$\frac{27{,}2}{0{,}85} = 2^t \quad |\ln$

$\ln\left(\frac{27{,}2}{0{,}85}\right) = t \cdot \ln(2) \quad |:\ln(2)$

$t = 5$ (2 P.)

Da t die Einheit „4 Tage" hat, gilt: nach $5 \cdot 4$ Tagen = 20 Tagen befinden sich 27,2 Tonnen Algen im Teich. (2 P.)

Geometrie, Seite 47 bis 57

1 Hier ohne Zeichnung:

a) $\gamma = 99°$ b) $a = 6{,}7\,\text{cm}$

c) $a = 3{,}9\,\text{cm}$ d) $c = 7{,}45\,\text{cm}$

2 a) Die Winkel α und β sind zusammen größer als 180°.

b) Die Seite c ist länger als die Seiten a und b zusammen.

c) Im Dreieck liegt der größeren Seite der größere Winkel gegenüber. Demnach müsste der Seite b ein größerer Winkel als 98° gegenüberliegen. Das ist aber angesichts der Winkelsumme 180° nicht möglich.

d) Ohne eine Längenangabe kann man kein Dreieck eindeutig konstruieren.

3 Da $\overline{AD} = \overline{BE} = \overline{CD}$ gilt auch $\overline{FA} = \overline{DB} = \overline{EC}$. Außerdem sind die Winkel $\alpha = \beta = \gamma = 60°$. Damit sind die Dreiecke ADF, DBE und ECF nach sws kongruent. Folglich gilt $\overline{FD} = \overline{DE} = \overline{EF}$ und damit die Behauptung.

4 (1) Wegen $M \in m_a$ gilt $\overline{MB} = \overline{MC}$ und wegen $M \in m_b$ gilt $\overline{MA} = \overline{MC}$. Also ist M von allen drei Punkten A, B und C gleich weit entfernt.

(2) Auf m_c liegen alle Punkte, die von A und B gleich weit entfernt sind, also muss auch der Punkt M zu m_c gehören.

5 Mit dem Zeichnen von zwei Mittelsenkrechten ist die Position von L bestimmt.

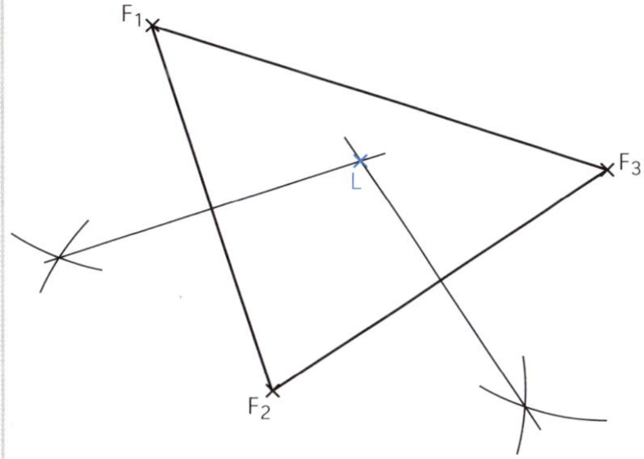

6 Mit dem Zeichnen von zwei Winkelhalbierenden ist der Mittelpunkt des Inkreises bestimmt (hier: I).
Von I zeichnet man das Lot auf eine Dreieckseite, die in Q vom Lot getroffen wird.
Die Länge IQ ist der Radius des Inkreises, hier ca. 1,3 cm.

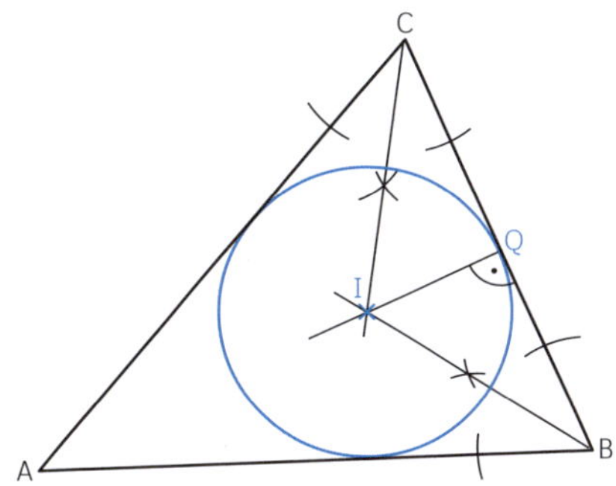

7 Mit dem Zeichnen von zwei Seitenhalbierenden ist der Schwerpunkt S bestimmt.

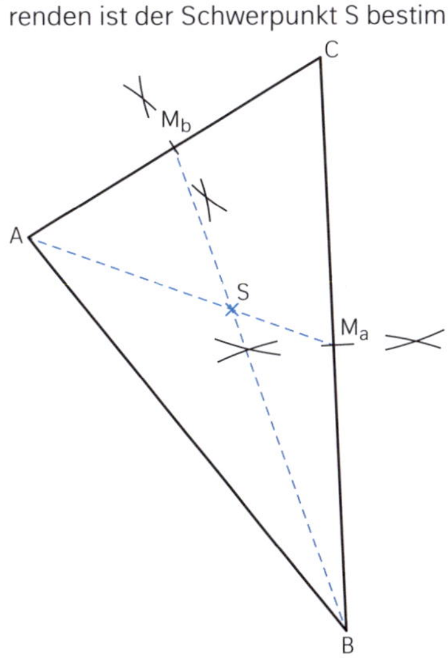

8 Mit dem Zeichnen von zwei (beliebigen) Höhengeraden ist der Schnittpunkt H bestimmt.

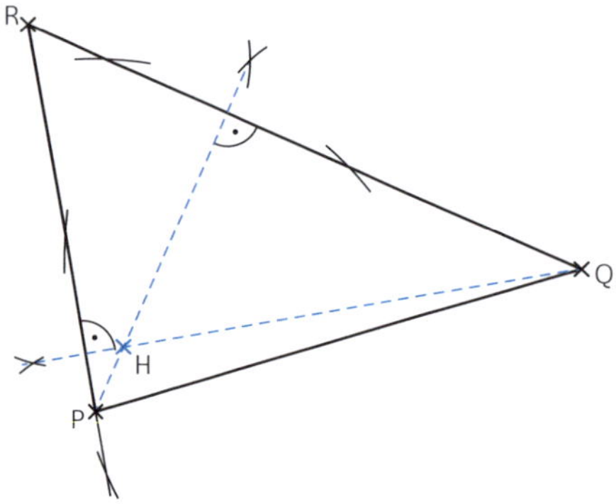

9 a)
- Strecke c zeichnen
- Parallele zu c im Abstand 4,5 cm zeichnen
- Winkel α in A antragen, Schnittpunkt des Schenkels mit der Parallelen ist C.

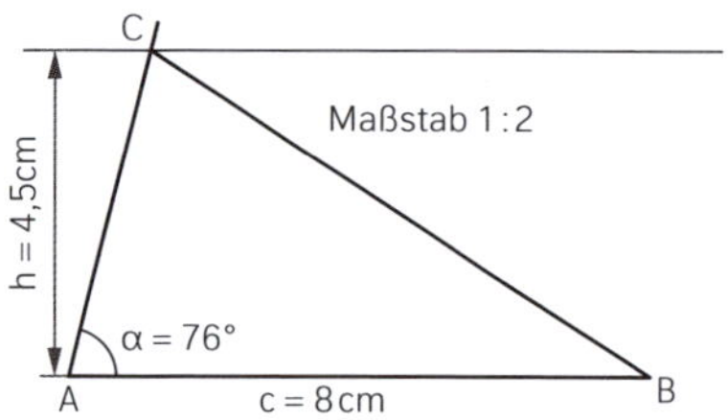

b)
- Strecke c zeichnen
- über c den Thaleskreis zeichnen
- Kreisbogen um B mit dem Radius h_b zeichnen; Schnittpunkt mit dem Thaleskreis H nennen
- Strahl AH zeichnen
- Kreisbogen um B mit dem Radius a zeichnen, er trifft den Strahl in C.

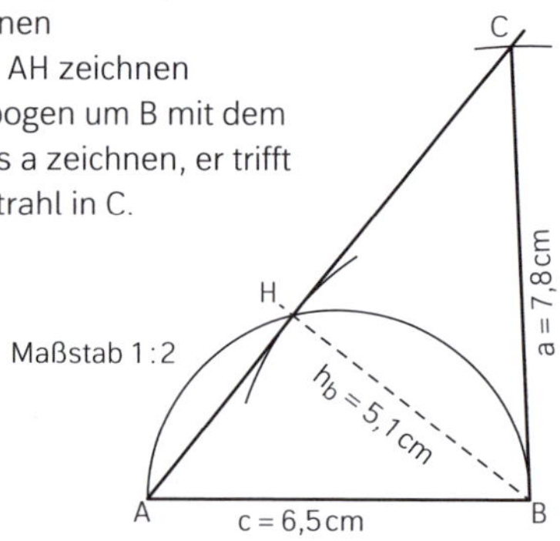

10 Im gleichseitigen Dreieck sind alle Seiten gleich lang und alle Winkel 60° groß. Lot von C auf $\overline{AB}$, Fußpunkt H; die Dreiecke AHC und BHC sind kongruent, daher ist H Mittelpunkt von $\overline{AB}$, x halbiert den Winkel γ. x ist Höhe (nach Konstruktion), Winkelhalbierende, Mittelsenkrechte und Seitenhalbierende.

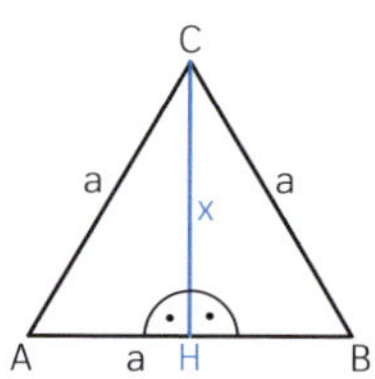

11
- In K_1 und K_2 Winkel von 30° antragen; Schnittpunkt der Schenkel ist M.
- Um M einen Kreis mit dem Radius $r = MK_1 = MK_2$ zeichnen.
- Wo der Kreis die Häuserwand h trifft (S_1 bzw. S_2), könnte der Scheinwerfer montiert werden. Nach dem Umfangswinkelsatz würde er genau die Kinofront ausleuchten.

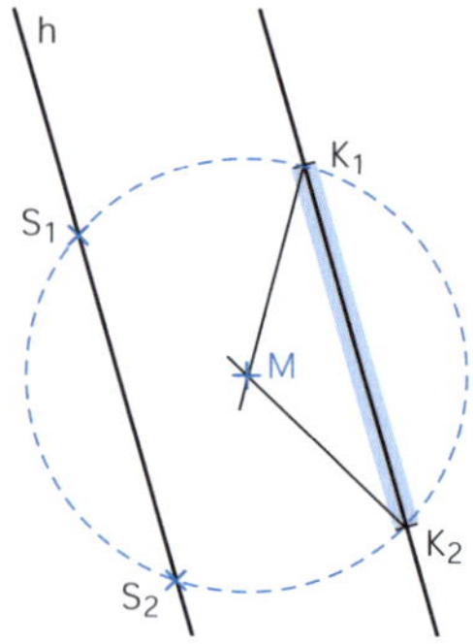

12 Beweisskizze:

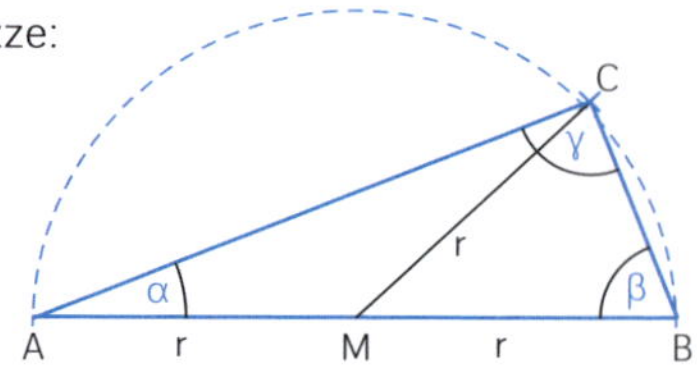

ΔAMC und ΔBMC sind gleichschenklig; die Schenkel haben jeweils die Länge r. Die Teilwinkel bei C haben die Größe α bzw. β, weil gleichschenklige Dreiecke gleich große Basiswinkel haben.
Winkelsumme im Dreieck ABC:

$$\begin{aligned} \alpha + \beta + \gamma &= 180° \\ \alpha + \beta + \alpha + \beta &= 180° \\ 2\alpha + 2\beta &= 180° \\ 2 \cdot (\alpha + \beta) &= 180° \\ \alpha + \beta &= 90° \\ \gamma &= \alpha + \beta \\ \gamma &= 90° \end{aligned}$$

13 a) $\frac{7{,}2}{4{,}8} = 1{,}5$; $\frac{4{,}8}{3{,}2} = 1{,}5$; $\frac{5{,}8}{4} = 1{,}45$
Die Dreiecke sind nicht ähnlich.

b) ΔABC hat die Winkel 81°, 53° und 46°.
ΔDEF hat die Winkel 46°, 53° und 81°.
Die beiden Dreiecke sind ähnlich.

14 a) β_1 und β_2 sind gleich groß (Scheitelwinkel). Damit stimmen die Dreiecke in zwei Winkeln überein und sind nach Satz (1), Seite 51, ähnlich.

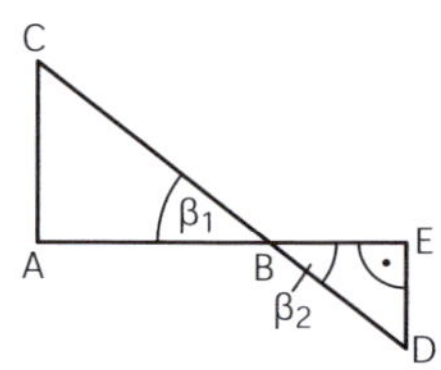

b) β_1 und β_2 sind gleich groß (Scheitelwinkel). δ und γ sind gleich groß (Wechselwinkel, da g und h parallel sind), die Dreiecke sind also ähnlich.

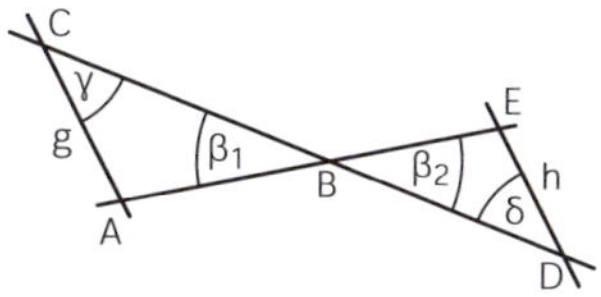

15 a) gesucht sind $\overline{AC}$ und $\overline{BD}$

$\frac{\overline{AC}}{\overline{DE}} = \frac{\overline{AB}}{\overline{BE}} \Rightarrow \frac{\overline{AC}}{1{,}6} = \frac{7{,}2}{2{,}4} \mid \cdot 1{,}6 \Rightarrow \overline{AC} = 4{,}8\,\text{cm}$

$\frac{\overline{BD}}{\overline{BC}} = \frac{\overline{BE}}{\overline{AB}} \Rightarrow \frac{\overline{BD}}{8{,}7} = \frac{2{,}4}{7{,}2} \mid \cdot 8{,}7 \Rightarrow \overline{BD} = 2{,}9\,\text{cm}$

b) gesucht sind $\overline{EB}$ und $\overline{BC}$

$\frac{\overline{EB}}{\overline{AB}} = \frac{\overline{ED}}{\overline{AC}} \Rightarrow \frac{\overline{EB}}{7{,}9} = \frac{4}{9} \mid \cdot 7{,}9 \Rightarrow \overline{EB} \approx 3{,}5\,\text{m}$

$\frac{\overline{BC}}{\overline{BD}} = \frac{\overline{AB}}{\overline{BE}} \Rightarrow \frac{\overline{BC}}{5} = \frac{7{,}9}{3{,}5} \mid \cdot 5 \Rightarrow \overline{BC} \approx 11{,}3\,\text{m}$

16 a)
- Strahlen von Z durch A, B und C
- $2 \cdot \overline{ZA} = \overline{ZA'}$, $2 \cdot \overline{ZB} = \overline{ZB'}$ etc.
- Punkte A′, B′, C′ verbinden

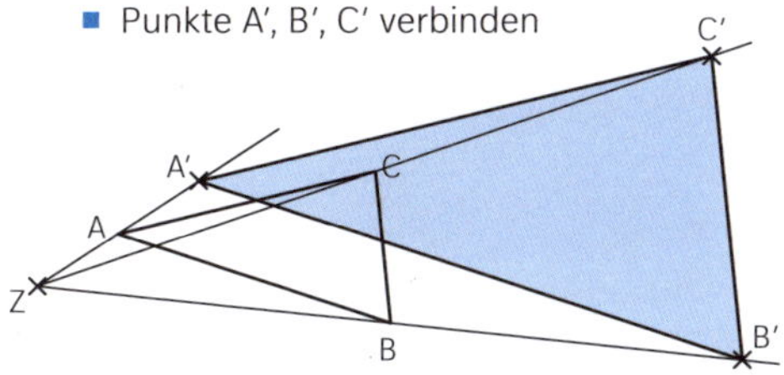

b) $\Delta A'B'C'$ hat den Flächeninhalt
$A = 2^2 \cdot 1{,}38\,\text{cm}^2$; $A = 5{,}52\,\text{cm}^2$

17 Zeichnung: individuelle Lösung
$\overline{ZA'} = k_1 \cdot \overline{ZA}$ [1]
$\overline{ZA''} = |k_2| \cdot \overline{ZA'}$ [2]
[1] in [2] einsetzen: $\overline{ZA''} = |k_2| \cdot k_1 \cdot \overline{ZA}$
Mit dem Streckungsfaktor
$k = k_1 \cdot k_2 = 1{,}5 \cdot (-2) = -3$ hätte man die direkte Abbildung bekommen.

18 Es liegt zentrische Streckung vor.
$Z(0|3)$; $k = 2$

19 a) $x = \overline{BE}$ **b)** $x = \overline{AB}$ **c)** $x = \overline{DF}$ **d)** $x = \overline{EF}$

20 $\frac{x}{3{,}6} = \frac{4{,}5}{3} \quad \mid \cdot 3{,}6 \Rightarrow x = 5{,}4\,\text{cm}$
$\frac{y}{6} = \frac{3}{4{,}5} \quad \mid \cdot 6 \Rightarrow y = 4\,\text{cm}$

21 $\frac{12}{15} = \frac{f}{f+28} \quad \mid \cdot 15 \cdot (f+28) \Leftrightarrow 12 \cdot (f+28) = 15f$
$\Leftrightarrow 12f + 336 = 15f \Leftrightarrow 336 = 3f \Leftrightarrow f = 112$
Der Fluss ist 112 m breit.

22 a) $x \approx 8{,}6\,\text{cm}$) **b)** $a \approx 6{,}1\,\text{cm}$
c) $(y+1{,}8)^2 = y^2 + 4{,}6^2 \Leftrightarrow 3{,}6 \cdot y + 1{,}8^2 = 4{,}6^2$;
$y = 4{,}9\overline{7}\,\text{cm} \approx 5\,\text{cm}$

23 $x \approx 128\,\text{km}$

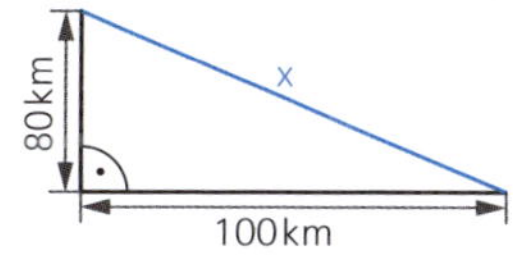

24 $9{,}30 : 2 = 4{,}65$
$x^2 = 4{,}65^2 - 4{,}5^2$
$x \approx 1{,}17\,\text{m}$
$y = 4{,}50 - 1{,}17 - 0{,}60$
$y = 2{,}73\,\text{m}$

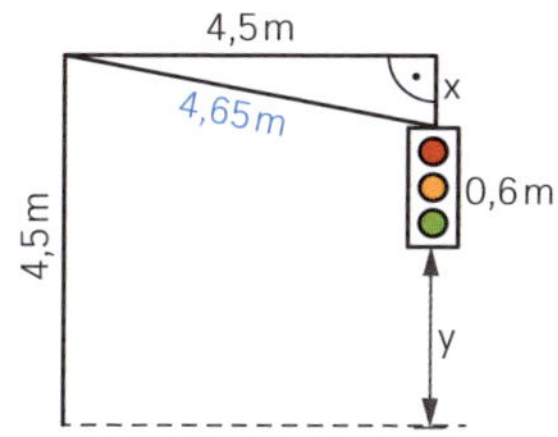

25
- Über der Strecke $\overline{AB}$ wird der Thaleskreis gezeichnet; Schnittpunkt um Kreis und Höhenstrahl ist C.
- Das Quadrat über $\overline{AC}$ ist inhaltsgleich zum gegebenen Rechteck (Kathetensatz).

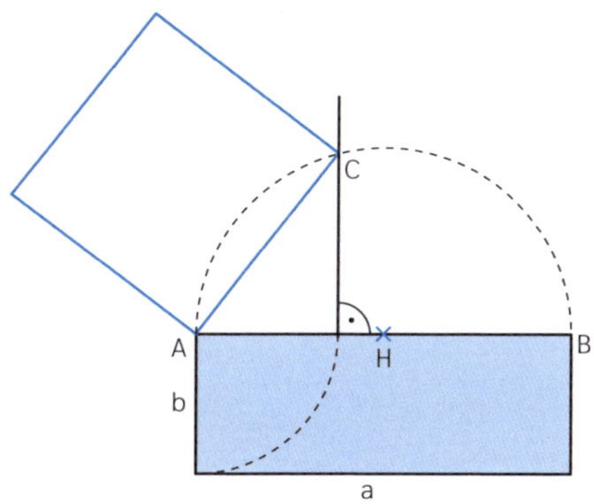

26
- B mit C verbinden
- in C einen rechten Winkel antragen
- Das Rechteck mit den Kantenlängen $\overline{AB}$ und $\overline{AD}$ hat denselben Inhalt wie das gegebene Quadrat.

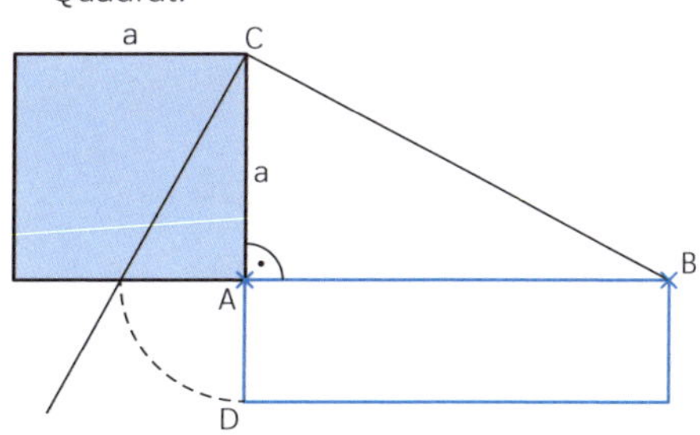

27 a) $x \approx 3{,}9\,\text{m}$, $y \approx 7{,}7\,\text{m}$ **b)** $x \approx 3{,}4\,\text{cm}$, $y \approx 6{,}6\,\text{cm}$ **c)** $x \approx 8\,\text{cm}$, $y \approx 8{,}9\,\text{cm}$

28 a) $\alpha \approx 60{,}4°$, $b \approx 7{,}22\,\text{m}$, $\gamma \approx 29{,}6°$ **b)** $\alpha \approx 57°$, $\beta \approx 33°$, $c \approx 8{,}24\,\text{m}$ **c)** $\alpha \approx 31{,}4°$, $\gamma \approx 58{,}6°$, $c \approx 8{,}37\,\text{m}$

29 $\tan 7° = \frac{x}{28} \Rightarrow x \approx 3{,}44$; das Flugzeug überfliegt die Kirche in ca. 3,44 km Höhe.

30

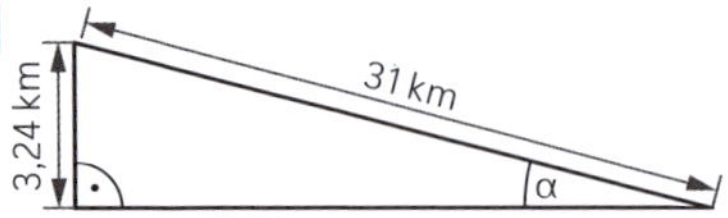

a) $\sin\alpha = \frac{3{,}24}{31} \Rightarrow$ das Flugzeug steigt mit einem Winkel von $\alpha \approx 6°$ an.

b) $\sin\alpha = \frac{10}{x} \Rightarrow x \approx 95{,}679$; nach ca. 96 km Flug ist die Flughöhe erreicht.

31 a) Sinussatz: $\frac{a}{\sin 29°} = \frac{11{,}7}{\sin 137°} \Rightarrow a \approx 8{,}32\,\text{cm}$

b) Kosinussatz:
$x^2 = 4{,}9^2 + 8{,}5^2 - 2 \cdot 4{,}9 \cdot 8{,}5 \cdot \cos 82°$
$\Rightarrow x \approx 9{,}2\,\text{km}$

32 a) Kosinussatz:
$\gamma = \cos^{-1}\left(\frac{6{,}3^2 + 7{,}9^2 - 11{,}8^2}{2 \cdot 6{,}3 \cdot 7{,}9}\right) \Rightarrow \gamma \approx 111{,}9°$

b) Sinussatz:
$\frac{\sin\alpha}{7{,}4} = \frac{\sin 54°}{6{,}1} \Rightarrow \alpha = \sin^{-1}\left(\frac{\sin 54° \cdot 7{,}4}{6{,}1}\right)$
$\Rightarrow \alpha \approx 78{,}9°$

33 a)
- konstruiere zwei Mittelsenkrechten
- Schnittpunkt ist Umkreismittelpunkt U

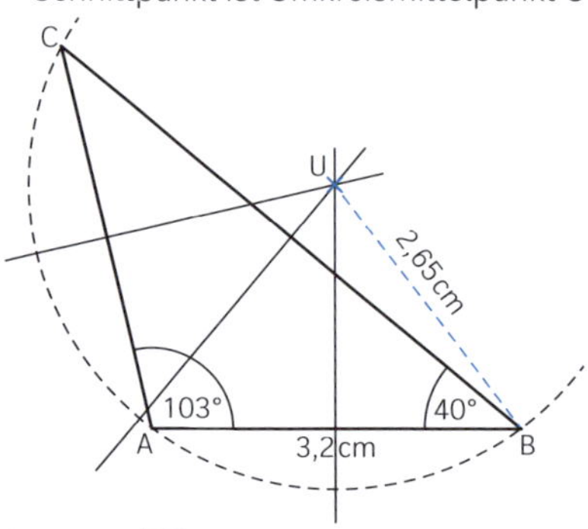

b) miss z. B. $\overline{UB}$: $r = 2{,}65\,\text{cm}$

c) $\frac{3{,}2\,\text{cm}}{\sin 37°} = 2r \quad |:2 \qquad 2{,}66\,\text{cm} \approx r$

Zwischentest, Seite 58

1 Die vier Dreiecke sind nach sws kongruent, damit hat das Innenviereck vier gleich lange Seiten. $\alpha + \beta = 90°$, $\alpha + \beta + \gamma = 180°$, also: $\gamma = 90°$ (3 P.)

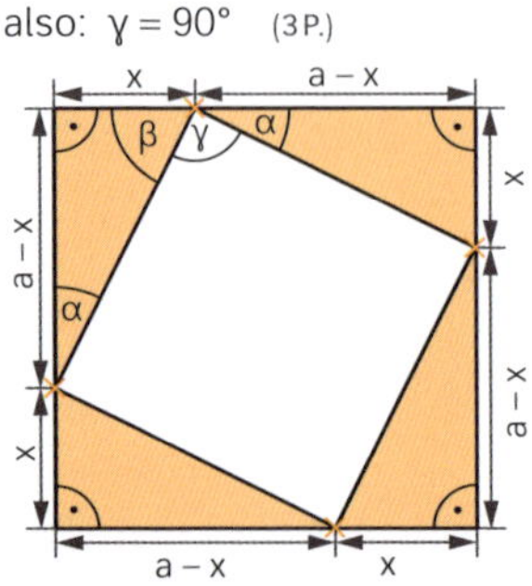

2 a)
- Strecke c zeichnen
- Winkel α abtragen
- mit dem Zirkel Strecke b abtragen
- A, B, C verbinden (1 P.)
- zwei Mittelsenkrechten konstruieren, Schnittpunkt ist Umkreismittelpunkt U
- $r = \overline{UA}$ messen: $r \approx 2{,}3\,\text{cm}$ (1 P.)

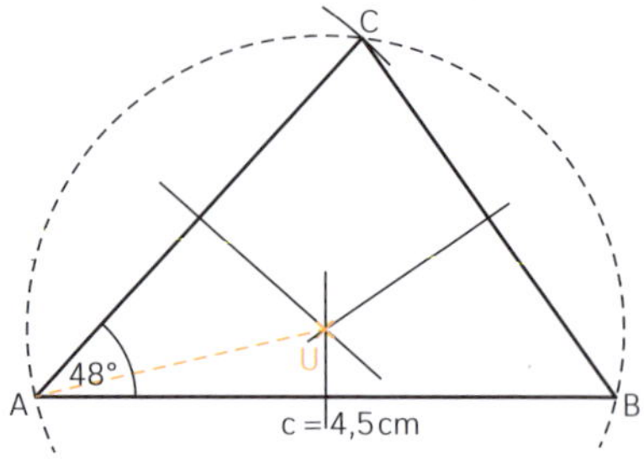

b)
- Zeichnung im Maßstab 1 : 100
- zeichne Basis mit 4 cm
- Kreisbogen um A und B mit r = 5 cm
- Schnittpunkt ist C (1 P.)
- zwei Winkelhalbierende konstruieren
- Schnittpunkt ist Inkreismittelpunkt I
- von I auf Strecke $\overline{AB}$ das Lot fällen und Abstand messen: r = 1,3 cm (1 P.)

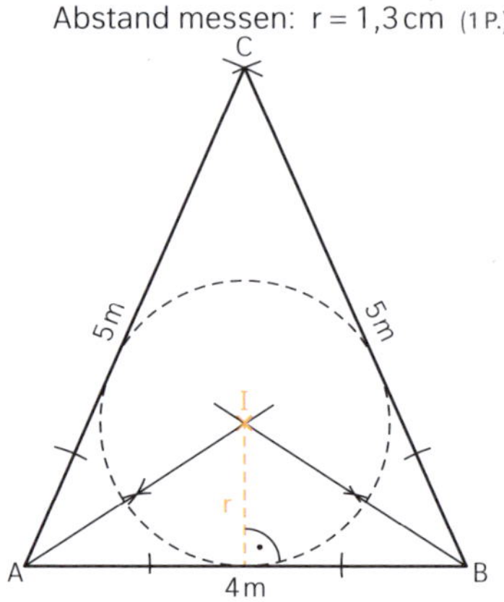

Die Uhr kann maximal einen Radius von 1,3 m haben.

3 a)

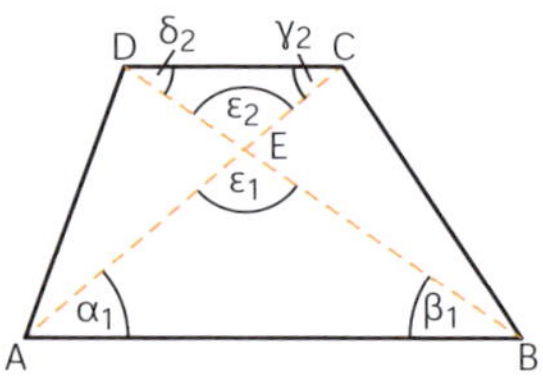

$\alpha_1 = \gamma_2$ (Wechselwinkel)
$\varepsilon_1 = \varepsilon_2$ (Scheitelwinkel)
$\beta_1 = \delta_2$ (Wechselwinkel) (2 P.)
Die Dreiecke ABE und ECD sind ähnlich.

b) Im gleichschenkligen Trapez sind mit der gleichen Begründung auch noch die Dreiecke AED und EBC ähnlich (sogar kongruent). (1 P.)

4 B′(3,5 | −1,5) (1 P.), C′(6 | −1) (1 P.), $k = -\frac{1}{2}$ (1 P.)

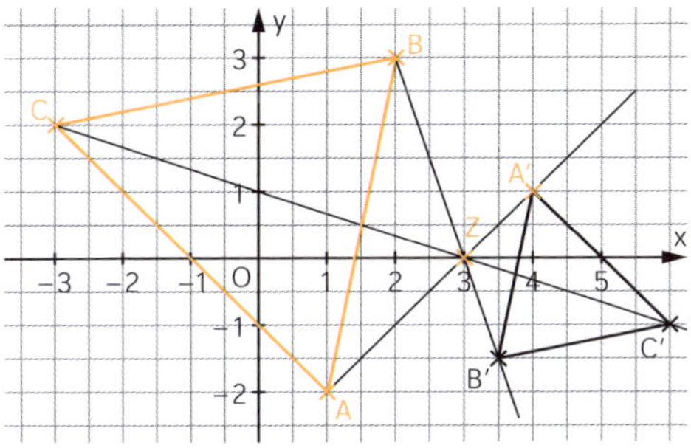

(1 P.)

5 **a)** $\frac{\overline{AB}}{\overline{BC}} = \frac{\overline{AE}}{\overline{\mathbf{ED}}}$ (1 P.) $\frac{\overline{BE}}{\overline{CD}} = \frac{\overline{\mathbf{AB}}}{\overline{AC}}$ (1 P.)

$\frac{\overline{AB}}{\overline{AG}} = \frac{\overline{AE}}{\overline{\mathbf{AF}}}$ (1 P.) $\frac{\overline{FG}}{\overline{\mathbf{EB}}} = \frac{\overline{\mathbf{AF}}}{\overline{\mathbf{AE}}}$ (1 P.)

$\left(\frac{\overline{FG}}{\overline{CD}} = \frac{\overline{AF}}{\overline{AD}};\ \frac{\overline{FG}}{\overline{AG}} = \frac{\overline{EB}}{\overline{AB}};\ \frac{\overline{FG}}{\overline{CD}} = \frac{\overline{AG}}{\overline{AC}}\right)$

b) $\frac{x}{3{,}5} = \frac{2{,}2}{4{,}5}$

$\Rightarrow x \approx 1{,}7\,\text{m}$ (1 P.)

$A = 2 \cdot 1{,}7 \cdot 12$

$A = 40{,}8\,\text{m}^2$ (1 P.)

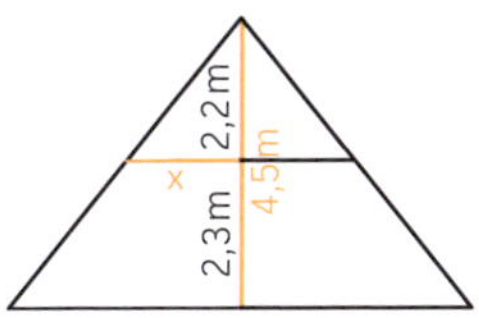

6

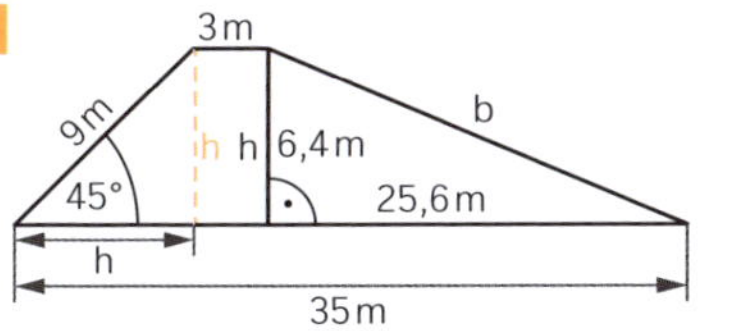

$h^2 + h^2 = 9^2 \Leftrightarrow 2h^2 = 81^2 \Leftrightarrow h = \sqrt{\frac{81^2}{2}}$

$h \approx 6{,}4\,\text{m}$ (2 P.)

$b = \sqrt{6{,}4^2 + 25{,}6^2}$; $b \approx 26{,}4\,\text{m}$ (2 P.)

7

a) $\sin 40° = \frac{4{,}2}{d}$; $d = \frac{4{,}2}{\sin 40°} \approx 6{,}5$ (0,5 P.)

$\sin\beta = \frac{4{,}2}{5{,}9}$ $|\sin^{-1} \Rightarrow \beta \approx 45{,}4°$ (0,5 P.)

$x = \sqrt{5{,}9^2 - 4{,}2^2} \approx 4{,}1$ (0,5 P.)

$y = \sqrt{6{,}5^2 - 4{,}2^2} \approx 5$ (0,5 P.)

$a = 5 + 9{,}5 + 4{,}1 = 18{,}6$ (0,5 P.)

$A = \frac{18{,}6 + 9{,}5}{2} \cdot 4{,}2$; $A = 59{,}01\,\text{cm}^2$ (0,5 P.)

b) $\beta = 180° - 74° - 62° = 44°$ (1 P.)

$\frac{a}{\sin 62°} = \frac{4{,}5}{\sin 44°}$ $|\cdot \sin 62°$;

$a \approx 5{,}7\,\text{cm}$ (1 P.)

$\frac{c}{\sin 74°} = \frac{4{,}5}{\sin 44°}$ $|\cdot \sin 74°$;

$c \approx 6{,}2\,\text{cm}$ (1 P.)

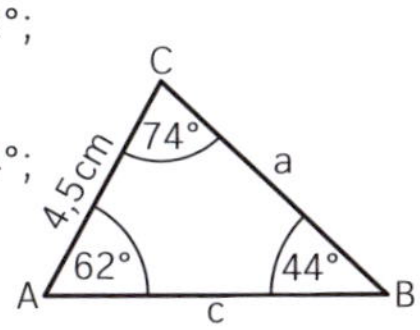

Flächen und Körper, Seite 59 bis 71

1 **a)** $A = a \cdot b \Rightarrow b = \frac{A}{a} = 3{,}8\,\text{m}$

$u = 2a + 2b = 20{,}6\,\text{m}$

b) $e = a \cdot \sqrt{2} \Rightarrow a = \frac{e}{\sqrt{2}} \approx 4{,}8\,\text{dm}$

$A = a^2 = 23{,}04\,\text{dm}^2$

2 $A = g \cdot h \Rightarrow h = \frac{A}{g} = 2{,}5\,\text{cm}$

3 **a)** $A = a \cdot h_a = 12{,}42\,\text{cm}^2$

b) $u = 2a + 2b \Rightarrow b = \frac{u}{2} - a = 3{,}6\,\text{cm}$

c) $A = b \cdot h_b \Rightarrow h_b = \frac{A}{b} = 3{,}45\,\text{cm}$

4 $A = \frac{e \cdot f}{2} = 12{,}76\,\text{cm}^2$

5 $A = \frac{e \cdot f}{2} \Rightarrow e = \frac{2 \cdot A}{f} = 17\,\text{cm}$

6 Nach dem Satz des Pythagoras gilt:

$a^2 = \left(\frac{e}{2}\right)^2 + \left(\frac{f}{2}\right)^2$; $a = \sqrt{\left(\frac{5{,}6}{2}\right)^2 + \left(\frac{5{,}2}{2}\right)^2}$;

$a \approx 3{,}8\,\text{dm}$; $u \approx 15{,}2\,\text{dm}$

7 $A = \frac{a + c}{2} \cdot h \Rightarrow h = \frac{2A}{a + c} = 12\,\text{m}$

8 **a)** $A = 8{,}45\,\text{m}^2$

b) Nach dem Satz des Pythagoras gilt:

$d^2 = 1{,}75^2 + 2{,}6^2$

$\Rightarrow d \approx 3{,}13\,\text{m} = b$;

$u = 5\,\text{m} + 1{,}5\,\text{m} + 2 \cdot 3{,}13\,\text{m} = 12{,}76\,\text{m}$

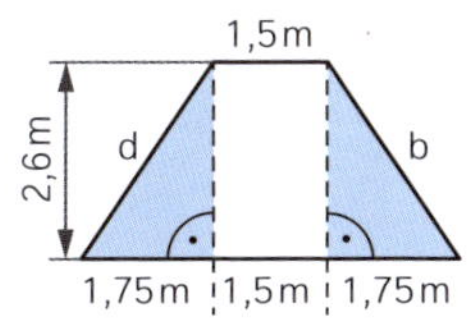

9 $A = \frac{g \cdot h}{2} = 19{,}35\,\text{cm}^2$

10 $A = \frac{g \cdot h}{2} \Rightarrow h = \frac{2 \cdot A}{g}$; $h_a = 3\,\text{m}$; $h_b \approx 2{,}86\,\text{m}$;

$h_c = 3{,}75\,\text{m}$; $u = 11{,}4\,\text{m}$

11 $c^2 = a^2 + b^2$; $c \approx 15{,}1\,\text{cm}$; $u = 36{,}1\,\text{cm}$;

a ist Höhe von b bzw. b ist Höhe von a;

$A = \frac{12{,}4 \cdot 8{,}6}{2}$; $A = 53{,}32\,\text{cm}^2$

12 **a)** $h = \sqrt{7{,}5^2 - 6{,}5^2}$; $h \approx 3{,}7\,\text{cm}$

b) $A \approx 16{,}65\,\text{cm}^2$

c) $b = \sqrt{3{,}7^2 + 2{,}5^2}$; $b \approx 4{,}5\,\text{cm}$

d) $u \approx 21\,\text{cm}$

13 **a)** bis **c)** siehe Grafik

d) $u = 17{,}3\,\text{cm}$

$A = 14{,}1\,\text{cm}^2$

Maßstab 1:2

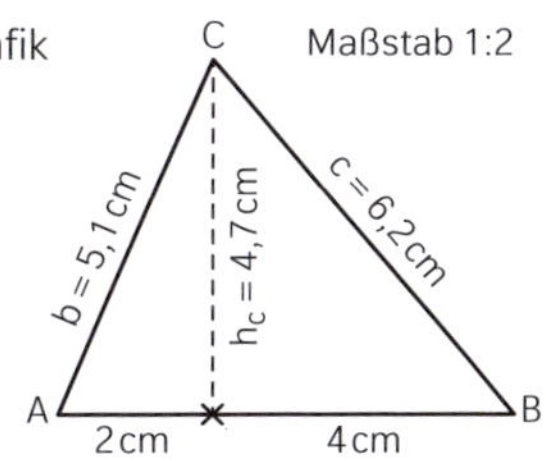

14 a) $A_1 = 3 \cdot 12 = 36,$
$A_2 = 5 \cdot 5 = 25$
$A_{ges} = A_1 + A_2 = 61\,cm^2$
$u = 40\,cm$

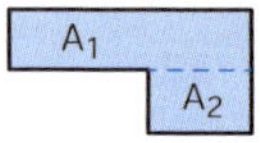

b) $A_1 = 30 \cdot 13 = 390$
$A_2 = 2 \cdot \frac{8 \cdot 9}{2} = 72$
$A_{ges} = A_1 - A_2 = 318\,cm^2$
$u = 118\,cm$

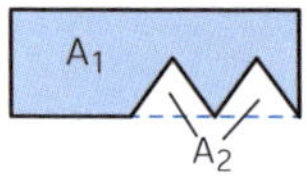

15 a) $A_1 = \frac{45 \cdot 13}{2} = 292{,}5$ mit
$h = 25 - 7 - 5 = 13;$
$A_2 = 45 \cdot 12 = 540;$
$A_3 = 5 \cdot 7 = 35;$
$A_{ges} = 867{,}5\,cm^2$

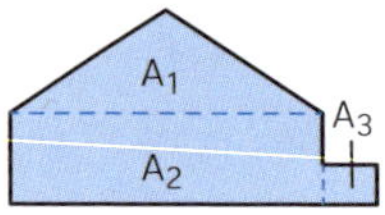

b) $A_1 = \frac{13{,}8 \cdot 5{,}2}{2} = 35{,}88;$
$A_2 = \frac{15{,}4 + 11{,}2}{2} \cdot 8{,}8 = 117{,}04;$
$A_3 = 9 \cdot 5 = 45;$
$A_{ges} = 197{,}92\,cm^2$

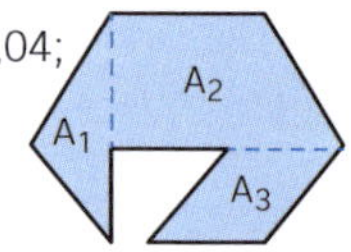

16 a) $A_1 = 2{,}5 \cdot 5{,}5 = 13{,}75;$
$A_2 = \frac{2 \cdot 0{,}7}{2} = 0{,}7;$
$A_3 = \frac{0{,}7 + 1{,}8}{2} \cdot 0{,}9$
$\approx 1{,}13;$
$A_4 = \frac{2{,}2 \cdot 0{,}7}{2}$
$= 0{,}77;$
$A_5 = 2{,}4 \cdot 1{,}2\ 2{,}88$
$A_6 = \frac{1{,}3 \cdot 0{,}8}{2} = 0{,}52;$
$A_{ges} = A_1 - (A_2 + A_3 + A_4 + A_5 + A_6)$
$= 7{,}75\,cm^2$

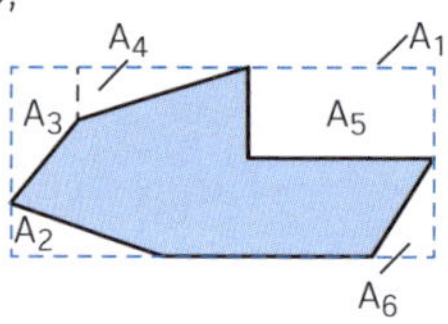

b)

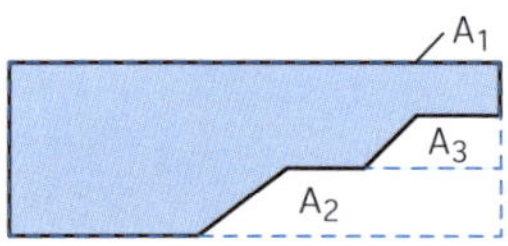

$A_1 = 6{,}5 \cdot 2{,}3 = 14{,}95;$
$A_2 = \frac{4 + 2{,}8}{2} \cdot 0{,}9 = 3{,}06;$
$A_3 = \frac{1{,}8 + 1{,}1}{2} \cdot 0{,}7 \approx 1{,}02;$
$A_{ges} = A_1 - (A_2 + A_3) = 10{,}87\,cm^2$

17 $A = 6{,}16\,m^2;\ u = 8{,}8\,m$

18 $u = 43{,}4\,cm$ mit $r = 6{,}9\,cm$

19 $A = 1{,}13\,m^2$

20 $r = 0{,}625\,m;\ A_{Kreis} = 1{,}23\,m^2;$
$A_{Quadrat} = 1{,}56\,m^2;\ A_{Abfall} = 100 \cdot (1{,}56 - 1{,}23);$
$A_{Abfall} = 33\,m^2$

21 a) $A_{Rest} = 4^2 - \pi \cdot 1^2;\ A_{Rest} \approx 12{,}86\,cm^2$

b) $A_{Rest} = 5^2 - \frac{\pi \cdot 2{,}5^2}{2};\ A_{Rest} \approx 15{,}18\,cm^2$

c) $A_{Rest} = 6^2 - 4 \cdot \frac{\pi \cdot 3^2}{4};\ A_{Rest} \approx 7{,}73\,cm^2$

22 a) $0{,}5 = \pi \cdot r^2 \Rightarrow r \approx 0{,}4\,m;$
$u = 2{,}51\,m = 251\,cm;\ \frac{251}{60} = 4{,}18\overline{3}$
Vier Personen können am Tisch sitzen.

b) Eine Platte hätte die Abmessungen $0{,}8\,m \cdot 0{,}6\,m$, siehe Skizze:

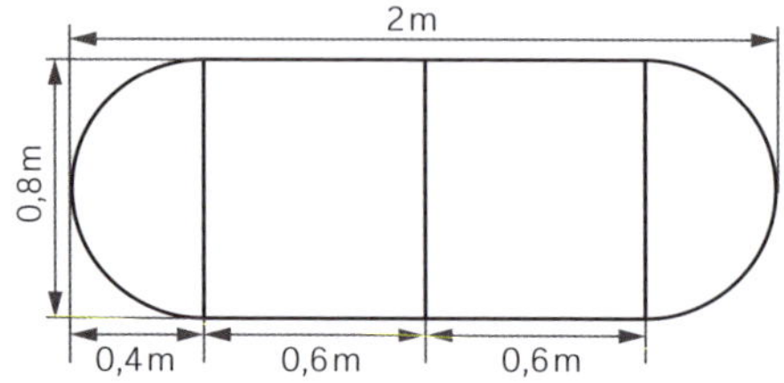

c) Mit einer Einlage sechs Personen, mit zwei Einlagen acht Personen.

23 a) In einem Jahr sind es ca. $9{,}4 \cdot 10^8\,km$.
An einem Tag: $\frac{9{,}4 \cdot 10^8\,km}{3{,}65 \cdot 10^2} \approx 2{,}6 \cdot 10^6\,km$.
Das Jahr hat ca.
$60\,s \cdot 60 \cdot 24 \cdot 365 = 3{,}1536 \cdot 10^7\,s$.
In einer Sekunde: $\frac{9{,}4 \cdot 10^8\,km}{3{,}1536 \cdot 10^7} \approx 29{,}8\,km$

b) $V = \frac{Weg}{Zeit} = \frac{9{,}4 \cdot 10^8\,km}{365 \cdot 24\,h} \approx 1{,}1 \cdot 10^5\,\frac{km}{h}$

24 $R = 4{,}3\,m;\ r = 1{,}7\,m;$
$A = \pi \cdot (4{,}3^2 - 1{,}7^2);\ A \approx 49\,m^2$

25 $R = 30\,cm;\ r = 15\,cm;$
$A = \pi \cdot (30^2 - 15^2);\ A \approx 2120{,}6\,cm^2$

26 $A = \pi \cdot R^2 - \pi \cdot r^2 \Rightarrow A - \pi \cdot R^2 = -\pi \cdot r^2$
$\Rightarrow r = \sqrt{\frac{\pi \cdot R^2 - A}{\pi}} \approx 25{,}6\,cm$

27 a) $A_\alpha = 5{,}9\,cm^2;\ b_\alpha = 2{,}6\,cm$
b) $A_\alpha = 4{,}1\,m^2;\ b_\alpha = 3{,}3\,m$
c) $A_\alpha = 7363{,}1\,cm^2;\ b_\alpha = 196{,}3\,cm$

28 a) $r = \sqrt{\frac{A_\alpha \cdot 360°}{\pi \cdot \alpha}};\ \alpha = \frac{A_\alpha \cdot 360°}{\pi \cdot r^2}$
b) $r = \frac{b_\alpha \cdot 180°}{\pi \cdot \alpha};\ \alpha = \frac{b_\alpha \cdot 180°}{\pi \cdot r}$

29 a) $\cos 60° = \frac{h_s}{8} \Rightarrow h_s = 4\,cm$
b) $h_s + h = 8\,cm \Rightarrow h = 4\,cm$
c) $\frac{s}{2} = \sqrt{8^2 - 4^2};\ \frac{s}{2} \approx 6{,}9\,cm$
d) $b_\alpha = 16{,}8\,cm;$
$A = \frac{16{,}8 \cdot 8 - 13{,}8 \cdot (8 - 4)}{2};\ A\ 39{,}6\,cm^2$

30 a) $b_\alpha = \frac{2 \cdot A + s \cdot (r - h)}{r}$ b) $r = \frac{2 \cdot A - s \cdot h}{b_\alpha - s}$
c) $s = \frac{b_\alpha \cdot r - 2 \cdot A}{r - h}$ d) $h = \frac{2 \cdot A - b_\alpha \cdot r}{s} + r$

31 a) $V = 21{,}952\,m^3;$ $O = 47{,}04\,m^2$
b) $a = 8{,}5\,cm;$ $V = 614{,}125\,cm^3$
c) $a = 9\,dm;$ $O = 486\,dm^2$

32 $V = 200\,cm^3;$ $O = 210\,cm^2$

33 $V = 147\,m^3$; $a = \sqrt{\frac{147}{12}}$; $a = 3{,}5\,m$; $O = 192{,}5\,m^2$

34 $h = \frac{O - 2a^2}{4a}$

35 $a = 6\,cm$; $h = 8\,cm$; $V = 288\,cm^3$

36 $V = 200\,cm^3$; $a_{Würfel} = \sqrt[3]{200\,cm^3} \approx 5{,}8\,cm$

37 ($1\,dm^3$ entspricht 1 l Wasser)
a) $V = 11 \cdot 6 \cdot 6{,}5 = 429$; $V = 429\,l$
b) $O = 370\,dm^2 = 3{,}7\,m^2$

38 $c = \frac{756}{7{,}5 \cdot 9} = 11{,}2$; $O = 504{,}6\,cm^2$

39 **a)** $G = 12\,cm^2$; $V = 144\,cm^3$;
fehlende Dreieckslänge: 7,2 cm;
$M = 206{,}4\,cm^2$; $O = 230{,}4\,cm^2$

b) $x = \frac{12 - 7}{2}$; $x = 2{,}5\,cm$
$y = \sqrt{4^2 + 2{,}5^2}$; $y \approx 4{,}7$
$V = 456\,cm^3$; $G = 38\,cm^2$
$M = 340{,}8\,cm^2$;
$O = 416{,}8\,cm^2$

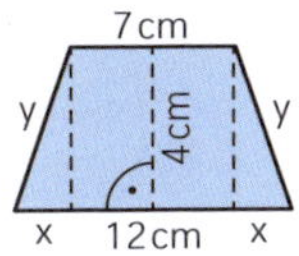

c) $G = 15\,cm^2$; $V = 180\,cm^3$;
$M = 204\,cm^2$; $O = 234\,cm^2$

d) $x = \sqrt{7{,}8^2 - 4{,}1^2}$; $x \approx 6{,}6\,cm$
$y = 8 - 6{,}6$; $y = 1{,}4\,cm$
$z = \sqrt{4{,}1^2 + 1{,}4^2}$; $z \approx 4{,}3\,cm$
$M = 241{,}2\,cm^2$; $G = 16{,}4\,cm^2$;
$O = 274\,cm^2$; $V = 196{,}8\,cm^3$

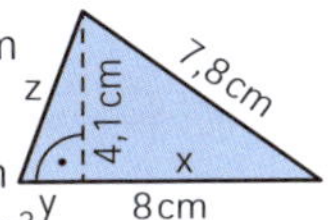

40 $M = \pi \cdot 1{,}8 \cdot 2{,}4$; $M \approx 13{,}57\,m^2$

41 **a)** $r = \frac{M}{2 \cdot \pi \cdot h}$; $r \approx 2{,}6\,cm$ **b)** $V = 573{,}4\,cm^3$

42 **a)** $r \approx 4\,cm$
b) $M = 251{,}3\,cm^2$;
$0{,}025\,13\,m^2 \cdot 1000 = 25{,}13\,m^2$
c) Eine Grund- bzw. Deckfläche hat einen Durchmesser von $d \approx 8\,cm$.
Damit lassen sich aus einem Blech mit den Maßen $82\,cm \times 42\,cm$ genau $10 \cdot 5$, also 50 Flächen stanzen. Ein Blech liefert daher 25 Deck- und Grundflächen. Es werden somit $1000 : 25 = 40$ Bleche benötigt.

43

$u = 21\,cm$;	$h = 29{,}7\,cm$;	$M = 623{,}7\,cm^2$;
$r = 3{,}3\,cm$;	$V = 1016{,}1\,cm^3$;	$O = 692{,}1\,cm^2$
$u = 29{,}7\,cm$;	$h = 21\,cm$;	$M = 623{,}7\,cm^2$;
$r = 4{,}7\,cm$;	$V = 1\,457{,}4\,cm^3$;	$O = 762{,}5\,cm^2$

44 **a)** $r = 0{,}2\,m$
b) $V = 0{,}333\,m^3 = 333\,dm^3$
c) $m = 133{,}2\,kg$

45 **a)** $r^2 + h \cdot r - \frac{O}{2 \cdot \pi} = 0$
b) $r^2 + 20 \cdot r - 476 = 0$
$r_{1/2} = -10 \pm \sqrt{100 + 476} = -10 \pm 24$
$r_1 = 14\,cm$; $r_2 = -34\,cm$ (keine Lösung)
c) $V = 12\,315\,cm^3 = 12{,}315\,dm^3$

46 $V_{Rohling}$: $r = 19\,mm$; $h = 100\,mm$;
$V_{Rohling} \approx 113{,}4\,cm^3$
a) $V_{Welle} = 2 \cdot \pi \cdot 4^2 \cdot 20 + \pi \cdot 17{,}5^2 \cdot 60$
$V_{Welle} \approx 59{,}7\,cm^3$
b) Abfall: $53{,}7\,cm^3$

47 $V = 13\,784\,cm^3$; $O = 6677{,}5\,cm^2$

48 **a)** $R = 0{,}11\,dm$; $r = 0{,}1\,dm$; $h = 200\,dm$;
$V \approx 1{,}32\,dm^3$
b) $V = \pi \cdot 0{,}1^2 \cdot 200$; $V \approx 6{,}28\,dm^3 = 6{,}28\,l$

49 **a)** $r = 6{,}25\,dm$; $h = 76\,dm$; $V \approx 9326{,}6\,l$
b) $R = 0{,}785\,m$; $r = 0{,}625\,m$; $V \approx 5{,}67\,m^3$

50 $a = 10\,cm$

51 **a)** $a \approx 29{,}82\,m$
b) $h \approx 22{,}51\,m$; $s \approx 30{,}84\,m$;
c) $V = 6672\,m^3$; $M = 1610{,}3\,m^2$

52 **a)** $16{,}5\,l = 16{,}5\,dm^3$; $h = 3\,dm$;
$r \approx 2{,}3\,dm = 23\,cm$
b) $s^2 = r^2 + h^2 \Rightarrow s \approx 37{,}8\,cm$
c) $M \approx 2731{,}3\,cm^2$

53 $V = 52\,m^3$

54 $O = 1064\,cm^2$; $V = 2128\,cm^3$

55 $h \approx 8{,}9\,cm$

56 **a)** $V \approx 827{,}8\,dm^3$
b) $s \approx 9\,dm$; $M \approx 311\,dm^2$; $O \approx 515{,}2\,dm^2$

57 $V \approx 3{,}5\,m^3$; $O \approx 11{,}2\,m^2$

58 $r \approx 1{,}93\,dm$; $O \approx 46{,}8\,dm^2$

59 **a)** $r_{Kugel} = 10\,cm$; $O \approx 1256{,}6\,cm^2$
b) $d = 20\,cm$; $h = 20\,cm$
c) $O \approx 1256{,}6\,cm^2$; $O_{Zyl} = O_{Kugel}$
d) $M = 2 \cdot \pi \cdot r \cdot h$ mit $h = 2 \cdot r$;
$M = 2 \cdot \pi \cdot r \cdot 2 \cdot r \Rightarrow M = 4 \cdot \pi \cdot r^2$

60 **a)** $V \approx 387{,}77\,m^3$ **b)** $r \approx 8{,}36\,m$
c) $M \approx 141{,}82\,m^2$

Zwischentest, Seite 72

1 **a)** $A = 15{,}3 \cdot 4{,}5 + \frac{7{,}9 + 5}{2} \cdot 3{,}6 - \frac{4{,}5 \cdot 3{,}2}{2}$
$A = 84{,}87\,cm^2$ (2 P.)

b) $A = 11{,}3 \cdot 5{,}1 + \not{2} \cdot \frac{(4 + 1{,}9)}{\not{2}} \cdot 4{,}2 - 2 \cdot \frac{1{,}5 \cdot 1{,}9}{2}$
$A = 79{,}56\,cm^2$ (2 P.)

2 $r = 6{,}5\,\text{cm};\ U_R = 2\pi \cdot 6{,}5\,\text{cm};$
$U_R \approx 40{,}84\,\text{cm}$ (1 P.)
$U_K \cdot \frac{40}{100} = 40{,}84 \quad |:0{,}4$
$U_K = 102{,}1\,\text{cm}$ (1 P.)
$2 \cdot \pi \cdot R \approx 102{,}1 \quad |:2\pi$
$R \approx 16{,}25\,\text{cm}$ (1 P.)
$A = \pi \cdot (16{,}25^2 - 6{,}5^2);\ A \approx 696{,}84\,\text{cm}^2$ (1 P.)

3 a) $V = \frac{75 + 60}{2} \cdot 87 \cdot 250$
$V = 1\,468\,125\,\text{cm}^3 = 1468\frac{1}{8}\,\text{l}$ (1 P.)

b) $\frac{x}{7{,}5} = \frac{58}{87} \quad | \cdot 7{,}5;$
$x = 5\,\text{cm}$ (1 P.)
$60\,\text{cm} + 2x = 70\,\text{cm}$ (1 P.)
$V = \frac{70 + 60}{2} \cdot 58 \cdot 250$
$V = 942\,500\,\text{cm}^3 = 942{,}5\,\text{l}$
(1 P.)

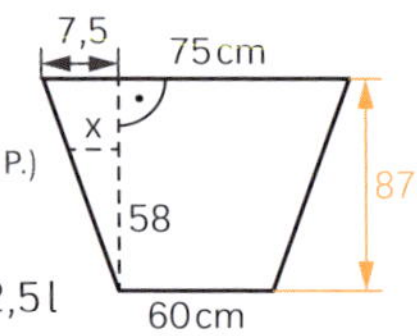

4 a) $V = 15 \cdot 17 \cdot 5 + \frac{\pi \cdot 4{,}5^2 \cdot 17}{2} - \pi \cdot 2{,}5^2 \cdot 17$
$V \approx 1482\,\text{cm}^3$ (2 P.)
$O = 17 \cdot 15 + 5 \cdot 15 \cdot 2 + 17 \cdot 5 \cdot 2 + 3 \cdot 17 \cdot 2$
$+ \pi \cdot 4{,}5^2 - \pi \cdot 2{,}5^2 \cdot 2 + \pi \cdot 4{,}5 \cdot 17$
$+ \pi \cdot 5 \cdot 17$
$O \approx 1208{,}71\,\text{cm}^2$ (2 P.)

b) $h_{Pyr} = \sqrt{9{,}25^2 - 4^2} \approx 8{,}3$ (1 P.)
$V = 12^2 \cdot 5 + \frac{1}{3} \cdot 8^2 \cdot 8{,}3 - \pi \cdot 2^2 \cdot 5$
$V \approx 834{,}23\,\text{cm}^3$ (2 P.)
Masse m: (1 P.)
$m = 834{,}23\,\text{cm}^3 \cdot 2{,}7\frac{\text{g}}{\text{cm}^3} \approx 2252{,}4\,\text{g} = 2{,}25\,\text{kg}$

c) $V = \pi \cdot 4{,}9^2 \cdot 25 - \frac{1}{3}\pi \cdot 4{,}9^2 \cdot 8{,}8$
$- \frac{1}{3} \cdot \pi \cdot 10{,}2 \cdot (4^2 + 4 \cdot 0{,}2 + 0{,}2^2)$
$V \approx 1484{,}6\,\text{cm}^3$ (2 P.)
$m_1 = 1484{,}6\,\text{cm}^3 \cdot 10{,}5\frac{\text{g}}{\text{cm}^3} = 15\,588{,}3\,\text{g}$ (1 P.)
$m_2 = 1484{,}6\,\text{cm}^3 \cdot 19{,}3\frac{\text{g}}{\text{cm}^3} = 28\,652{,}78\,\text{g}$ (1 P.)
$28\,652{,}78\,\text{g} = 15\,588{,}3\,\text{g} \cdot \frac{p}{100}$
$p = 183{,}8\,\%$ (1 P.)
Der Körper wäre 83,8 % schwerer, wenn er aus Gold wäre. (1 P.)

5 a) $O_{Erde} = 4 \cdot \pi \cdot 6370^2 \approx 509\,904\,363{,}8$ (0,5 P.)
$O_{Mond} = 4 \cdot \pi \cdot 1738^2 \approx 37\,958\,532$ (0,5 P.)
$O_{Erde} \cdot \frac{p}{100} = O_{Mond};\ p = \frac{O_{Mond} \cdot 100}{O_{Erde}} \approx 7{,}4\,\%$
Die Mondoberfläche beträgt ca. 7,4 % der Erdoberfläche. (1 P.)

b) $m_{Erde} = \frac{4}{3} \cdot \pi \cdot (63\,700\,000\,\text{dm})^3 \cdot 5{,}5\frac{\text{kg}}{\text{dm}^3}$
$\approx 6 \cdot 10^{24}\,\text{kg}$ (0,5 P.)
$m_{Mond} = \frac{4}{3} \cdot \pi \cdot (17\,380\,000\,\text{dm})^3 \cdot 3{,}3\frac{\text{kg}}{\text{dm}^3}$
$\approx 7{,}3 \cdot 10^{22}\,\text{kg}$ (0,5 P.)
$\frac{6 \cdot 10^{24}\,\text{kg}}{7{,}3 \cdot 10^{22}\,\text{kg}} \approx 82$
Die Erde ist etwa 82-mal so schwer wie der Mond. (1 P.)

Funktionen, Seite 73 bis 87

1 a) D = {10 g, 20 g, 30 g, 40 g, 50 g, 60 g, 70 g, 80 g, 90 g, 100 g}
W = {0,62 €, 0,85 €, 1,45 €}

b)

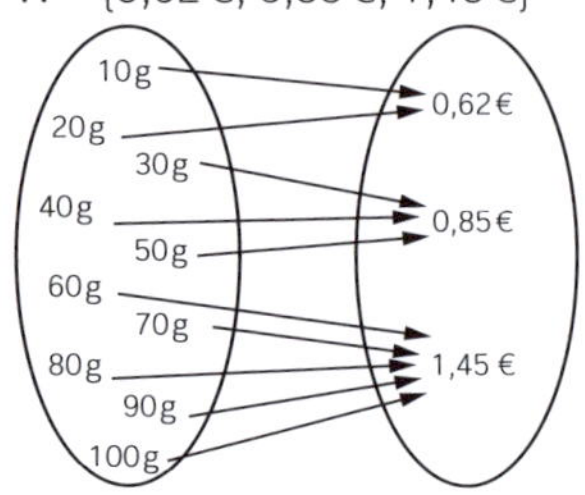

c)

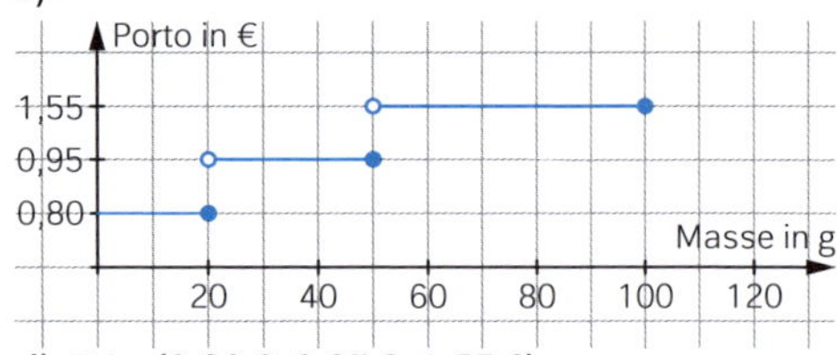

d) W = {0,80 €, 0,95 €, 1,55 €}

2

x	−2,5	−2	−1,5	−1	0
y	**−3,9**	**−2**	**−0,84**	**−0,25**	**0**

x	1	1,5	2	2,5
y	**0,25**	**0,84**	**2**	**3,9**

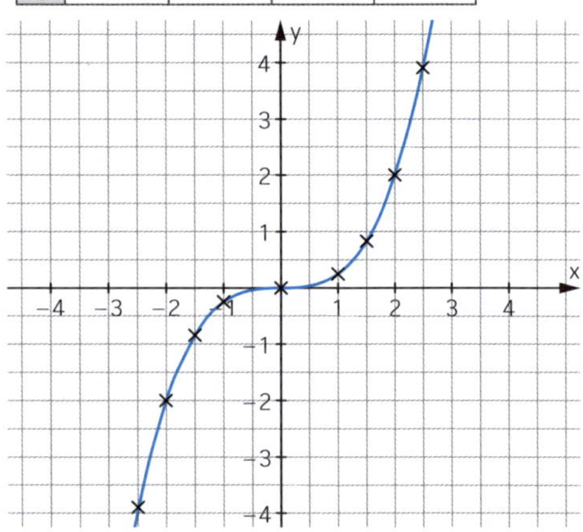

Der Graph verläuft im I. und III. Quadranten.

zu Aufgabe 4: In der Physik rechnet man meist *mit* den Einheiten.

3 $\frac{y-(-2)}{x-(-1)} = \frac{8-(-2)}{3-(-1)}$

$\frac{y+2}{x+1} = \frac{10}{4} \quad | \cdot (x+1)$

$y+2 = 2{,}5 \cdot (x+1) \quad | -2$

$y = 2{,}5x + 0{,}5$

4 Punkt-Steigungs-Form:

$\frac{y-(-3{,}5)}{x-6} = -\frac{3}{4}$

$\frac{y+3{,}5}{x-6} = -\frac{3}{4} \quad | \cdot (x-6)$

$y+3{,}5 = -\frac{3}{4} \cdot (x-6) \quad | -3{,}5$

$y = -\frac{3}{4}x + 1$

Die Gerade schneidet die y-Achse an der Stelle +1.

5 $\frac{x}{-4} + \frac{y}{5} = 1 \quad | \cdot (-20)$

$5x - 4y = -20 \quad | -5x$

$-4y = -5x - 20 \quad | : (-4)$

$y = \frac{5}{4}x + 5$

Die Steigung ist $m = \frac{5}{4}$.

6 siehe Skizze rechts:

$m = \frac{-6}{2}$

$m = -3$

$y = -3x + 5$

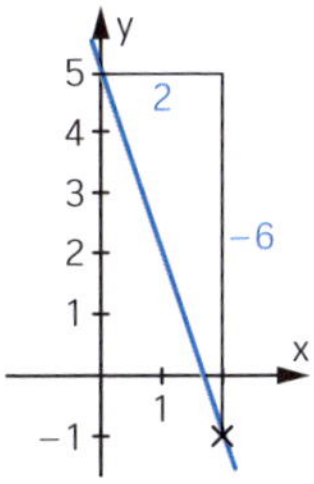

7 **a)** $d = \sqrt{(10-2)^2 + (7{,}5-1{,}5)^2}$; $d = 10\,LE$

b) $d = \sqrt{(5{,}8+2)^2 + (-4{,}4+3)^2}$; $d \approx 7{,}9\,LE$

8 siehe Skizze rechts:

$0 = 2x - 11 \Leftrightarrow x = 5{,}5$

$d = \sqrt{11^2 + 5{,}5^2}$

$d \approx 12{,}3\,LE$

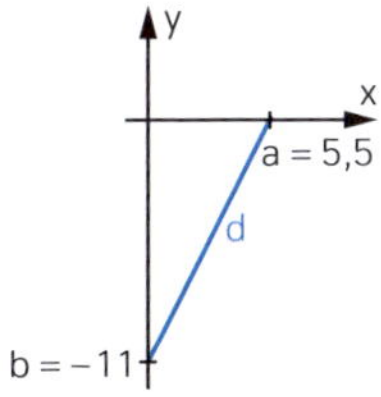

9 $M\left(\frac{5-1}{2} \middle| \frac{9+3}{2}\right)$, $M(2|6)$, $P_1(-3|-4)$;

Zwei-Punkte-Form:

$\frac{y-6}{x-2} = \frac{-10}{-5} \Leftrightarrow y-6 = 2 \cdot (x-2) \Leftrightarrow y = 2x+2$

10 **a)** $3 \cdot \frac{1}{3} = 1 \quad \Rightarrow$ nicht senkrecht

b) $-2 \cdot \frac{1}{2} = -1 \quad \Rightarrow$ senkrecht

c) $\frac{2}{3} \cdot \left(-\frac{3}{2}\right) = -1 \quad \Rightarrow$ senkrecht

d) $0{,}4 \cdot 2{,}5 = 1 \quad \Rightarrow$ nicht senkrecht

11 Die Gerade verläuft durch $P(5|3)$ und hat die Steigung $m = -2$.

Punkt-Steigungs-Form:

$\frac{y-3}{x-5} = -2 \Leftrightarrow y = -2x + 13$

12

x	−5,5	−5	−4	−3	−2	−1
y	**−6,5**	**0**	**10**	**16**	**18**	**16**

x	0	1	1,5
y	**10**	**0**	**−6,5**

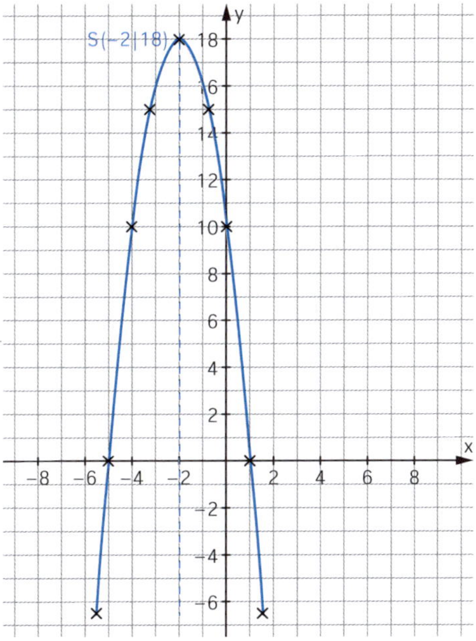

13

x	0	2	4	6	8
y	**4**	**−5**	**−12**	**−17**	**−20**

x	10	12	14	16	18	20
y	**−21**	**−20**	**−17**	**−12**	**−5**	**4**

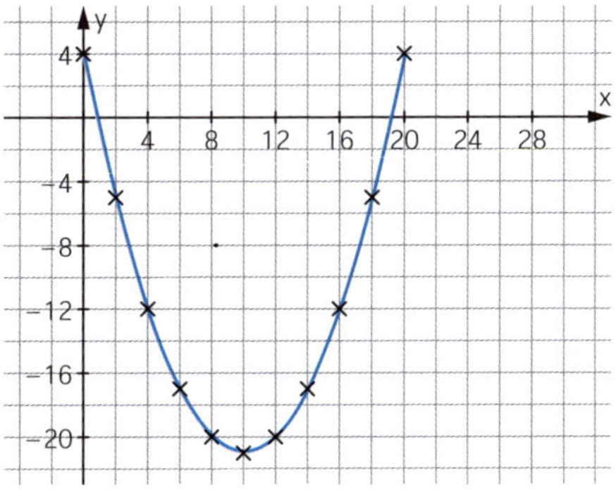

14 (A) zu (4) (B) zu (1) (C) zu (2) (D) zu (3)

15 **a)** $y = x^2 + 4x + 4 - 4 - 1$
$y = (x+2)^2 - 5 \Rightarrow S(-2\,|\,-5)$
b) $y = x^2 - 8x + 16 - 16 + 19$
$y = (x-4)^2 + 3 \Rightarrow S(4\,|\,3)$
c) $y = x^2 - 3x + \frac{9}{4} - \frac{9}{4} + \frac{13}{4}$
$y = \left(x - \frac{3}{2}\right)^2 + 1 \Rightarrow S\left(\frac{3}{2}\,\middle|\,1\right)$

16 **a)** gehört zu (4),
b) gehört zu (3),
c) gehört ebenfalls zu (3).

17 Der Graph von g(x) ist der um 3 Einheiten nach oben verschobene Graph von f(x).
Der Graph von h(x) ist der um 3 Einheiten nach links verschobene Graph von f(x).

18 f: (1) $D = \mathbb{R}$, $W = \{x \mid x \in \mathbb{R},\ x \geq b\}$
(2) Zu ihnen gehören die Punkte $(0\,|\,b)$, $(1\,|\,b+1)$ und $(-1\,|\,b+1)$
(3) unverändert
(4) unverändert
g: (1) unverändert
(2) Zu ihnen gehören die Punkte $(-a\,|\,0)$, $(-a+1\,|\,1)$, und $(-a-1\,|\,1)$
(3) Im Bereich $x < -a$ streng monoton fallend, im Bereich $x > -a$ streng monoton wachsend.
(4) Symmetrisch zur Achse $y = -a$

19 Zu (3): Für alle $x \in \mathbb{R}$ gilt $x_1 > x_2$
$\Rightarrow f(x_1) > f(x_2)$
Zu (4): Für alle $x \in \mathbb{R}$ gilt $f(-x) = -f(x)$

20 Der Graph verläuft punktsymmetrisch zu $S(5\,|\,2)$.

21 **a)** n gerade: $D = \mathbb{R}\setminus\{0\}$, $W = \mathbb{R}^+$
n ungerade: $D = \mathbb{R}\setminus\{0\}$, $W = \mathbb{R}\setminus\{0\}$
b) n gerade: $P(1\,|\,1)$, $Q(-1\,|\,1)$
n ungerade: $P(1\,|\,1)$, $Q(-1\,|\,-1)$
c) n gerade: Die Hyperbel ist symmetrisch zur y-Achse.
n ungerade: Die Hyperbel ist punktsymmetrisch zu $(0\,|\,0)$.

22 n gerade:
Für alle $x \in \mathbb{R}^-$ gilt: $x_1 < x_2 \Rightarrow f(x_1) < f(x_2)$
Für alle $x \in \mathbb{R}^+$ gilt: $x_1 < x_2 \Rightarrow f(x_1) > f(x_2)$
n ungerade:
Für alle $x \in \mathbb{R}^-$ gilt: $x_1 < x_2 \Rightarrow f(x_1) > f(x_2)$
Für alle $x \in \mathbb{R}^+$ gilt: $x_1 < x_2 \Rightarrow f(x_1) > f(x_2)$

23 **a)** f_1: $D = \mathbb{R}\setminus\{2\}$, $W = \mathbb{R}^+$
b) f_2: $D = \mathbb{R}\setminus\{0\}$, $W = \mathbb{R}\setminus\{-2\}$
c) f_3: $D = \mathbb{R}\setminus\{0\}$, $W = \mathbb{R}\setminus\{3\}$

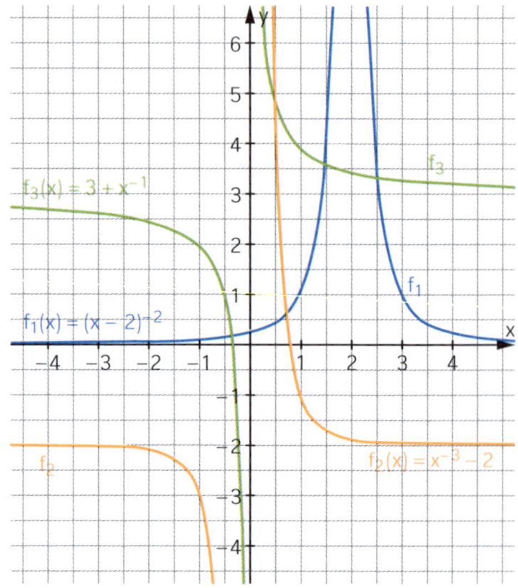

d) f_4: $D = \mathbb{R}\setminus\{-1\}$, $W =]-2;\infty[$
e) f_5: $D = \mathbb{R}\setminus\{-3\}$, $W =]1;\infty[$

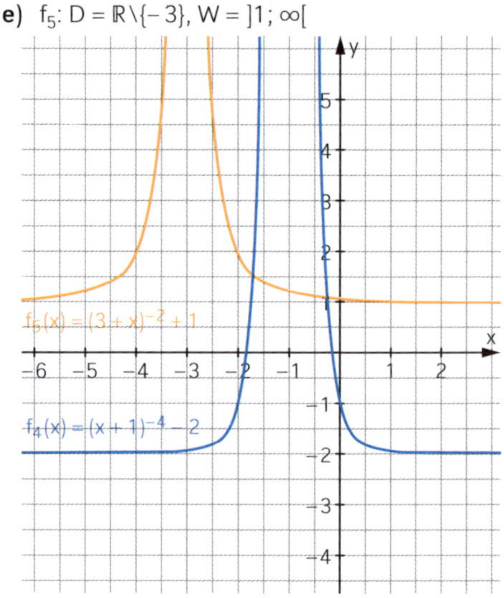

24 $\alpha = 19°$ $\beta = 29°$ $\gamma = 35°$
$\delta = 40°$ $\varepsilon = 50°$ $\omega = 72°$

a) $\sin 19° \approx 0{,}33$ **b)** $\cos 29° \approx 0{,}87$
c) $\tan 29° \approx 0{,}55$ **d)** $\sin 35° \approx 0{,}57$
e) $\tan 40° \approx 0{,}84$ **f)** $\sin 40° \approx 0{,}64$
g) $\cos 50° \approx 0{,}65$ **h)** $\sin 72° \approx 0{,}95$

25 ▪ ΔOQP ist gleichschenklig, weil $\overline{OP} = \overline{OQ} = 1$.
▪ Die Winkel bei P und Q sind zusammen 120° und gleich, also hat jeder Winkel 60°.
▪ Damit ist das Dreieck mit drei 60°-Winkeln gleichseitig.
▪ Im gleichseitigen Dreieck ist jede Höhe zugleich auch Mittelsenkrechte. Deshalb ist R der Mittelpunkt von $\overline{OP}$, und es gilt $\overline{OR} = \cos 60° = \frac{1}{2}$.

26 **a)** Nach dem Strahlensatz gilt $\frac{\tan\alpha}{\sin\alpha} = \frac{1}{\cos\alpha}$, also $\tan\alpha = \frac{\sin\alpha}{\cos\alpha}$.

b)

	0°	**30°**	**45°**	**60°**	**90°**
tan α	0	$\frac{1}{\sqrt{3}}$	1	$\sqrt{3}$	n. def.

27 Die Gleichung gilt nach dem Satz des Pythagoras: $(\sin\alpha)^2 + (\cos\alpha)^2 = 1^2$; $\sin^2\alpha + \cos^2\alpha = 1$

28 **a)** und **b)**

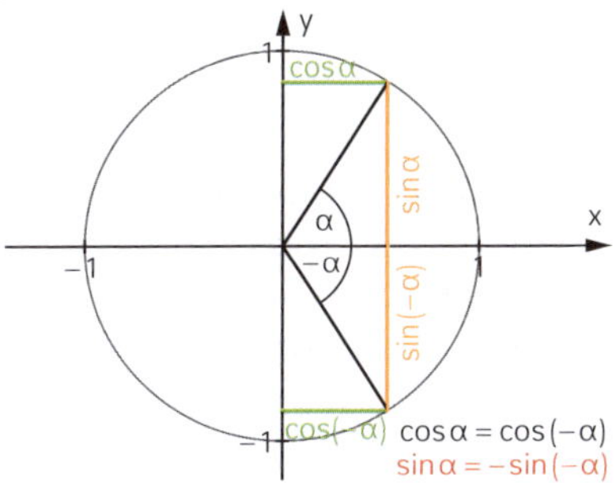

c) und **d)**

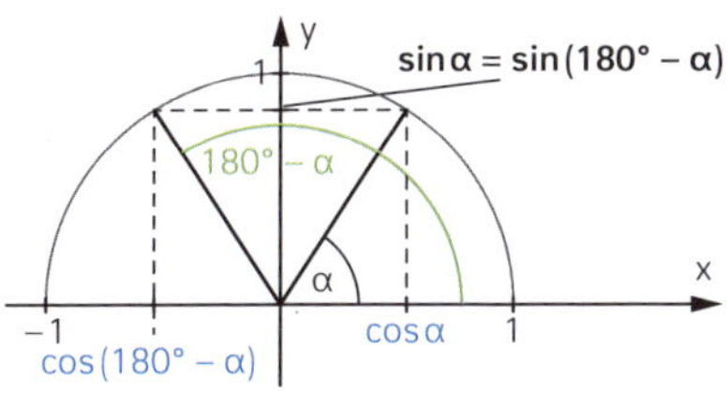

cos (180° − α) = −cos α

29 (1) $\frac{\pi}{2}$ entspricht einem Viertel des Umfangs, ist also 90° zugeordnet; $\sin 90° = 1$.
(2) Hier ohne Skizze; $\cos 90° = 0$
(3) 2π ist der volle Umfang, also 360° bzw. 0° zugeordnet; $\tan 0° = 0$.
(4) $\frac{\pi}{6}$ ist der 6. Teil des halben Umfangs, also 30° zugeordnet; $\sin 30° = 0{,}5$.

30

α	43°	**≈ 27°**	168°	271°	**≈ 254°**	**≈ 448°**
b_α	**≈ 0,75**	0,471	**≈ 2,932**	**≈ 4,73**	4,441	7,826

31 **a)**

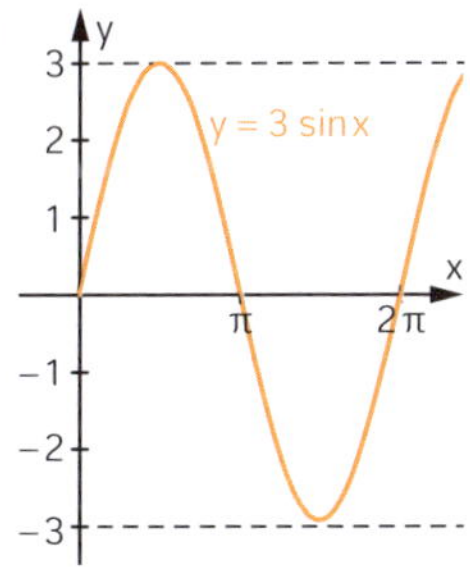

b)

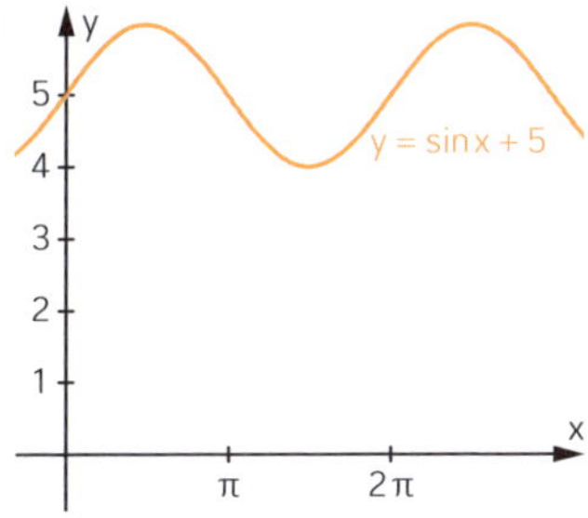

c)

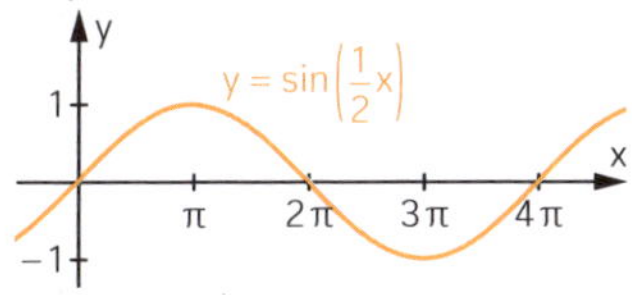

d)

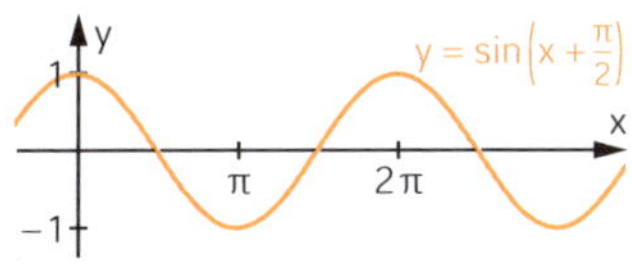

32 f:

x	1	2	3	4	5	6	7
y	−5	−3	−1	1	3	5	7

f^{-1}:

x	−5	−3	−1	1	3	5	7
y	1	2	3	4	5	6	7

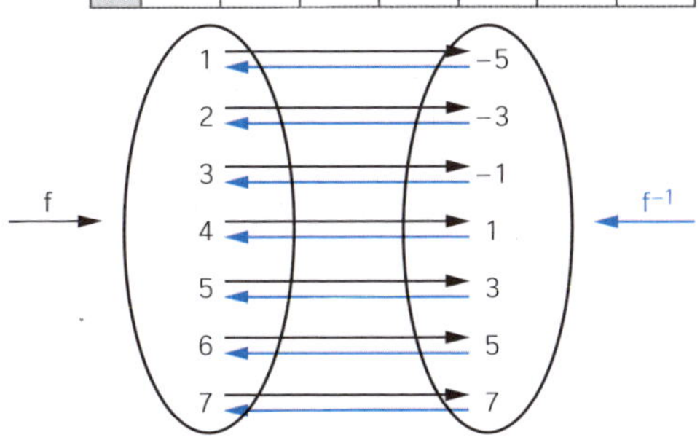

f^{-1} ist die Umkehrfunktion von f.

33 Es gilt z. B. $(-3|9) \in f$ und $(3|9) \in f$, also $(9|-3) \in f^{-1}$ und $(9|3) \in f^{-1}$.
Bei f^{-1} sind der Zahl 9 sowohl −3 als auch 3 zugeordnet, also ist die Zuordnung nicht eindeutig und damit keine Funktion.

34 a) f_1^{-1} ist keine Funktion.

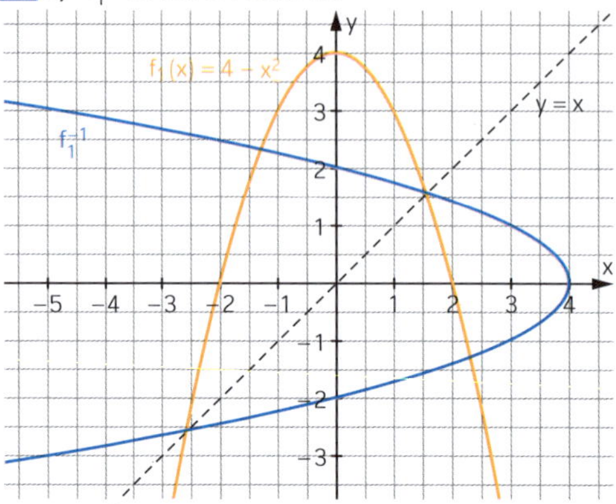

b) f_2^{-1} ist eine Funktion.

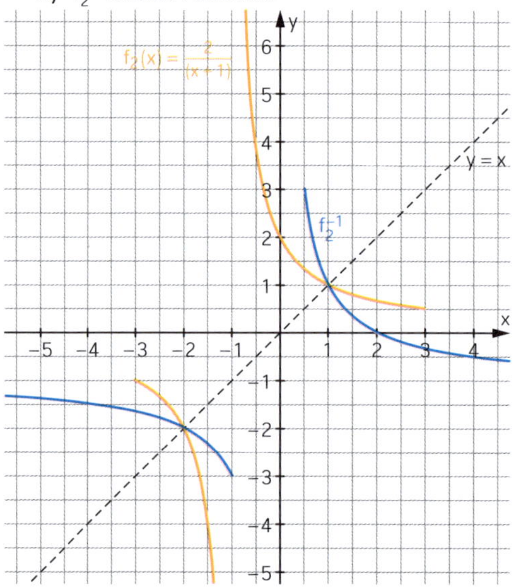

c) f_3^{-1} ist eine Funktion.

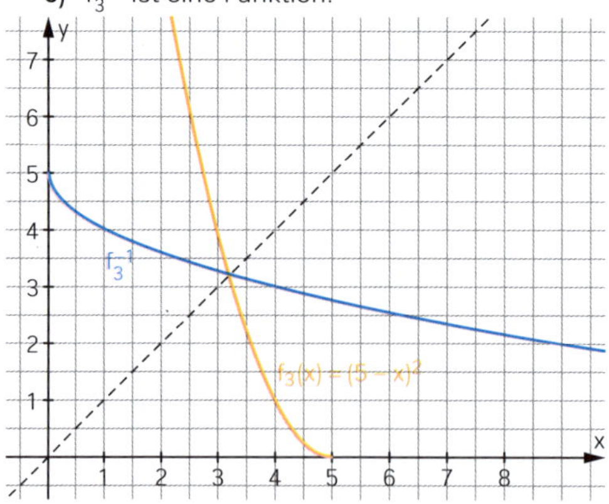

d) f_4^{-1} ist eine Funktion.

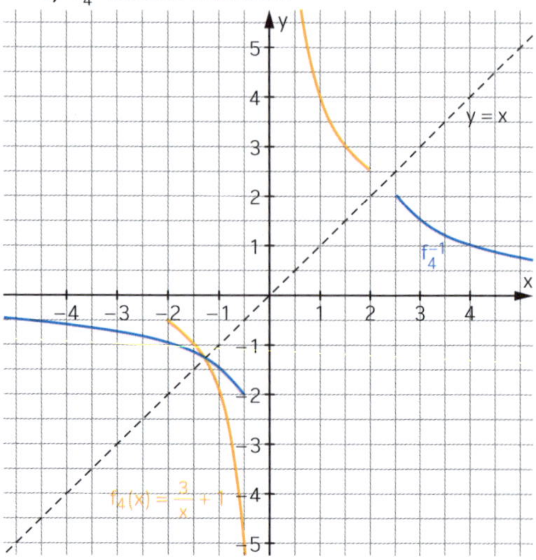

35 f^{-1} wäre keine Funktion, wenn es ein x gäbe mit der Eigenschaft $f^{-1}(x) = a$ und $f^{-1}(x) = b$ und $a \neq b$, also $a > b$ oder $a < b$.
Das aber ist unmöglich, denn für die Funktion f würde gelten $f(a) = x$ und $f(b) = x$; und das widerspricht der Voraussetzung, dass f streng monoton fällt oder steigt.

36 a) $\sqrt{10{,}7} \approx 3{,}3$ b) $\sqrt{3{,}8} \approx 1{,}9$
c) $\sqrt{8{,}5} \approx 2{,}9$ d) $\sqrt{0{,}5} \approx 0{,}7$
e) $\sqrt{5{,}8} \approx 2{,}4$ f) $\sqrt{7} \approx 2{,}6$

37 a) $y_1 \approx 4{,}9$ b) $y_2 \approx 0{,}7$ c) $y_3 \approx 3{,}1$
d) $x_1 \approx 2{,}6$ e) $x_2 \approx -0{,}2$

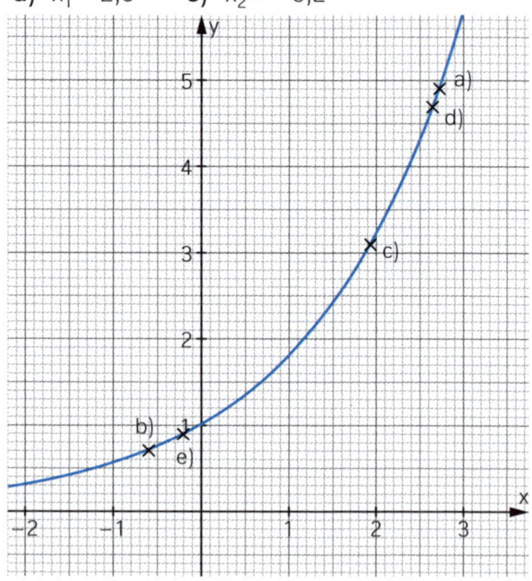

38 Es ist zu zeigen:
Für alle $x \in \mathbb{R}$ gilt $f(x) = g(-x)$

$$f(x) = a^x = (a^1)^x = [(a^{-1})^{-1}]^x = (a^{-1})^{-x}$$
$$= \left(\frac{1}{a}\right)^{-x} = g(-x)$$

39 **a)** $a \approx -1{,}6$ **b)** $b \approx 0{,}2$
c) $c \approx 0{,}2$ **d)** $d \approx 0{,}4$

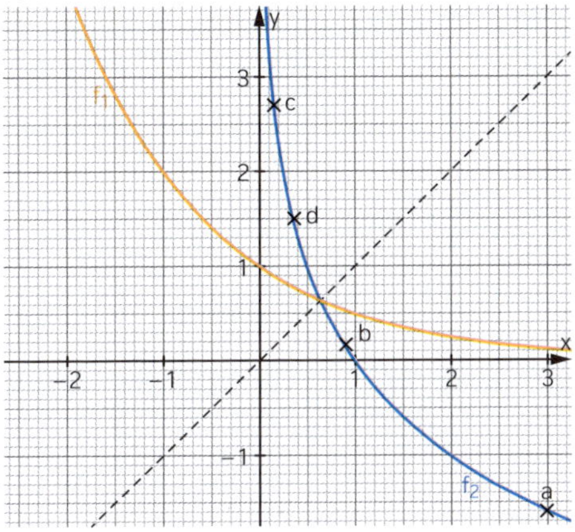

40 **a)** $\ln 1{,}8 \approx 0{,}6$ **b)** $\ln 0{,}5 \approx -0{,}3$
c) $\ln 2{,}5 \approx 0{,}9$ **d)** $\ln 0{,}3 \approx -1{,}2$

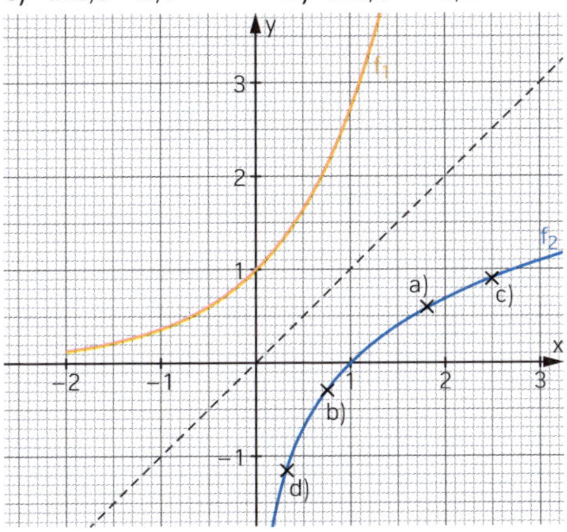

41 **a)** Maße eines A4-Blattes: $21\,\text{cm} \times 29{,}7\,\text{cm}$
$f(21) \approx 4{,}39$,
der Graph wäre auf einer Höhe von $4{,}39\,\text{cm}$.
b) $f(827\,150\,000) \approx 29{,}7$
$87\,250\,000 : 21 = 41\,530\,953$;
man müsste 41 530 953 Blätter aneinanderkleben.

Zwischentest, Seite 89

1 (B) und (D) sind keine Funktionen, da es sich nicht um eindeutige Zuordnungen handelt. (2 P.)

2 g_2: $y = \frac{1}{3}x + 2\frac{2}{3}$; (2 P.)
g_3: $y = -\frac{1}{2}x + 1$ (2 P.)

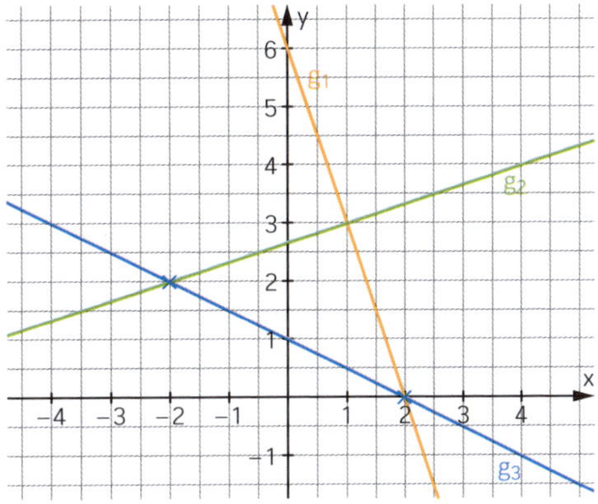

(2 P.)

3 **a)** $y = (x-2)^2 + 1$; $S(2\,|\,1)$ (3 P.)
b) $S(2-3\,|\,1-1) = S(-1\,|\,0)$
p_2: $y = (x+1)^2 = x^2 + 2x + 1$ (3 P.)

4 **a)** $D = \mathbb{R}$; $W = \{y\,|\,y \in \mathbb{R};\ y \geq 2\}$
b) $D = \mathbb{R}$; $W = \mathbb{R}_0^+$
c) $D = \mathbb{R} \setminus \{-2\}$; $W = \mathbb{R} \setminus \{-1\}$
d) $f_4(x) = \frac{1}{(x+2)^2} + 2 = (x+2)^{-2} + 3$
$D = \mathbb{R} \setminus \{-2\}$; $W = \{y\,|\,y \in \mathbb{R};\ y > 3\}$

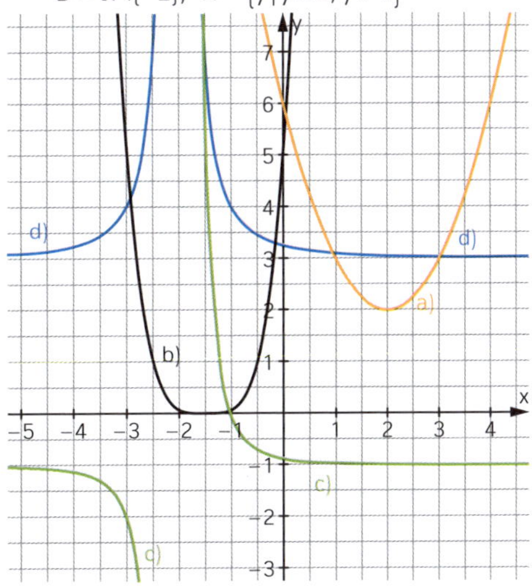

5 a) $\sin\pi = 0$ b) $\cos\left(\frac{2}{3}\pi\right) = -\frac{1}{2}$

c) $\sin\left(\frac{5}{6}\pi\right) = \frac{1}{2}$ d) $-\sin\left(\frac{5}{2}\pi\right) = -1$

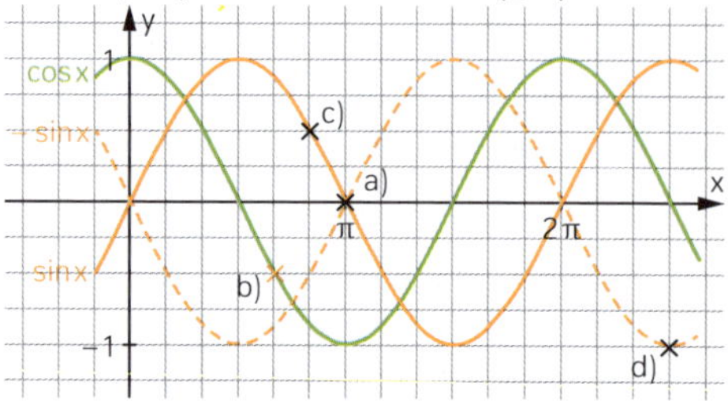

6 a) f^{-1} ist keine Funktion, da es sich nicht um eine eindeutige Zuordnung handelt (mehrere y-Werte pro x-Wert). (1 P.)

b) f^{-1} ist eine Funktion, da es sich um eine eindeutige Zuordnung handelt. (1 P.)

In der Grafik sind die Umkehrzuordnungen gestrichelt gezeichnet. (2 P.)

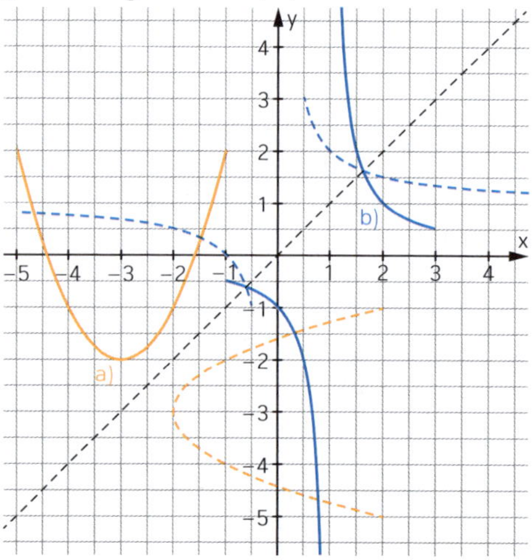

7 $f(1) = 3 \Rightarrow 3 = a^1 \Rightarrow 3 = a \Rightarrow f(x) = 3^x$ (2 P.)

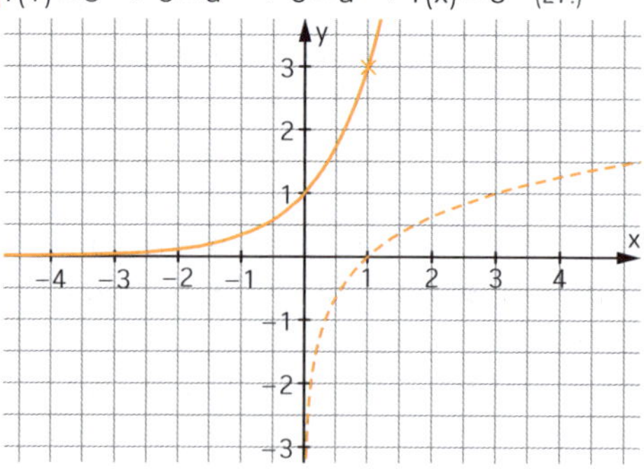

(2 P.)

Wachstum, Seiten 90 bis 93

1 a) $B(t+1) - B(t) = 1{,}8$ für alle t
$\Rightarrow$ lineares Wachstum

b) $B(t+1) - B(t) = 1{,}7$ für $0 \leq t \leq 3$,
aber $B(4) - B(3) = 1{,}9$
$\Rightarrow$ kein lineares Wachstum

2 a) $427{,}5 = 345 + 5d \Leftrightarrow d = 16{,}5$

b) $B(6) = 2{,}6 + 6 \cdot 0{,}8 = 7{,}4$

c) $333 = 520 + t \cdot (-11) \Leftrightarrow t = 17$

d) $19{,}7 = 26{,}8 + 4 \cdot d \Leftrightarrow d = -1{,}775$
$26{,}8 = B(0) + 7 \cdot (-1{,}775) \Leftrightarrow$
$B(0) = 39{,}225$

3 a) Funktionsgleichung $y = -0{,}15x + 1{,}8$

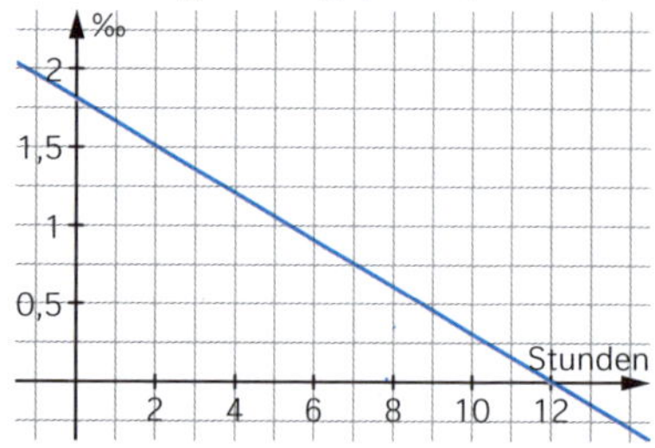

b) $B(t) = 1{,}8\,‰ - 0{,}15\,‰ \cdot t$, $t = 8$
$B(8) = 1{,}8 - 0{,}15 \cdot 8 = 0{,}6\,‰$
Nein, er hätte noch nicht wieder fahren dürfen.

c) $B(4) = 0{,}7$; $B(0) = ?$
$0{,}7\,\% = B(0) - 0{,}15\,‰ \cdot 4$
$\Leftrightarrow B(0) = 1{,}3\,‰$
Zur Unfallzeit hatte er 1,3 ‰.

4 $K(12) = 4500 \cdot 1{,}04^{12}$; Endkapital 7204,65 €

5 $40\,000 = K(0) \cdot 1{,}035^{20}$; $K(0) = \frac{40\,000}{1{,}035^{20}}$
Anlagekapital 20 102,65 €

6 $33\,200 = 8000 \cdot a^{35}$; $a = \sqrt[35]{\frac{33\,200}{8000}} \approx 1{,}0415$
Zinssatz: $p\,\% = 4{,}15\,\%$

7 10 Stunden ≙ 600 Minuten; $\frac{600}{50} = 12$
In 12 gleichen Abständen (50 min) wächst die Kultur jeweils mit dem Faktor 2.
$2\,457\,600 = B(0) \cdot 2^{12}$; $B(0) = \frac{2\,457\,600}{2^{12}}$
Anfangsbestand: 600

8
$$250 = 1018 \cdot 0{,}88^x \quad |:1018$$
$$\frac{250}{1018} = 0{,}88^x \quad |\ln$$
$$\ln\left(\frac{250}{1018}\right) = x \cdot \ln 0{,}88 \quad |:\ln 0{,}88$$
$$\frac{\ln\left(\frac{250}{1018}\right)}{\ln 0{,}88} = x \Rightarrow x \approx 10{,}98\,\text{km}$$

In etwa 11 km Höhe misst man einen Luftdruck von 250 hp.

9

0	1	2	3	4
1000	900	**855**	**812**	**771**
–	45	**43**	**41**	**39**
100	145	**188**	**229**	**268**

10 a) $B(1) = 30 + 0{,}4 \cdot (150 - 30) = 78$
Ebenso: $B(2) \approx 107$; $B(3) \approx 124$
$B(4) \approx 134$; $B(5) \approx 140$

b) $2570 = 2300 + k \cdot (5000 - 2300) \quad | -2300$
$270 = k \cdot 2700 \; | : 2700$
$0{,}1 = k$
Schrittweise Berechnung wie in Teilaufgabe a) führt zu $B(4) \approx 3229$.

11 a) Es gibt eine Schranke (erwartete Besucherzahl 25 000). Durch die intensive Werbung wollen zu Beginn viele Leute den Film sehen, die Zunahme der Besucherzahl wird immer kleiner, je mehr Leute ihn schon gesehen haben. Die Änderungsrate ist also proportional zum Sättigungsmanko.

b) $2250 = 0 + k \cdot (25000 - 0) \quad | : 25000$
$0{,}09 = k$
$B(t+1) = B(t) + 0{,}09 \cdot [25000 - B(t)]$
Damit berechnet man $B(14) \approx 18324$.
Die Vorgabe wird nicht ganz erreicht.

12 a) Berechnet man $B(t+1) - B(t)$, so ergeben sich unterschiedliche, immer größer werdende Differenzen. Es kann also kein lineares Wachstum vorliegen.
$\frac{B(1)}{B(0)} \approx 1{,}1443$; $\frac{B(2)}{B(1)} \approx 1{,}159$;
$\frac{B(3)}{B(2)} \approx 1{,}148$; $\frac{B(4)}{B(3)} \approx 1{,}152$
Der Wachstumsprozess könnte also mit exponentiellem Wachstum modelliert werden. Für a verwendet man den Mittelwert $a \approx 1{,}15$. $B(t) = 1400 \cdot 1{,}15^t$.

Jahr	0	1	2	3	4
Modell	1400	1610	1852	2129	2449
Realität	1400	1600	1855	2130	2453

Die Werte schwanken in einem vertretbaren Rahmen.

b) Berechnet man die Differenz $B(t+1) - B(t)$, sieht man, dass der Zuwachs abnimmt [$B(1) - B(0) = 490$; $B(4) - B(3) = 269$]. Man kann also weder von linearem noch von exponentiellem Wachstum ausgehen. Es bleibt beschränktes Wachstum.

Da die Schranke S und der Proportionalitätsfaktor unbekannt sind, muss man ein lineares Gleichungssystem aufstellen:

$$\left| \begin{array}{l} \boxed{1}\; 2790 = 2300 + k \cdot (S - 2300) \\ \boxed{2}\; 3178 = 2790 + k \cdot (S - 2790) \end{array} \right|$$

$$\left| \begin{array}{l} \boxed{1}\; 2790 = 2300 + k \cdot S - 2300 \cdot k \\ \boxed{2}\; 3178 = 2790 + k \cdot S - 2790 \cdot k \end{array} \right| \begin{array}{l} |-2300 \\ |-2790 \end{array}$$

$$\left| \begin{array}{l} \boxed{1}\; 490 = k \cdot S - 2300 \cdot k \\ \boxed{2}\; 388 = k \cdot S - 2790 \cdot k \end{array} \right| \begin{array}{l} \\ |\cdot(-1) \end{array}$$

$$\left| \begin{array}{l} \boxed{1}\; 490 = k \cdot S - 2300 \cdot k \\ \boxed{2}\; -388 = -k \cdot S + 2790 \cdot k \end{array} \right| \Big\}+$$

$102 = 490 \cdot k \quad | : 490$
$0{,}21 \approx k$ in $\boxed{1}$ liefert $S \approx 4633$
$B(t+1) = B(t) + 0{,}21 \cdot [4633 - B(t)]$
Vergleich der Werte:

Jahr	0	1	2	3	4
Modell	2300	2790	3177	3483	3725
Realität	2300	2790	3178	3514	3783

Bewertung: Am Anfang ist das Modell sehr gut, danach liegen die berechneten Werte etwas zu tief. Daher eignet sich dieses Modell nur bedingt für eine Prognose. Das Modell in Teilaufgabe a) scheint realistischer für eine Prognose.

13 Da die Zimmertemperatur (messen!) eine Schranke darstellt, muss von beschränktem Wachstum ausgegangen werden. Prüfen Sie, ob das für Ihre Messwerte der Fall ist. Vergleichen Sie zum Bestimmen der Funktionsgleichung das Vorgehen bei Aufgabe 11 b).

Zwischentest, Seite 94

1 a) lineares Wachstum (2 P.)
b) beschränktes Wachstum (2 P.)
c) exponentielles Wachstum (2 P.)

2 $8{,}75 - 6{,}45 = 2{,}3$; $11{,}05 - 8{,}75 = 2{,}3$;
$13{,}35 - 11{,}05 = 2{,}3$; $15{,}65 - 13{,}35 = 2{,}3$
$\Rightarrow$ lineares Wachstum mit $d = 2{,}3$
$B(t) = 6{,}45 + t \cdot 2{,}3$ (1 P.);
$B(7) = 6{,}45 + 7 \cdot 2{,}3 = 22{,}55$ (1 P.);
$B(10) = 29{,}45$ (1 P.); $B(20) = 52{,}45$ (1 P.)

3 a) $K(t) = 60000 \cdot 1{,}0255^t \quad \left(a = 1 + \frac{2{,}55}{100}\right)$
$K(10) = 60000 \cdot 1{,}0255^{10} \approx 77180{,}56$ € (2 P.)

b) $80000 \le 60000 \cdot a^{10} \quad | : 60000$
$\frac{8}{6} \le a^{10} \quad | \sqrt[10]{W}$
$\sqrt[10]{\frac{8}{6}} \le a$
$1{,}0292 \le a \Rightarrow$ p müsste mindestens 2,92 % betragen. (2 P.)

c) $92\,395 = 60\,000 \cdot 1{,}0292^{t}$ | $:60\,000$

$\frac{92\,395}{60\,000} = 1{,}0292^{t}$ | ln

$\ln\left(\frac{92\,395}{60\,000}\right) = t \cdot \ln(1{,}0292)$ | $:\ln(1{,}0292)$

$15 \approx t$

Es würde 15 Jahre dauern. (2 P.)

4 a) Durch intensive Werbung kennen bereits alle das Gerät. Die zwei Drittel von 50 000 (≈ 33 333) Haushalte sind die Schranke S. Je mehr das Gerät schon haben, desto geringer ist der Zuwachs an verkauften Geräten. (2 P.)

b) $B(1) = 9000;\ B(0) = 0;\ S = 33\,333$

$9000 = 0 + k \cdot (33\,333 - 0)$ | $:33\,333$

$0{,}27 \approx k$

$B(t+1) = B(t) + 0{,}27\,(33\,333 - B(t))$

t in Monaten (4 P.)

t	1	2	3
B(t)	9000	15 570	20 366

t	4	5	6
B(t)	23 867	26 423	28 289

5 a)

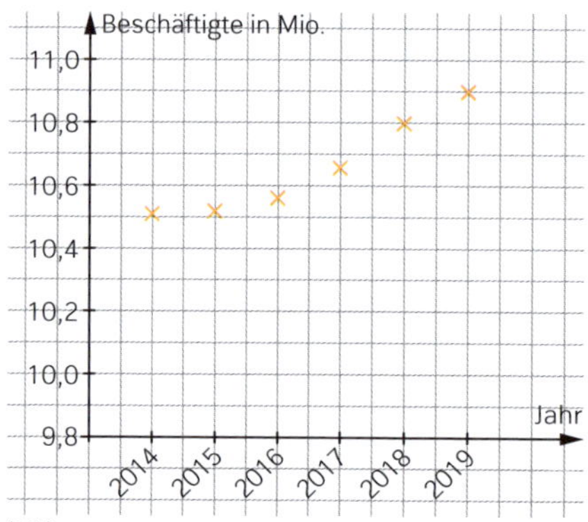

(1 P.)

b)

t	B(t + 1) − B(t)	$\frac{B(t+1)}{B(t)}$
0	0,01	1,001
1	0,04	1,004
2	0,1	1,009
3	0,14	1,013
4	0,1	1,009

Die berechneten Werte verdeutlichen, dass eine Modellierung mit exponentiellem Wachstum besser ist. Der durchschnittliche Wachstumsfaktor beträgt $a \approx 1{,}007$.

$B(t) = 10{,}51 \cdot 1{,}007^{t}$ (3 P.)

c) $B(-4) = 10{,}51 \cdot 1{,}007^{(-4)} \approx 10{,}344$.
Nach dem Modell hätten im Jahr 2010 10 344 000 Menschen im sekundären Sektor beschäftigt sein dürfen.

d) Die Lösung kann je nach Quelle abweichen. Laut Stat. Bundesamt waren im Jahr 2010 rund 10 016 000 Menschen in diesem Sektor beschäftigt. Das Modell liefert also einen etwas zu hohen Wert und ist zum Berechnen vergangener Werte nur bedingt geeignet.

Daten und Zufall, Seite 95 bis 102

1 a) Die Gesamtzahl der Arbeiten ist 27, also ist die Note mit dem Rangplatz 14 der Median. Das ist die 3.

b) $\bar{x} = \frac{2 \cdot 1 + 5 \cdot 2 + 8 \cdot 3 + 7 \cdot 4 + 4 \cdot 5 + 1 \cdot 6}{27} = 3{,}\overline{3}$

c) $s \approx 1{,}247$; Formel siehe unten

2 a) Median: 63 280 €; Mittelwert: 93 862 €; Standardabweichung: 92 103 €.

b) Die Standardabweichung verrät sehr große Verdienstunterschiede.
Der Mittelwert hat keine Aussagekraft über die Gehälter, eher schon der Median, der unempfindlicher gegen Ausreißer (hier das Gehalt von Herrn Krause) ist.

3 Man kann 5040 (7!) verschiedene Zahlen bilden.

4 Es gibt $5 \cdot 6 \cdot 8 = 240$ verschieden aussehende Fahrzeuge des Autotyps.

5 Für die Herren gibt es 24 (4!) verschiedene Sitzverteilungen, für die Damen ebenfalls. Kombiniert man jede mögliche Sitzverteilung der Herren mit jeder Sitzverteilungsmöglichkeit der Damen, so gibt es $24 \cdot 24 = 576$ Möglichkeiten, die Karten zu verteilen.

6 Es gibt 1296 (6^4) mögliche Ergebnisse (Variation mit Zurücklegen).

7 Es gibt $\frac{6!}{(6-4)!} = 360$ Möglichkeiten (Variation ohne Zurücklegen).

8 Es gibt $\frac{49!}{6! \cdot 43!} = 13\,983\,816$ Möglichkeiten (Kombination ohne Zurücklegen).

---

zu **1** c) $s = \sqrt{\frac{2 \cdot (2{,}\overline{3})^2 + 5 \cdot (1{,}\overline{3})^2 + 8 \cdot (0{,}\overline{3})^2 + 7 \cdot (-0{,}\overline{6})^2 + 4 \cdot (-1{,}\overline{6})^2 + 1 \cdot (-2{,}\overline{6})^2}{27}} \approx 1{,}247$

9 a) Die Ergebnismenge hat 992 Elemente (32 · 31).

b) E = {(Karo König/Herz König), (Karo König/Herz Bube), (Karo König/Karo Bube), (Karo Bube/Herz König), (Karo Bube/Herz Bube), (Karo Bube/Karo König), (Herz König/Karo König), (Herz König/Karo Bube), (Herz König/Herz Bube), (Herz Bube/Karo König), (Herz Bube/Karo Bube), (Herz Bube/ Herz König)}

10 a) {WWW, WWZ, WZW, ZWW, WZZ, ZWZ, ZZW, ZZZ}

b) E = {WZZ, ZWZ, ZZW, ZZZ}

11 Das Ereignis hat 25 Elemente (5 · 5).

12 a) absolute Häufigkeit von E_1: 11 und von E_2: 14

b) relative Häufigkeit von E_1: 44 % $\left(\frac{11}{25} = \frac{44}{100}\right)$ und von E_2: 56 %.

13 Die Serie bestand aus 800 Würfen (48 % ≙ 384 ⇒ 1 % ≙ 8 ⇒ 100 % ≙ 800).

14 $P(E) = \frac{6}{36} = \frac{1}{6}$ zu E gehören 6 Ergebnisse: E = {6-6; 5-6; 6-5; 5-5; 6-4; 4-6}

15 $P(E) = \frac{6}{16} = \frac{3}{8}$ zu E gehören: E = {WWZZ, WZWZ, WZZW, ZWZW, ZWWZ, ZZWW}

16 zu E gehören:

- Jeder Bube als 1. Ziehung; jede andere Karte als 2. Ziehung ⇒ 4 · 31
- Jede andere Karte als 1. Ziehung und ein Bube als 2. Ziehung ⇒ 28 · 4

$P(E) = \frac{4 \cdot 31 + 28 \cdot 4}{32 \cdot 31}$; $P(E) \approx 0{,}2379 = 23{,}79\,\%$

17 $P(E) = \frac{12}{56} \approx 21{,}4\,\%$ $\left(\begin{matrix}4 \cdot 3 = 12 \\ 8 \cdot 7 = 56\end{matrix}\right)$

18

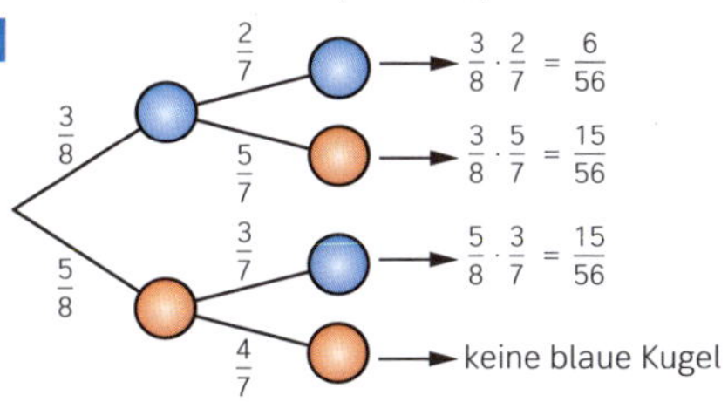

P (mind. 1 blaue Kugel)
$= \frac{6}{56} + \frac{15}{56} + \frac{15}{56} = \frac{36}{56} \approx 64{,}3\,\%$

19

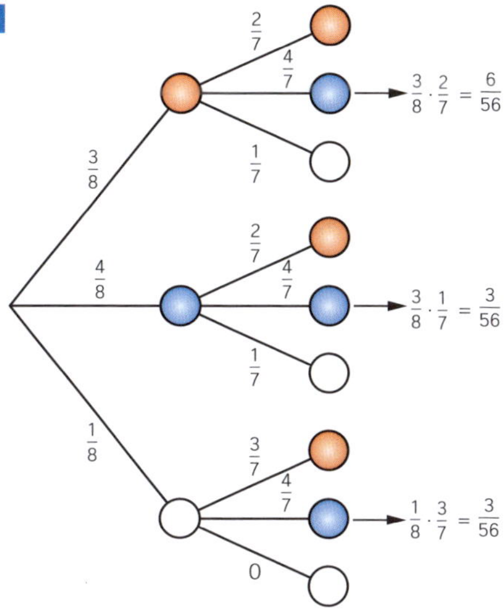

P (keine blaue Kugel)
$= \frac{6}{56} + \frac{3}{56} + \frac{3}{56} = \frac{12}{56} \approx 21{,}4\,\%$

20 A = {4; 5; 6}; $\overline{A}$: *Die Augenzahl ist höchstens 3;*
$\overline{A}$ = {1; 2; 3}
B = {2; 4; 6}; $\overline{B}$: *Die Augenzahl ist ungerade*;
$\overline{B}$ = {1; 3; 5}
C = {3; 6}; $\overline{C}$: *Die Zahl ist nicht durch 3 teilbar*;
$\overline{C}$ = {1; 2; 4; 5}
D = {1; 3; 4; 5}; $\overline{D}$: *Der Würfel zeigt 2 oder 6*;
$\overline{D}$ = {2; 6}

21 Da E: *Der Schütze hat mindestens einen Fehlschuss* viele Ergebnisse hat, ist es hier einfacher über das Gegenereignis zu gehen $\overline{E}$: *Der Schütze hat nur Treffer.*
$P(E) = 1 - P(\overline{E})$; $P(E) = 1 - 0{,}9^5 \approx 0{,}41 = 41\,\%$

22 A = {0; 4; 8} $P(A) = \frac{3}{10} = 0{,}3$

B = {7} $P(B) = \frac{1}{10} = 0{,}1$

C = {0; 1; 2; 3; 4; 5; 6; 8} $P(C) = \frac{8}{10} = 0{,}8$

D = {0; 1; 2; 3; 4; 9} $P(D) = \frac{6}{10} = 0{,}6$

23 a) Insgesamt wurden 470 Mädchen befragt.

b)

	J	$\overline{J}$	Gesamt
M	350	**220**	**570**
$\overline{M}$	**180**	250	430
Gesamt	**530**	470	1000

c) $|\overline{J} \cap \overline{M}| = 250$.
250 Mädchen sehen weniger als 2 h fern.

d) $P(J \cap \overline{M}) = \frac{180}{1000} = 0{,}18 = 18\,\%$

24

	F	$\overline{F}$	Gesamt
V	36	14	50
$\overline{V}$	20	730	750
Gesamt	56	744	800

F: Farbfehler, $\overline{F}$: Farbe in Ordnung,
V: Verarbeitungsfehler,
$\overline{V}$: Verarbeitung in Ordnung
$|\overline{F} \cap \overline{V}| = 800 - 70 = 730$
$|V| = 50$
$|F| = 800 \cdot \frac{7}{100} = 56$; der Rest ergibt sich.

a) $P(V \cap F) = \frac{36}{800} = 0{,}045 = 4{,}5\,\%$

b) $|A \cup B| = 20 + 36 + 14 = 70$
vgl. a)
$P(A \cup B) = \frac{70}{800} = 0{,}0875 = 8{,}75\,\%$

25 **a)** P (*gerade Zahl oder mindestens eine 4*)
= P (*gerade Zahl*) + P (*mindestens 4*)
− P (4)
$= \frac{1}{2} + \frac{1}{2} - \frac{1}{6} = \frac{5}{6}$

b). P (*ungerade Zahl oder nicht unter 3*)
= P (*ungerade*) + P (*nicht unter 3*)
− P (*ungerade und nicht unter 3*)
$= \frac{1}{2} + \frac{2}{3} - \frac{1}{3} = \frac{5}{6}$

26 $P(A) = \frac{4}{10} + \frac{5}{10} - \frac{2}{10} = \frac{7}{10}$
$P(B) = \frac{5}{10} + \frac{6}{10} - \frac{3}{10} = \frac{8}{10} = \frac{4}{5}$
$P(C) = \frac{4}{10} + \frac{8}{10} - \frac{2}{10} = \frac{10}{10} = 1$

27 **a)** $P(E) = P(J) + P(M) - P(J \cap M)$
$P(E = \frac{530}{1000} + \frac{570}{1000} - \frac{350}{1000} = \frac{750}{1000}$
$= 0{,}75 = 75\,\%$

b) $P(F) = P(\overline{V}) + P(F) - P(\overline{V} \cap F)$
$P(F = \frac{750}{800} + \frac{56}{800} - \frac{20}{800} = \frac{786}{800} = 98{,}25\,\%$

28 $P(A) = \frac{7}{20} \cdot \frac{3}{20} = \frac{21}{400} = 5{,}25\,\%$
$P(B) = \frac{3}{20} \cdot \frac{13}{20} = \frac{39}{400} = 9{,}75\,\%$
Beide Ereignisse lassen sich mit dem Multiplikationssatz berechnen, da die Teilereignisse unabhängig sind.

29 $P(A) = \frac{1}{6} \cdot 1 = \frac{1}{6}$; $P(B) = \frac{1}{6} \cdot \frac{1}{6} \cdot 6 = \frac{1}{6}$;
$P(C) = \frac{1}{6} \cdot \frac{1}{6} \cdot 15 = \frac{15}{36}$; $P(A \cap B) = \frac{1}{6} \cdot \frac{1}{6} = \frac{1}{36}$;
$P(A \cap C) = \frac{1}{6} \cdot \frac{1}{6} \cdot 3 = \frac{1}{12}$; $P(B \cap C) = \frac{1}{6} \cdot \frac{1}{6} \cdot 3 = \frac{1}{12}$
$P(A \cap B) = P(A) \cdot P(B)$
⇒ A und B sind unabhängig.
$P(A \cap C) \neq P(A) \cdot P(C)$
⇒ A und C sind abhängig.
$P(B \cap C) \neq P(B) \cdot P(C)$
⇒ B und C sind abhängig.

Zwischentest, Seite 103

1 Median: 2476,50 € (1 P.);
Mittelwert: 2516,08 € (1 P.).
Der Mittelwert ist informativer, es handelt sich dabei um den monatlichen Durchschnittsverdienst. (1 P.)

2 **a)** Permutation: n = 6 (6 Ziffern); 6! = 720
Im schlimmsten Fall müsste Dennis 720 Nummern durchprobieren. (je 1 P.)

b) Hier handelt es sich um eine Variation ohne Wiederholung. n = 18; k = 3
$\frac{18!}{(18-3!} = \frac{18!}{15!} = \frac{18 \cdot 17 \cdot 16 \cdot \cancel{15!}}{\cancel{15!}} = 4896$
Mit 4896 Tippscheinen wäre sicher der richtige Tipp dabei. (2 P.)

3 **a)** absolute Häufigkeit: 6;
rel. Häufigkeit: $\frac{6}{32}$ (2 P.)

b) seien s: Sportmuffel; $\overline{s}$: Sport treibende.
Dann gilt für das Ereignis:
Unter drei zufällig gewählten Schülerinnen und Schülern sind mindestens zwei Sportmuffel
$= \{sss; ss\overline{s}; s\overline{s}s; \overline{s}ss\}$
$P(E) = \frac{6}{32} \cdot \frac{5}{31} \cdot \frac{4}{30} + \frac{6}{32} \cdot \frac{5}{31} \cdot \frac{26}{30} + \frac{6}{32} \cdot \frac{26}{31} \cdot \frac{5}{30}$
$+ \frac{26}{32} \cdot \frac{6}{31} \cdot \frac{5}{30}$
$= \frac{41}{496} \approx 0{,}08 = 8\,\%$ (2 P.)

c) E: *Von 7 Schülerinnen und Schülern ist mindestens einer im Sportverein*
$\overline{E}$: *Von 7 Schülerinnen und Schülern ist keiner in einem Sportverein*
$P(E) = 1 - P(\overline{E})$
$= 1 - \left(\frac{24}{32} \cdot \frac{23}{31} \cdot \frac{22}{30} \cdot \frac{21}{29} \cdot \frac{20}{28} \cdot \frac{19}{27} \cdot \frac{18}{26}\right)$
$\approx 0{,}897 = 89{,}7\,\%$ (2 P.)

4 **a)** Die Lichtanlage und die Bremse sind defekt.

b) Die Lichtanlage oder die Bremse sind defekt.

c) Die Lichtanlage ist defekt und die Bremse ist in Ordnung (nicht defekt)

d) Die Lichtanlage ist nicht defekt und die Bremse ist defekt.

e) Die Lichtanlage ist in Ordnung oder die Bremse ist in Ordnung.

f) Die Lichtanlage ist in Ordnung oder die Bremse ist in Ordnung $(\overline{A \cap B} = \overline{A} \cup \overline{B})$

5 a)

	M	$\overline{M}$	Gesamt
J	10	15	25
$\overline{J}$	24	36	60
Gesamt	34	51	85

M: Männer, $\overline{M}$: Frauen, J: jünger als 45, $\overline{J}$: älter als 45. (3 P.)

b) $|M \cap J| = 10; \frac{10}{85} \cdot 100 \approx 11{,}8\,\%$ (1 P.)

c) $P(\overline{M} \cup J) = P(\overline{M}) + P(J) - P(\overline{M} \cap J)$ (Additionssatz)

$P(\overline{M} \cup J) = \frac{51}{85} + \frac{25}{85} - \frac{15}{85} = \frac{61}{85} \approx 71{,}8\,\%$ (2 P.)

6 a) $P(A) = P(\textit{König}) + P(\textit{As})$

$[\textit{König} \cap \textit{As} = \{\ \}]$

$P(A) = \frac{4}{32} + \frac{4}{32} = \frac{1}{4}$ (1 P.)

$P(B) = P(\textit{Bube}) + P(\textit{Karo}) - P(\textit{Karobube})$

$= \frac{4}{32} + \frac{8}{32} - \frac{1}{32} = \frac{11}{32}$ (1 P.)

$P(C) = 1 - P(\textit{Pikdame})$

$(\overline{\textit{keine Dame} \cup \textit{kein Pik}} = \textit{Dame} \cap \textit{Pik})$

$= 1 - \frac{1}{32} = \frac{31}{32}$ (1 P.)

b) $P(E) = \frac{8}{32} = \frac{1}{4}$

$P(F) = \frac{4}{32} \cdot \frac{28}{31} + \frac{28}{32} \cdot \frac{27}{31}$

$P(F) = \frac{7}{8}$

Baumdiagramm zur Berechnung von F:

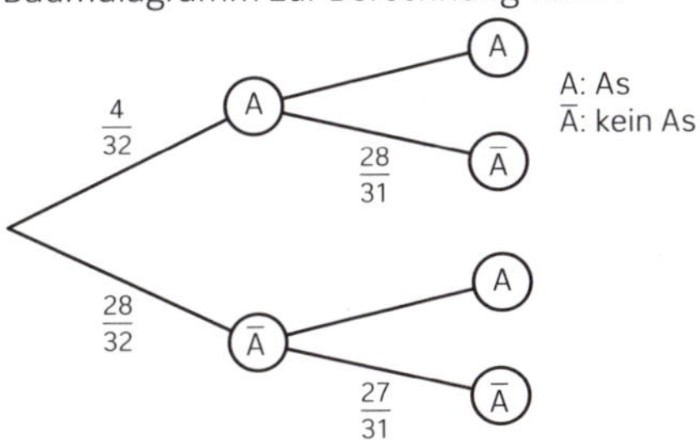

$P(E \cap F) = \frac{1}{32} \cdot \frac{28}{31} + \frac{7}{32} \cdot \frac{27}{31} = \frac{7}{32}$

$P(E) \cdot P(F) = \frac{1}{4} \cdot \frac{7}{8} = \frac{7}{32} = P(E \cap F)1$ Die Ereignisse sind unabhängig. (2 P.)

Baumdiagramm zur Berechnung von $E \cap F$:

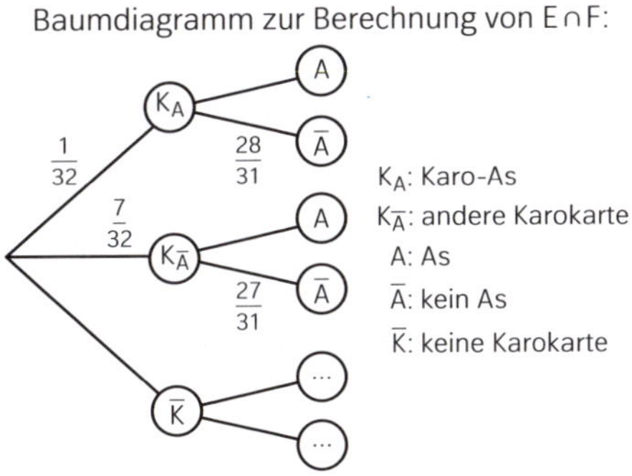

Abschlusstest, Seite 104 bis 110

1 Individuelle Schülerlösung, z. B.

a) $1{,}5 \in \mathbb{Q}^+$; $2 \in \mathbb{Q}^+, \mathbb{N}$ (2 P.)

b) $\sqrt{2} \in \mathbb{R}$; $-2 \in \mathbb{Q}_0^-, \mathbb{R}$ (2 P.)

2 a) $\frac{4}{5} = \frac{8}{10} = 0{,}8$

b) $\frac{2}{3} = 0{,}\overline{6}$
(lässt sich nur durch Dividieren finden!)

c) $3\frac{2}{50} = 3\frac{4}{100} = 3{,}04$

d) $-\frac{3}{250} = -\frac{12}{1000} = -0{,}012$

3 a) $-1{,}5 = -1\frac{1}{2}$ b) $3{,}2 = 3\frac{2}{10} = 3\frac{1}{5}$

c) $-2{,}01 = -2\frac{1}{100}$ d) $0{,}136 = \frac{136}{1000} = \frac{17}{125}$

4 a) $(-3{,}9 + 0{,}52) : (-1{,}3)$
$= -3{,}9 : (-1{,}3) + 0{,}52 : (-1{,}3)$
$= 3 - 0{,}4 = 2{,}6$ (2 P.)

b) $\left(-2\frac{1}{2} - 1\frac{1}{4}\right) \cdot \frac{4}{5} = -\frac{5}{2} \cdot \frac{4}{5} - \frac{5}{4} \cdot \frac{4}{5} = -2 - 1 = -3$ (2 P.)

5 a) $\frac{7}{5} + \frac{21}{4} - \left(\frac{30}{7} - \frac{2}{3}\right) = \frac{28}{20} + \frac{105}{20} - \left(\frac{90}{21} - \frac{14}{21}\right)$
$= \frac{133}{20} - \frac{76}{21}$
$= \frac{2793}{420} - \frac{1520}{420} = \frac{1273}{420}$

b) $\frac{19}{3} - \frac{2}{5} : \left(\frac{9}{14} + \frac{21}{14}\right)$
$= \frac{19}{3} - \frac{2}{5} : \frac{30}{14} = \frac{19}{3} - \frac{\cancel{2}^{1}}{5} \cdot \frac{14}{\cancel{30}_{15}}$
$= \frac{19}{3} - \frac{14}{75} = \frac{475}{75} - \frac{14}{75} = \frac{461}{75}$
(je 2 P.)

6

	a)	b)	c)	d)	e)	f)
p	10	**25**	20	**250**	7,5	0,5
W	**260**	0,3	0,8	12,5	225	**0,07**
G	2600	1,2	**4**	5	**3000**	14

7 a) $Z(4) = 2850 \cdot \frac{2{,}6}{100} \cdot \frac{4}{12} = 24{,}7$
$Z(4) = 24\,€$ (2 P.)

b) $Z(138) = 2850 \cdot \frac{2{,}1}{100} \cdot \frac{138}{360} \approx 22{,}94$
$Z(138) \approx 22{,}94\,€$ (2 P.)

8 $x = 6$;
linke Seite: -102,
rechte Seite: -102

9 a) $(7a^2b - 5b)^2 = \mathbf{49a^4b^2} - \mathbf{70a^2b^2} + \mathbf{25b^2}$

b) $(4 - \mathbf{7a^2})^2 = \mathbf{16} - \mathbf{56a^2} + 49a^4$

c) $(\mathbf{7a} + \mathbf{9b}) \cdot (\mathbf{7a} - 9b) = 49a^2 - \mathbf{81b^2}$

d) $(\mathbf{5a} - \mathbf{3b})^2 = 25a^2 - 30ab + \mathbf{9b^2}$

10 $D = \mathbb{R}\backslash\{\pm 2\}$; $L = \{3\}$; (je 2 P.)
linke Seite: $\frac{15}{15}$, rechte Seite: $\frac{5}{5}$ (2 P.)

11 a) $a = \frac{2A}{h} - c$ b) $b = \frac{u - a - c}{2}$

c) $r = \sqrt{\frac{O}{4\pi}}$ d) $s = \frac{O - \pi r^2}{\pi r}$ oder $s = \frac{O}{\pi r} - r$

12 a) $L = \{(3 \mid -7)\}$ b) $L = \{(4 \mid 9)\}$ (je 2 P.)

13 a) x: Menge dest. Wasser;
y: Menge der 20 %igen Mischung

$$\left|\begin{array}{l} \boxed{1}\ x + 4 = 9\,l \\ \boxed{2}\ 0 \cdot x + 0{,}3 \cdot 4 = 0{,}2 \cdot y \end{array}\right| \quad (2\ P.)$$

b) Gleichungssystem lösen:

$\boxed{1}$ $x + 4 = y$

$\boxed{2}$ $1{,}2 = 0{,}2y \quad | :0{,}2$

$6 = y$ in $\boxed{1}$ einsetzen

$x + 4 = 6$

$x = 2$ (2 P.)

Der Schüler muss 2 l destilliertes Wasser verwenden.

14 (1) $-2 \cdot 35 \neq -35$ kein Lösungspaar
(2) $10 - 3{,}5 \neq -2$ kein Lösungspaar
(3) $5 \cdot (-7) = -35,\ 5 - 7 = -2$ Lösungspaar
(4) $-18{,}5 \cdot (-16{,}5) \neq -35$ kein Lösungspaar
(je 0,5 P.)

15
$$-\frac{2}{5} \cdot \left(x - \frac{20}{4}\right) \le x^2 - \left(x + \frac{1}{2}\right)^2$$
$$-\frac{2}{5}x + 2 \le x^2 - \left(x^2 + x + \frac{1}{4}\right)$$
$$-\frac{2}{5}x + 2 \le -x - \frac{1}{4} \quad | +x - 2$$
$$\frac{3}{5}x \le -\frac{9}{4} \quad | \cdot \frac{5}{3}$$
$$x \le \frac{15}{4} = 3{,}75$$

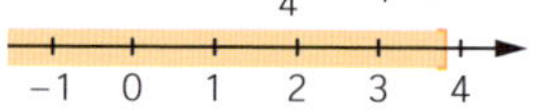

(2 P. Rechnung 1 P. Zeichnung)

16 a) $4{,}156 \cdot 10^9$ b) $4{,}192 \cdot 10^{-10}$

17 a) $3{,}125 \cdot 10^{12}$ (2 P.) b) $7 \cdot 10^1$ (2 P.)

18 a) a^{1-p} b) $\frac{1}{5x}$ c) b^{8-m} d) $\frac{y^3}{8x^3}$

19 a) 5 b) 2 c) 3

20 a) 25 b) 10 c) 9

21
$$2x^4 - 2x^2 + 2x^2 - 2 = 3 - x^4 + 4$$
$$2x^4 - 2 = 7 - x^4 \quad | +x^4 + 2$$
$$3x^4 = 9$$
$$x^4 = 3 \Rightarrow x_1 = \sqrt[4]{3};\ x_2 = -\sqrt[4]{3} \quad (2\ P.)$$

22 a) $x = 2$ b) $x = 0$ c) $x = \frac{1}{8}$
d) $x = 243$ e) $x = \frac{1}{8}$ f) $x = a$

23 a)
$$3^x + 2 \cdot 3^{x+1} = 189$$
$$3^x + 2 \cdot 3 \cdot 3^x = 189$$
$$3^x + 6 \cdot 3^x = 189$$
$$7 \cdot 3^x = 189$$
$$3^x = 27$$
$$x = 3 \quad (2\ P.)$$

b)
$$2^{4x-1} \cdot 4^{2x+2} = 8^x$$
$$2^{4x-1} \cdot (2^2)^{2x+2} = (2^3)^x$$
$$2^{4x-1} \cdot 2^{4x+4} = 2^{3x}$$
$$2^{8x+3} = 2^{3x} \quad | \log_2$$
$$8x + 3 = 3x$$
$$x = -\frac{3}{5} \quad (2\ P.)$$

c)
$$8^x - 5 = -(2^{3x} - 9)$$
$$(2^{3x}) - 5 = -2^{3x} + 9 \quad | +2^{3x} + 5$$
$$2 \cdot 2^{3x} = 14 \quad | :2$$
$$2^{3x} = 7 \quad | \ln$$
$$3x \cdot \ln 2 = \ln 7 \quad | :(3 \ln 2)$$
$$x = \frac{\ln 7}{3 \cdot \ln 2} = \frac{\ln 7}{\ln 2^3} = \frac{\ln 7}{\ln 8} \quad (2\ P.)$$

24 a) $\frac{x}{4{,}4} = \frac{9{,}5}{4},\ x = 10{,}45$ (3 P.)

b) $\frac{2{,}9}{(y + 2{,}9)} = \frac{2{,}3}{4{,}3};\ y \approx 2{,}52$ (3 P.)

25 a) $\frac{a}{2} = \sqrt{11{,}7^2 - 10{,}9^2},\ a \approx 8{,}5\,cm$ (3 P.)

b) $d = a \cdot \sqrt{2},\ d \approx 12\,cm$ (3 P.)

26 $S_K = \sqrt{15^2 - 5{,}8^2} = 13{,}83329\ldots$ (3 P.)
In der Ebene beträgt die Entfernung ungefähr 13,8 km. (1 P.)

27 $h = \sqrt{a^2 - \left(\frac{a}{2}\right)^2};\ h = \sqrt{\frac{3}{4}a^2} = \frac{a}{2}\sqrt{3}$ (2 P.)

$$\sin 60° = \frac{\frac{a}{2}\sqrt{3}}{a} = \frac{1}{2}\sqrt{3}$$

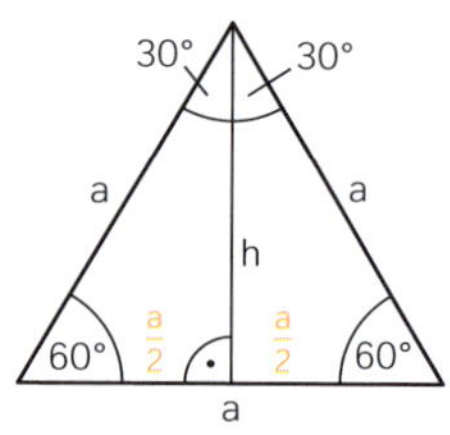

wegen $\cos(90° - \alpha) = \sin(\alpha)$ ist

$$\cos 30° = \frac{1}{2}\sqrt{3}$$

$$\sin 30° = \frac{\frac{a}{2}}{a} = \frac{1}{2} (= \cos 60°)$$

$$\tan 30° = \frac{\frac{a}{2}}{\frac{a}{2}\sqrt{3}} = \frac{1}{\sqrt{3}} \cdot \frac{\sqrt{3}}{\sqrt{3}} = \frac{1}{3}\sqrt{3}$$

$$\tan 60° = \frac{\frac{a}{2}\sqrt{3}}{\frac{a}{2}} = \sqrt{3}$$

(je 1 P.)	**30°**	**45°**	**60°**
sin	$\frac{1}{2}$	$\frac{1}{2}\sqrt{2}$	$\frac{1}{2}\sqrt{3}$
cos	$\frac{1}{2}\sqrt{3}$	$\frac{1}{2}\sqrt{2}$	$\frac{1}{2}$
tan	$\frac{1}{3}\sqrt{3}$	1	$\sqrt{3}$

28 a) $x \approx 8{,}2\,cm$ (3 P.) b) $b \approx 7{,}3\,cm$ (3 P.)

29 $A_{Kreisring} = \pi \cdot 4{,}2^2 - \pi \cdot 2{,}7^2$; (1 P.)
$A_{weiß} = \frac{A_{Kreisring}}{360} \cdot 109$; $A \approx 9{,}845\,m^2$ (2 P.)

30 $A_{Abfall} = A_{Qr} - A_{Kr} \approx 7{,}726\,cm^2$; (2 P.)
$\frac{7{,}726}{36} \approx 21{,}5\,\%$ (1 P.)

31 $a \approx 7{,}1\,cm$, $O = 303\,cm^2$ (2 P.)

32 $u \approx 16{,}65\,m$ (2 P.); $16{,}65 : 0{,}25 \approx 66{,}6$ (1 P.)
Es werden 67 Blumen benötigt.

33 **a)** $V = V_Z + V_{Ku}$ (2 Halbkugeln), Zylinderhöhe 2,50 m
$V \approx 2{,}827\,m^3 + 0{,}905\,m^3 = 3{,}732\,m^3$ (2 P.)
b) $O = M_Z + O_{Ku}$
$O \approx 9{,}425\,m^2 + 4{,}524\,m^2 = 13{,}949\,m^2$ (2 P.)

34 **a)** $V = V_W + V_P$; $V = 216\,l + 102\,l = 318\,l$ (2 P.)
b) $V = V_{Kl} + V_{Hk}$; $V \approx 10{,}8\,l + 4{,}6\,l \approx 15{,}4\,l$ (2 P.)

35 $r \approx 7{,}04\,cm$; $O \approx 622{,}8\,cm^2$ (2 P.)

36 r der Kugel $\approx 0{,}282\,m$; $V \approx 0{,}094\,m^3$ (2 P.)
a des Würfels: $0{,}408\,m$; $V \approx 0{,}068\,m^3$ (2 P.)

37 $h = 6r$; (1 P.)
$O = 2 \cdot \pi \cdot r^2 + 2 \cdot \pi \cdot r \cdot 6r$; $V = \pi \cdot r^2 \cdot h$
$O = 2 \cdot \pi \cdot r^2 + 12 \cdot \pi \cdot r^2$; $V = \pi \cdot r^2 \cdot 6r$
$O = 14 \cdot \pi \cdot r^2$ (1 P.) $V = 6 \cdot \pi \cdot r^3$ (1 P.)
$r = \sqrt{\frac{O}{14 \cdot \pi}} \approx 4{,}46\,cm$; (1 P.) $V \approx 1672{,}3\,cm^3$ (1 P.)

38 **a)** $y = 1{,}5x + 6$ (2 P.) **b)** $y = 1{,}5x - 3$ (2 P.)
c) $y = -4x + 20$ (2 P.) **d)** $y = 1{,}6x + 0{,}2$ (2 P.)

39 **a)** $f(x) = (x-2)^2 + 3$ (3 P.)

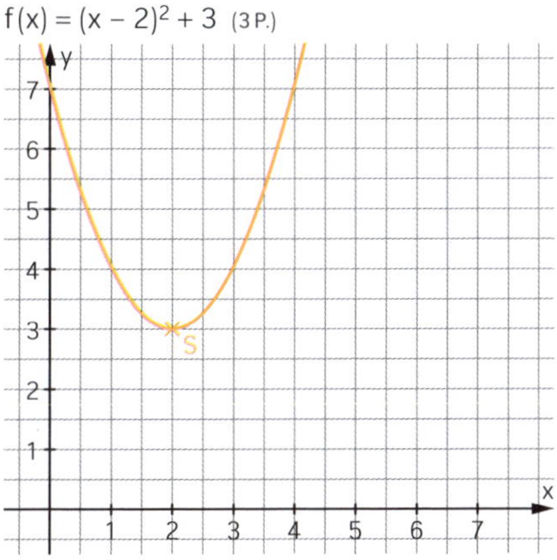

b) $S(2|3)$ (1 P.)
c) Es gibt keine Nullstellen (2 P.)

40 (A) zu (3) (B) zu (2) (C) zu (4) (D) zu (1)

41 Samuel hat recht, es handelt sich um exponentielles Wachstum. (2 P.)

42 **a)** Zur Vereinfachung der Berechnung setzt man $t = 0$ für das Jahr 1986 und $t = 1$ für 1996 etc., also t in 10-Jahres-Schritten.
Dann ergibt
$B(1) - B(0) = 736\,643$
$B(2) - B(1) = 997\,161$
Fazit: kein lineares Wachstum.
$\frac{B(1)}{B(0)} \approx 1{,}13$; $\frac{B(2)}{B(1)} \approx 1{,}15$
Fazit: Exponentielles Wachstum mit $a \approx 1{,}14$ scheint besser geeignet zu sein.
Es gilt: $B(t) = 6\,052\,836 \cdot 1{,}04^t$.
b) Da für 1986 $t = 0$ gilt, muss man für 1976 $t = -1$ und für 2017 $t = 3{,}1$ einsetzen.
$B(-1) \approx 5\,309\,505$; $B(3{,}1) \approx 9\,085\,816$
c) Die Werte, die das aufgestellte Modell für die Vergangenheit (1976) und die „Zukunft" (2017) liefert sind etwas zu hoch, bzw. zu niedrig. Für eine noch größere Zeitspanne, etwa Prognosen für die Zukunft, scheint es daher nur bedingt geeignet. (3 P.)

43 **a)** Der Notendurchschnitt beträgt 3,53. (2 P.)
b) Formel siehe unten; $s \approx 1{,}06$ (2 P.)

44 Die Glücksfee kann 362 880 (9!) verschiedene 9-stellige Zahlen ziehen. (2 P.)
Um sicherzugehen, hätte man alle 362 880 möglichen Tipps abgeben müssen, was 181 440 € gekostet hätte.
Gewonnen aber hätte man dann nur 100 000 € – das ist nicht fair. (2 P.)

45

Ereignis e_i	e_1	e_2	e_3	e_4
abs. H.	7	**9**	13	**11**
rel. H.	$\mathbf{\frac{7}{40}}$	$\frac{9}{40}$	$\mathbf{\frac{13}{40}}$	$\mathbf{\frac{11}{40}}$
W. in %	17,5 %	**22,5 %**	**32,5 %**	**27,5 %**

(je 0,5 P.)

46 **a)** $A = \{11; 22; 33; 44; 55; 66\}$;
$B = \{12; 15; 24; 33; 36; 45; 66\}$
$C = \{36\}$
$D = \{46; 55; 56; 66\}$
b) $\overline{A}$: *Die AZ sind verschieden*
$\overline{D}$: *Das Produkt der AZ ist höchstens 20.*

---

zu **43** **b)** $s = \sqrt{\frac{(1-3{,}53)^2 + 4 \cdot (2-3{,}53)^2 + 9 \cdot (3-3{,}53)^2 + 10 \cdot (4-3{,}53)^2 + 6 \cdot (5-3{,}53)^2}{30}}$

47 **a)**

(2 P.)	A	$\overline{A}$	ges.
B	7 %	4 %	11 %
$\overline{B}$	43 %	46 %	89 %
ges.	50 %	50 %	100 %

A: Ampel rot
B: Bahnschranke zu

b) $P(A \cap B) = 7\,\%$ (1 P.)

c) P (*mind. einmal freie Fahrt*)
= 1 − P (*nie freie Fahrt*) (2 P.)
$= 1 - 0{,}54^{10}$ (an 5 Tagen 10-mal) ≈ 99,8 %
Die Aussage von Frau Meier ist nur leicht übertrieben.

48 $P(A) = \frac{6}{21}$; $P(B) = \frac{7}{21} = \frac{1}{3}$; $P(C) = \frac{1}{21}$; $P(D) = \frac{4}{21}$

a) $P(A \cup B) = \frac{6}{21} + \frac{7}{21} - \frac{2}{21} = \frac{11}{21}$

b) $P(C \cup D) = \frac{1}{21} + \frac{4}{21} - 0 = \frac{5}{21}$

c) $P(B \cup \overline{D}) = \frac{7}{21} + \frac{17}{21} - \frac{18}{21} = \frac{6}{21} = \frac{2}{7}$

d) $P(\overline{A} \cup C) = \frac{15}{21} + \frac{1}{21} - \frac{15}{21} = \frac{1}{21}$

49 $P(A \cap B) = \frac{2}{21}$

$P(A) \cdot P(B) = \frac{6}{21} \cdot \frac{1}{3} = \frac{2}{21} = P(A \cap B)$

⇒ A und B sind unabhängig.

$P(A \cap D) = \frac{2}{21}$; $P(A) \cdot P(D) = \frac{8}{147} \neq P(A \cap D)$

⇒ A und D sind abhängig.

$P(B \cap D) = \frac{1}{6}$; $P(B) \cdot P(D) = \frac{4}{63} \neq P(B \cap D)$

⇒ B und D sind abhängig.

Stichwortverzeichnis

Stichwortverzeichnis